U0573332

16

张远山作品集

伏羲之道

北京出版集团
北京出版社

本书说明

《伏羲之道》是伏羲学第一书，写于2013年5月至2014年9月，由《老子奥义》绪论《华夏古道溯源》扩写而成，立基于2010年10月10日复原的伏羲初始卦序。2013年4月26日拟定《伏羲学考察纲要》，2013年4月29日至5月5日至甘肃天水大地湾、陕西西安半坡等遗址做伏羲学考察，期间于2013年8月18日在深圳做第一次伏羲学演讲，2013年8月29日设计伏羲钟，2014年6月6日在顺德做第二次伏羲学演讲，2014年7月19日在景德镇做第三次伏羲学演讲。主要解密上古四千年（前6000—前2000）伏羲神农族的彩陶图法，贯通上古伏羲易、夏《连山》、商《归藏》、周《周易》，解密伏羲六十四卦和伏羲太极图的天文历法初义。撰写期间拟定写作计划：以伏羲学三书解密上古至中古六千年（前6000—前221）的陶玉铜图法，复原华夏八千年知识总图。

全书五章，连载于《社会科学论坛》2014年第3期、第4期、第9期、第10期，2016年第1期。《伏羲之道》前言《由庄溯老，由老溯伏》，发表于《书屋》2015年第7期。《伏羲之道》简介《伏羲六十四卦和伏羲太极图的象数解密》，发表于《书屋》2015年第9期。

《张远山作品集》之前，《伏羲之道》仅有一个版本：岳麓书社2015年8月版。本次收入《张远山作品集》，除了初版以后的持续修订，新增2万字，新增20图，修改2图，新增第六章《伏羲钟》、附录三《伏羲学考察纲要》。另增相关附录《伏羲学四书备忘录》（见第十九卷末）。

目 录

中编　伏羲布卦，分卦值日

第三章　太阳历布卦：伏羲氏创制阴阳合历前半程

　　　　——伏羲连山历升级为神农归藏历（上）

第四章　太阴历布卦：伏羲氏创制阴阳合历后半程

——伏羲连山历升级为神农归藏历（下）

下编　伏羲初始卦序探索史

第五章　伏羲初始卦序探索史

文有文法，图有图法

　　2013年是伏羲学元年，也是我的奇迹年。我在极短时间之内，系统解密了上古四千年（前6000—前2000）至中古两千年（前2000—公元前后）华夏全境的陶玉铜图法，创立了华夏文字学之前的华夏图像学：伏羲学。建构了八千年（前6000—2000）华夏知识总图的基本框架。

　　2013年五一期间，我与朋友九人组成伏羲学考察团，去甘肃天水大地湾、敦煌、麦积山、兰州，陕西西安半坡、延安黄帝陵、秦始皇兵马俑等地做了伏羲学考察。考察团成员手持我草拟的伏羲学考察纲要，按图索骥，证实或修正了我的伏羲学猜想。返沪后三个月，我建立了伏羲学基本框架，创立了伏羲学，决定撰写伏羲学三书:《伏羲之道》解密上古四千年（前6000—前2000）陶器纹样的图法，《玉器之道》解密上古四千年（前6000—前2000）玉器纹样的图法，《青铜之道》解密中古夏商周两千年（前2070—前221）青铜器纹样的图法[1]。开写《伏羲之道》之前，这一写作计划即已确立，所以奇迹年的很多成果，《伏羲之道》未予展开，留给了续著《玉器之道》《青铜之道》。

　　写完伏羲学第一书《伏羲之道》，伏羲学即已成立。续写伏羲学第二书

---

[1]　《伏羲之道》，岳麓书社2015年8月第1版。《玉器之道：解密中国文明的源代码》，中华书局2018年8月第1版。《青铜之道：解密华夏天帝饕餮纹》，天地出版社2022年12月第1版。

《玉器之道》和第三书《青铜之道》，仅是为《伏羲之道》奠定的伏羲学基本框架提供系统论证。

续写《玉器之道》《青铜之道》期间，我又阅读了海量的考古报告、历史文献，发现了可以夯实《伏羲之道》初版内容的大量考古证据、文献证据。每有重要发现，立刻暂停《玉器之道》《青铜之道》写作，补入《伏羲之道》修订版。

我在2013年以后发现的两项伏羲学系统证据，有必要在此特别拈出。

其一，我2013年5月撰写《伏羲之道》之前二十年，著名考古学家田昌五先生所著《华夏文明的起源》，对甘肃大地湾文化东扩发展为陕西、山西、河南仰韶文化之半坡类型、庙底沟类型、大河村类型、陶寺类型等等，尤其是彩陶纹样的阶段性突变，做出了精辟分析：

> 现在已可以确定：仰韶文化的前身为大地湾（下层）老官台文化和大地湾李家村文化。大地湾老官台文化分布于秦陇地区，大地湾李家村文化分布于汉水和丹水流域。有人曾将这种文化和裴李岗文化进行了对比，认为它们是两种不同的考古文化。仰韶文化既然和大地湾老官台文化及大地湾李家村文化有直接继承关系，当然就不可能再继承裴李岗文化和磁山文化。再说，仰韶文化的早期到目前为止只见于关中地区，如西安半坡类型，其时间可早到公元前四千八百年，接近五千年。可是，中原地区的仰韶文化均属于中、晚期的，其时间最早也只是公元前四千三百年。因此，中原地区的仰韶文化和裴李岗文化之间在时间上就有上千年的差距。这种情况表明：仰韶文化是从秦陇地区向东发展到中原的。

田昌五的以上分析，完全符合《伏羲之道》的伏羲学基本框架，也完全符合新石器时代中期的甘肃伏羲族东扩中原、甘肃伏羲连山历东传玉器三族的时间先后和东扩路径，又极好地解释了中原的裴李岗文化和磁山文化仅是新石器时代早期的中原土著文化，并非伏羲族文化。这两种新石器时代早期的中原土著文化，最终被新石器时代中期的东扩伏羲支族之仰韶文化、龙山文化消化、吸收、融合、覆盖。

再看田昌五的另外两段话：

> 在中原大地上缺乏半坡类型的早期仰韶文化，只有中期的庙底沟类型。这种类型主要分布于关中东部，晋南、豫西三门峡和洛阳地区的西部，并以此为中心向四面扩散，可以说是仰韶文化的发达期。……彩陶以黑彩为主，主题图案为鸟纹和变形鸟纹，另有花卉、涡纹、三角涡纹和蛙纹等。不难看出，它有继承发展半坡类型的一面，但也有不同于半坡类型的许多东西。特别是其主要饮器和主题彩绘图案，同半坡类型是迥然有别的。

> 豫中地区有仰韶文化，东至郑州、西至洛阳盆地、以嵩山周围为中心的广阔地带，或称王湾类型，或称秦王寨类型，或称大河村类型。一般通称大河村类型。彩陶多为白衣黑彩和褐彩，先饰白衣再彩绘。图案多为花卉纹，兼有弧线三角纹、平行纹、波浪纹、曲齿纹、昆虫纹、"〰.X"纹、天文图象等等。很显然，就饮器和主要纹饰图案而言，它和庙底沟类型是有本质区别的。庙底沟类型在时间上早于大河村类型，按理二者应有先后继承关系，但何以差别如此显著？有些人用仰韶文化的东方变体来解释，也有人试图将这种变体和裴李岗文化衔接起来，不过时间差距太大了，实则找不到连接的口径。……所以，与其说大河村类型是仰韶文化的东方变体，还不如说它是东来文化的西方变体为好。[1]

田昌五的以上分析，同样完全符合《伏羲之道》的伏羲学基本框架，也完全符合仰韶晚期伏羲连山历向神农归藏历的升级。不仅如此，田昌五还准确描述了仰韶晚期伏羲连山历向神农归藏历的升级，不仅是伏羲族内部自身文化发展的结果，也是东扩伏羲支族到达黄河中下游以后，与东夷

---

[1] 田昌五《华夏文明的起源》42—43、65—66页，新华出版社1993。

族的大汶口文化发生文化碰撞的结果。

其二，我2013年5月撰写《伏羲之道》之前三年，孙小淳、何驽等学者合撰的论文《中国古代遗址的天文考古调查报告：蒙辽黑鲁豫部分》，发表于《中国科技史杂志》2010年第4期。

文中述及，2009年中国科学院孙小淳研究员和中国社科院何驽研究员等人联合组成天文考古队，系统考察了内蒙古东部、辽宁西部之红山文化区域、山东大汶口文化区域的大量新石器时代遗址。学者们使用全站仪进行测量，证实了内蒙古赤峰的城子山、辽宁喀左的东山嘴、山东莒县大朱村的豆家岭、山东日照的两城镇等多处龙山时代的祭祀台具有天文台功能，可以根据台东、台西的山峰轮廓线，观测二分二至等重要节气的日出、日落方位。这是玉器三族普遍接受伏羲连山历及其天文台"昆仑台"的系统证据。正因玉器三族普遍接受了东扩伏羲支族带来的伏羲连山历，所以称东扩伏羲支族（亦即神农族）为"连山氏"。

可惜的是，调查报告把红山文化区域、大汶口文化区域、龙山文化区域这种以东西山体为地面坐标的上古实测历法，称为"地平历"，既与中国文化脱钩，又无文献依据。正确的命名，应为"连山历"。

以上两项，为《伏羲之道》的伏羲学基本框架提供了系统硬证。田昌五的"大地湾文化东扩"论和"仰韶文化源于大地湾文化"论，强力支持了《伏羲之道》所言甘肃大地湾伏羲族的文化东扩，其不足仅是尚未与中国文化挂钩，尚未与历史文献对位，尚未涉及《伏羲之道》所言甘肃大地湾伏羲族东扩的实质内容。

孙小淳、何驽等人对红山文化区域、大汶口文化区域、山东龙山文化区域之"连山历"遗迹的天文考古调查，补足了田昌五之不足，强力支持了《伏羲之道》所言甘肃大地湾伏羲族的文化东扩，只是仅及伏羲族东扩的实质内容，尚未与中国文化挂钩，尚未与历史文献对位。但是两者的合理内核之相加，《伏羲之道》的伏羲学基本框架已经呼之欲出。因此，百年来的无数考古学家都是伏羲学的先驱，他们不仅在田野考古中做出了不可替代的贡献，也在梳理、阐释考古文物的过程中，凭借黑暗中的真切感受、有效摸索，窥见了伏羲学的诸多要义和大致轮廓。我愿再次强调：没有百年来无数考古学家的艰辛努力和局部突破，我不可能建立伏羲学的整体框架。伏羲学的整体框架之所以具有如此强大的解释力，是华夏先贤的伟大创造和现代学者的杰出考古共同合力的结果。

2015年《伏羲之道》初版问世以后，我持续修订已经八年。2023年4月底我搬了家，五一以后的两个月，我全面修订了《伏羲之道》。修改了初版五章，新增了两万多字。修改了两张旧图，增补了二十张新图，补注了图片出处。增加了附录三《伏羲学考察纲要》。

修订版的最大不同，是新增了第六章《伏羲钟：全相显示天文、历法、时间》。伏羲钟是2013年8月29日设计的，当时伏羲学初立，公布时机尚未成熟，所以没收入《伏羲之道》初版。随着十年来伏羲学的持续传播和影响渐大，尤其是《玉器之道》、《青铜之道》对伏羲学基本框架的全面夯实，公布时机已经成熟。

我的最大梦想是，华夏全境的每座城市，全球各地的唐人街，将来都有一个伏羲广场，广场中心都有一座伏羲钟。每到跨年之夜，炎黄子孙可以聚集在城市中心的伏羲广场，看着伏羲钟的北斗指针，数着倒计时迎接新年。

2023年6月7日写于新居伏羲四季园

由庄溯老，由老溯伏

一

宇宙形上之道，存在了上百亿年。

八千年前大地湾一期"伏羲画卦"，竖起了揭示形上之道的形下之表：圭表测影，画卦计日，创立伏羲连山历。浑天说问世。

四千年前龙山中晚期"伏羲布卦"，完成了标示形上之道的符号体系：伏羲六十四卦生成伏羲太极图，创立神农归藏历。宣夜说诞生。

开天辟地的伏羲之道，就此抵达上古华夏文化的顶峰。

二

绝地天通的中古黄帝之道，把伏羲天道转化为黄帝人道，开启了以天合人的庙堂伪道。盖天说出笼。

西汉初期，司马迁意欲"究天人之际，通古今之变"，然而未见上古陶玉铜、中古甲骨文，且被中古官方伪史蒙骗，又被秦始皇焚书蒙蔽，既未究明，也未打通。只能浩叹"神农以前尚矣"，《史记》被迫始于"黄帝"，仅记中古两千年（前2070—前221），全缺上古四千年（前6000—前2000）。

两千年后，二十世纪的中国考古，出土了数量惊人的上古陶玉铜、中古甲骨文、近古简牍帛，"究天人之际，通古今之变"首次有了可能，华夏古史的两大秘密终于大白天下。

其一，上古、中古之交的炎黄之战，北方游牧民族黄帝族，南下入主中原，征服黄河流域的农耕民族神农族（晚期伏羲族），建立夏朝。其后五百年崩溃一次，续建商朝、周朝。中古夏商周三代，均为游牧民族黄帝族统治农耕民族神农族的征服者王朝。

其二，中古晚期的老庄之道，源头正是上古伏羲之道。道家所言天道，正是中古黄帝人道全面遮蔽、系统扭曲的上古伏羲天道。

以人合天的老庄之道，就此抵达中古先秦哲学的顶峰。

三

华夏八千年史，辛亥革命以前共历三劫：炎黄之战，秦皇之焚，汉武之黜。

炎黄之战导致了上古、中古之交的历史改道：上古伏羲天道被人做了手脚，动了手术，转化成为中古黄帝人道。

秦火汉黜导致了中古、近古之交的历史改道：中古老庄真道被人做了手脚，动了手术，降格支持近古庙堂伪道。

秦火汉黜开启了两千年中华帝国史，政治制度是终极悖道的以"王"僭"帝"，意识形态是庙堂伪道的以"术"代"道"。前者独尊后者，后者维护前者，是互为因果的配套设置。所谓"罢黜百家，独尊儒术"，就是罢黜江湖真道，独尊庙堂伪道。伏羲天文历法之道，老子庙堂政治之道，庄子江湖全生之道，以及所有弘扬江湖真道、不利庙堂伪道的诸子百家，均在罢黜之列，于是先秦古籍亡佚殆尽，华夏知识总图残缺，中华价值谱系颠倒。

魏晋之际，由于两汉庙堂先后崩溃，以人合天的伏老庄真道重出江湖。以天合人的庙堂伪道面临空前危机，于是紧急启动危机公关：魏国儒生王弼，注《易》反《易》，注《老》反《老》，真易学、真老学遂成玄学化的伪易学、伪老学。西晋儒生郭象，注《庄》反《庄》，真庄学遂成玄学化的伪庄学。

所谓易老庄"三玄"，无不以注反经，无法具体落实，均属愚民洗脑的伪道之学，凌空蹈虚的玄虚之学。字字飘忽，句句踏空，逻辑混乱，义理不通，无法解释中华帝国为何先盛后衰。

我倾注毕生精力，综合遗传学、考古学、文献学三重证据，复原伏老庄的真貌真义，意在使术返道，使伪返真，使玄返实，厘清中华价值谱系，复原华夏知识总图。经我复原的伏老庄"三实"，字字精确，句句落实，逻辑清晰，义理圆融，足以解释中华帝国为何先盛后衰。

中华帝国前半程，秦汉隋唐一千年，耗尽中古江湖真道的文化能量，升至中华农耕文明的历史巅峰。

中华帝国后半程，宋元明清一千年，耗尽近古庙堂伪道的政治能量，降至中华农耕文明的历史谷底。

四

上古伏羲天道，中古老庄真道，尽管不在庙堂正史之中，官学伪经之内，但是从未真正消失，遍在永在于华夏全境每一角落，遍在永在于中华文化每一细节，如今已被百年考古的辉煌成果全面证实，已可系统阐释，对位解码。

《庄子奥义》、《庄子精义》、《庄子复原本》、《庄子传》及其副产品《战国秘史》，是我第二个写作十年之新庄学的阶段性完成；《伏羲之道》及其续著《玉器之道》、《青铜之道》，是我第三个写作十年之伏羲学的探索性起步；暂停撰写的《老子奥义》等书，将是我第三个写作十年之新老学的综合性总结；三者互相衔接，合为我毕生所治伏老庄三学。伏老庄三学构成的华夏知识总图，是对华夏文化八千年源流的贯通性阐释。

诚如《庄子·逍遥游》所言："上古有大椿者，以八千岁为春，八千岁为秋。"华夏八千年，置于宇宙上百亿年之中，仅是极其短暂的倏忽一瞬。

1911年辛亥革命，终结了以"王"僭"帝"的两千年中华帝国史。中华民族走完以天合人的悖道历史小年，转入以人合天的顺道历史大年。历史循环往复，中华否极泰来。

五

人类并非仅有一个轴心时代，而是随着生产方式、社会形态、科学技术的重大改变，拥有多个轴心时代。每个轴心时代的文化层级和文明层级，都会跃至更高台阶。

《庄子·逍遥游》曰："楚之南有冥灵者，以五百岁为春，五百岁为秋。"

《史记·天官书》曰："天运三十岁一小变，百年中变，五百载大变。"

1492年哥伦布发现新大陆，开启了全球化时代，至今五百年，正是一个宇宙大年。宇宙天道正在转入新的大年，华夏真道也将跃至新的台阶。

伏羲时代是全球文明古国的区域文化同时发轫的第一轴心时代。

老庄时代是全球文明古国的区域哲学同时登顶的第二轴心时代。

全球化时代是人类旧文化旧哲学转型、新文化新哲学发轫的第三轴心时代。

新庄学、新老学、伏羲学，是我一生所治三学，所涉时段太长，参考资料太少，没有先例可循，均属开垦拓荒，虽已初具规模，必定思有不周。有志于道的后之来者，只要纠我之误，补我之偏，必有继长增高的巨大空间。

《老子》曰："执今之道，以御今之有。以知古始，是为道纪。"中国人只要重续伏老庄之道，就能与全人类携起手来，共同开创文化之道、文明之道、哲学之道进阶升级的第三轴心时代，走向以人合天的美好未来。

2015年5月20日

伏羲学发凡

——百年中国考古，奠定伏羲学基础

内容提要 绪论综合遗传学、考古学、文献学三重证据，论证上古华夏区域四大族群的不同文化特征：西部伏羲族是唯一的彩陶族，东部黄帝族、东夷族、南蛮族均为玉器族。

关键词 伏羲学；两支四族；彩陶族；玉器族；甘肃大地湾；山西陶寺。

弁言 立伏羲学，求伏羲道

伏羲太极图和伏羲六十四卦，一体双生，起源于八千年前，定型于四千年前，中间经历了四千年的漫长演变。定型不久，发生了重大历史事变，即"炎黄之战"。

由于四千年前是前文字时代，因此伏羲太极图和伏羲六十四卦的初始命义均已失传。外国人不明白，视为"东方神秘主义"的标志性符号。中国人也不明白，一旦要用太极图，就会乱选一种，通常都会选错。

太极图有逆时针、顺时针两种旋转方向，每种旋转90°，即成一象，共计八象。两种旋转，各有一种标准图，各有三种变化图（图0-1、图0-2）。[1]

---

[1] 图0-1，图0-2，张远山原创并命名。

图 0-1 太极图 A 型：逆时针四象

图 0-2 太极图 B 型：顺时针四象

百年中国考古，出土了与伏羲太极图和伏羲六十四卦相关的大量上古实证，为解开千古之谜提供了可能。但是不建立伏羲学，不厘清伏羲史，即使伏羲太极图和伏羲六十四卦的考古证据出土，也会视而不见。所以描述伏羲太极图和伏羲六十四卦的诞生史之前，首先简述建立伏羲学、厘清伏羲史的必要性和可能性。

一 百年考古前两件大事：甲骨文、仰韶—龙山文化

二十世纪初至二十一世纪初，是中国考古的黄金百年。通过工农业开发、城市建设的无意发现，全国范围的文物普查，考古学家的有意发掘，各省各地出土了上古、中古的无数宝藏。

百年考古，共有四件大事。

第一件大事，是二十世纪初，发现了甲骨文。司马迁当年撰写《五帝本纪》、《夏本纪》、《殷本纪》、《周本纪》之时，没见过甲骨文。司马迁以后两千年的人们，也不知道甲骨文。所以发现甲骨文，为现代人了解上古、中古打开了一个新窗口。只是新窗口太小，视野有限，所以研究甲骨

文一百年，成果固然不少，仍然不够透彻，大部分字尚未识读[1]，已经识读的，解释也不圆满。因为甲骨文仅仅延续了数百年，距今仅有四千年，属于青铜时代的中古史。想要确切理解青铜时代的中古史，必须确切理解新石器时代的上古史。

第二件大事，正是属于新石器时代的上古史，就是二十世纪二十年代以后，发现了延续两千年（前5000—前3000）的仰韶文化和延续一千年（前3000—前2000）的龙山文化，都在有文字记载的中古史以前，亦即《史记·五帝本纪》以前，夏朝以前。出土文物之丰富，延续时间之漫长，无不远远超过甲骨文。考古发现的"仰韶—龙山"两大上古文化，与文献记载的"三皇—五帝"两大上古时代，有无对应关系，究竟如何对应，考古界、学术界争论不休，暂无定论。原因有二：表面原因，是考古新证与文献旧证不能精确对应；深层原因，是"仰韶—龙山"三千年（前5000—前2000）并非上古史的真正源头。

二　百年考古后两件大事：甘肃大地湾、山西陶寺

百年考古的第三件大事，是二十世纪八十年代发现了伏羲族祖地甘肃天水大地湾，证明了文献记载伏羲族祖地是甘肃天水，实为信史。"大地湾文化"比"仰韶文化"早一千年，属于"先仰韶文化"。大地湾一期到五期，延续了三千二百年（前6000—前2800），时间长度超过了"仰韶—龙山"总和。发现大地湾，在百年考古的四件大事中，重要性位居第一，因为找到了"仰韶—龙山"之前的上古史源头。

由于甘肃不属于"中原"，所以大地湾虽已发现三十多年，仍未引起考古界、学术界足够重视，目前仅仅发掘了遗址面积的1%。由于资金不足，已经发掘的1%也无力保护，只好部分回填。所以目前可供研究的出土材料不多，本书对伏羲学的初步探索，均以1%遗址面积的出土材料为基础。但

---

[1]　甲骨文约含单字4500，目前仅能释读三分之一强，三分之二未能释读。

愿伏羲学的创立，有助于启动另外99%遗址面积的发掘，使华夏文化、中华文明源头的实物证据更加丰富完整。

百年考古的第四件大事，是同样发现于二十世纪八十年代的山西襄汾陶寺。由于山西属于"中原"，所以引起了考古界、学术界的高度重视，已经多次发掘、持续研究了三十多年。其中最重要的发现，是陶寺中期（前2500—前2200）的一座太极观象台，它是伏羲太极图的天文基础和实物证据。山西襄汾陶寺处于龙山文化末期，是龙山文化的顶峰，也是伏羲族四千年先进文化、先进历法的顶峰。本书抉发的，正是从甘肃大地湾到山西陶寺的上古四千年（前6000—前2000），伏羲族的历法史和伏羲族的东扩史。

百年考古不仅找到了上古四千年伏羲文化的最初源头甘肃大地湾，也找到了上古四千年伏羲文化的最后顶峰山西陶寺，又有从源头到顶峰的无数中间环节，前后井然有序，演变路径清晰。从黄河上游的涓涓细流，发展到黄河中游的滔滔洪流，最终在黄河下游汇入中古史的辽阔大海。

学术界之所以不能把考古新证精确对应于文献旧证，主要原因是"中原中心论"和"仰韶中心论"，所以只重视中原的"仰韶文化"代表西安半坡、"龙山文化"代表山西陶寺，不重视非中原的"先仰韶文化"代表甘肃大地湾。"中原中心论"尽管符合中古以后、夏朝以后的四千年史实，但是"中原中心论"及其派生的"仰韶中心论"却不符合中古以前、夏朝以前的四千年上古史实，所以两者均非研究华夏上古四千年史的有效模型。用中古以后的史实，硬套上古的材料，必定牛头不对马嘴。只有放弃"中原中心论"、"仰韶中心论"的主观视角，才能客观研究上古史，理顺"先仰韶—仰韶—龙山"（前6000—前2000）的源流关系，复原上古四千年史的完整叙事；进而接续中古以后四千年史的完整叙事，呈现华夏八千年史的真实全貌。

三　遗传学厘清线路：华夏先民，一源两支

甲骨文出土以后，王国维论证了司马迁《史记·殷本纪》记载的商王谱系乃是信史，由此成为中国新史学的开山之祖，开创了全新的历史研究

法"二重证据法"：研究纸上的历史文献，必须与地下的出土文物相互印证。"二重证据法"至今有用，但已不够。因为现代科学又为历史研究提供了更为可靠的第三重证据：遗传学证据。DNA检测遂成历史研究的最新科学利器，应用于现实，可以鉴定亲子关系，判明是否父子；应用于考古，可以鉴定两个考古遗址所属的族群，是否同族，谁先谁后，进而厘清族群的迁徙路线、辐射范围，判明两个乃至多个考古遗址，究竟是同族之间的文化传承关系，还是异族之间的文化传播关系或文化交流关系。

复旦大学遗传学研究所的李辉、金力，通过大量检测上古遗址墓中遗骨的DNA，主要是父系Y染色体，勾勒出了东亚人类的来源地、到达地、迁徙路线，为厘清华夏上古史奠定了坚实的科学基础。下面是其论文《重建东亚人类的族谱》的智人迁徙华夏路线图（图0-3）。[1]

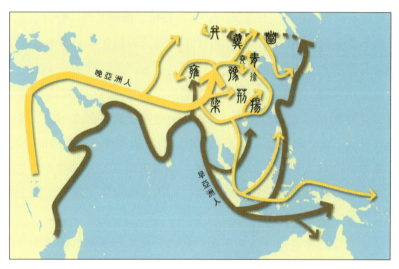

图0-3 智人迁徙华夏路线图（李辉、金力）

遗传学告诉我们，全世界的一切现存人类，无不起源于二十万至三十万年前出现于非洲的智人。世界各地在此之前的所有远古人类，无论是中国境内的元谋猿人、蓝田猿人、北京猿人，还是中国境外的爪哇猿人、

---

[1] 图0-3，表0-1，采自李辉、金力《重建东亚人类的族谱》，《科学人》2008年8月号。

海德堡猿人，甚至最为接近智人的直立人，如尼安德特人、丹尼索瓦人，非洲以外的一切早期人类，都不是现存人类的直系祖先，仅是进化树上另一分枝的近亲。

图0-3的棕色箭头显示，十万年前从非洲东海岸走出的一支智人"早亚洲人"，其迁徙路线，始终沿着海岸线：非洲东海岸，红海南端，阿拉伯半岛东海岸，波斯湾以东海岸，印度次大陆海岸，最终到达澳洲和东亚，基本没有进入华夏区域。

图0-3的黄色箭头显示，七万年前从非洲腹地走出的另一支智人"晚亚洲人"，其迁徙路线，刚开始不是海岸线，而是从地中海东端、红海北端，绕过波斯湾西端，经过西亚腹地、印度次大陆北部，在印度东部分为两支，进入华夏区域。两支的分手之地，在梁州西面。

华夏境内的晚亚洲人西支，箭头朝北，先在梁州北面，向东分出一小支，走向荆州区域；主支继续北上，又在雍州、豫州之间，分出东西两小支。西小支走向雍州区域，是上古伏羲族的远古祖先。2009年甘肃天水大地湾发现了六万年前的智人遗存，正是晚亚洲人西支的西小支。东小支走向豫州区域，与上古伏羲族同源同祖。1977年河南新郑裴李岗发现了公元前5500年的先仰韶期遗址，正是晚亚洲人西支的东小支。晚亚洲人西支的两小支，只有以甘肃天水大地湾为祖地的西小支，即伏羲祖族，在公元前6000年文化发祥，发明彩陶，创造历法。而晚亚洲人西支的东小支，此后五百年仍未文化发祥，所以河南新郑裴李岗没有彩陶，没有历法。华夏全境一切其他遗址的彩陶，不仅时间全都晚于大地湾，最为根本的是彩陶纹样全都承袭大地湾。所以大地湾以外的一切彩陶，全都不是各地原住民自行发明，全是伏羲族在甘肃大地湾文化发祥之后，向外扩张、传播的结果。

华夏境内的晚亚洲人东支，六万年前在梁州西面与西支分手，继续向东，穿过中南半岛北部，到达中国海岸线，沿着南海、东海、黄海、渤海的海岸线，一路北上，途中渐次滞留，成为东部沿海的三小支：

东部沿海的南小支，是上古南蛮族的远古祖先，分布于扬州、荆州区域；

东部沿海的东小支，是上古东夷族的远古祖先，分布于徐州、青州区域；

东部沿海的北小支，是上古黄帝族的远古祖先，分布于冀州、幽州、并州区域。

遗传证据对应于历史文献，可以证明华夏境内的远古晚亚洲人两支四族，后来成了上古华夏区域的四大族群。

遗传证据对应于考古遗址，可以证明华夏境内的远古晚亚洲人两支，在上古文化发祥以后，有了鲜明的文化差异：

西支伏羲族，成了华夏区域的唯一彩陶族。

东支三族南蛮族、东夷族、黄帝族，成了华夏区域的三大玉器族。

李辉、金力的论文还有一个表，列举了与父系Y染色体对应的上古族群和文化类别（表0-1）。[1]

表0-1　Y染色体—族群文化对应表（李辉、金力）

九州各族的文化遗迹与遗传类型

州名	区域	族群	代表文化	Y染色体类型
梁州	秦岭以南至川云贵	孟高棉族群向藏缅族群过渡的人群	李家村文化	O2，O3
雍州	陕甘青藏	藏缅族群的古羌人	仰韶文化	O3a5
荆州	湖广	苗瑶族群	大溪文化	O3a4
扬州	北越到苏南	百越族	大坌坑文化、良渚文化	O1，O2
青兖徐州	苏北和山东	东夷族	青莲岗文化、大汶口文化、龙山文化	未知
豫州	河南	华族、青州的夷族、荆州的蛮族	裴李岗文化	O3
冀州	河北	豫州、青州向幽州过渡的区域	磁山文化	O1
幽州	燕山以北	通古斯族群、古西伯利亚族群	红山文化	O1，O2，O3
并州	山西与蒙古部分地区	匈奴、突厥、乌拉尔族群	陶寺龙山文化、细石器文化	O3a5，N

[1]　图0-3、表0-1，采自李辉、金力《重建东亚人类的族谱》，《科学人》2008年8月号。

表0-1把遗传学的科学知识，对应于考古界、学术界"中原中心论"、"仰韶中心论"的文化知识，从而被其误导，族群归类、文化归属均有可商。

比如第二行，雍州区域、陕甘青藏的华夏境内晚亚洲人西支，Y染色体是O3a5，这是无问题的科学知识。族群归类于"古羌人"，文化归属于"仰韶文化"，都是有问题的文化知识。"古羌人"应该改为"伏羲族"，"仰韶文化"应该改为"先仰韶文化"。

"羌人"的概念，产生于中古，多见于殷商甲骨文。

中古"羌人"的祖先，首先是上古"姜人"，即渭河中下游（支流姜水）、陕西宝鸡北首岭、临潼姜寨的伏羲支族，亦即神农族，姓姜。

上古"姜人"（陕）、上古"巴人"（川）、上古"藏人"（青、藏）的共同祖先，则是渭河上游、甘肃天水大地湾的伏羲祖族，其文化归属是"先仰韶文化"，比"仰韶文化"早一千年。所以他们不是"古羌人"，而是"古羌人"的祖先"伏羲族"，不属于"仰韶文化"，而是"仰韶文化"的源头"先仰韶文化"：伏羲祖族祖地的大地湾文化。

表0-1对玉器三族的族群归类、文化归属，也不确切。下节另制一表，正面详论。

四　考古证实地域，文献落实族群：
华夏区域，两支四族

上古华夏区域的两支四族，全都得到了遗传学、考古学、文献学三重证据的相互印证（表0-2）。[1]

---

[1]　表0-2，张远山原创并命名。表中及本书所用考古年代，主要依据《中国考古学中碳十四年代数据集（1965—1991）》，中国社会科学院考古研究所编，文物出版社1992。同时参考了大量资料，详见附录二参考文献。

表0-2　两支四族三重证据印证表（公元前）

遗传种群	晚亚州人西支（西北—西南）			晚亚州人东支（东北—东南）	
文化族群	华族（女娲—伏羲—神农，彩陶族）			夏族（东部三族，玉器族）	
Y染色体	O3a5	O3a4	O3	O2	O1
考古文化区域	甘肃大地湾 6000—2800 先仰韶 陕西半坡 5000—3000 仰韶 山西陶寺 3000—2000 龙山 西藏卡若 2400—2000 龙山晚	四川大溪 4500—3000 仰韶中	湖北李家村 7000—5000	内蒙古兴隆洼 6200—5400（黄帝族） 河北磁山 5400—5200（黄帝族）	
			河南裴李岗 5500—5000	山东北辛—大汶口（早中） 5400—3300（旧东夷：鸟夷、岛夷）	
			内蒙古红山—夏家店 5200—2000（黄帝族）		
			浙江河姆渡—良渚 5000—2000（旧南蛮：百越）		
			台湾大坌坑 5000—3000（旧南蛮支族）		
			山东龙山（大汶口晚） 3000—2000（新东夷：太昊、少昊）		
			湖北屈家岭—石家河 3000—2000（新南蛮：九黎、三苗）		

　　表0-2左面三栏，遗传种群是华夏境内的晚亚洲人西支，分布于华夏区域西北到西南的内陆腹地，文化族群是"华族"，亦即伏羲族，共同文化特征是彩陶。按照时间先后，分为三大时代，母系时代称"女娲氏"，父系早期称"伏羲氏"，父系晚期称"神农氏"。"华"字后来有两种读法，作为族名或国名读平声，作为姓氏或地名读去声。"华族"祖地是甘肃陇山（六盘山）周边，文化发祥以后四方扩张，东扩伏羲支族以陕西华山周边为支族祖地，所以一切东扩伏羲支族又总称"华族"。

　　甘肃天水大地湾，属于先仰韶期的伏羲祖族。陕西西安半坡，属于仰韶期的东扩伏羲支族。山西襄汾陶寺，属于龙山期的东扩伏羲支族。三者分别是伏羲族早期、中期、晚期的代表性文化遗址，Y染色体都是O3a5。

　　西藏昌都卡若，Y染色体也是O3a5，是南扩伏羲支族。四川巫山大溪，Y染色体是O3a4，也是南扩伏羲支族。《山海经·海内经》记载了巴人是伏羲支族：“西南有巴国。太皞（伏羲氏）生咸鸟，咸鸟生乘釐，乘釐生后照，后照是始为巴人。”遗传、考古双重证据，证实、补充了文献证据：南扩伏羲支族，先入蜀，后入藏。

河南新郑裴李岗，Y染色体是O3，是晚亚洲人西支东小支的后裔，上古伏羲族从甘肃东扩到河南之前的远古原住民。

表0-2右面二栏，遗传种群是华夏境内的晚亚洲人东支，分布于华夏区域东北到东南的沿海地区，文化族群是“夏族”，共同文化特征是玉器。按照从北到南的地域分布，分别是黄帝族、东夷族、南蛮族。

龙山末期，以内蒙古东部赤峰市周边“兴隆洼—红山—夏家店”区域为祖地的游牧民族黄帝族，西扩到达“西夏”的陕北石峁文化区域，然后南下征服晚期伏羲族即神农族，入主中原，建立第一个中原王朝“夏朝”，所以玉器三族又总称“夏族”。

南蛮族的祖地是长江中下游，浙江“河姆渡—良渚”区域，文化发祥时间是公元前5000年，属于仰韶期，晚于甘肃大地湾一千年。台湾大坌坑与之同祖同源，Y染色体都是O1、O2。

东夷族的祖地是黄河下游和淮河流域，山东“北辛—大汶口”区域，文化发祥时间是公元前5400年，晚于甘肃大地湾六百年。Y染色体应该与南蛮族一样也是O1、O2，暂无实证。

黄帝族的祖地是渤海以北的西辽河流域，早期是内蒙古赤峰市周边的“兴隆洼文化”区域，Y染色体与河北磁山一样也是O1。文化发祥时间是公元前6200年，略早于甘肃大地湾，但是没有彩陶，只有素陶和玉器。中期、晚期是内蒙古赤峰市周边的“红山—夏家店”区域，受到东扩然后北进的伏羲支族影响，才有了彩陶。中期以后的Y染色体，仍以祖族的O1为主，又有来自南边的晚亚洲人东支山东东夷族O2，还有来自南边的晚亚洲人西支东小支河南裴李岗O3。之所以如此，原因是晚亚洲人两支四族，伏羲族、南蛮族、东夷族所处纬度较低，都在黄河、长江流域的冲积平原，雨量丰沛，宜于农耕，所以都是农耕民族，只有黄帝族所处纬度最高，是在西辽河流域的内蒙古大草原，雨量稀少，不宜农耕，所以成了游牧民族。游牧民族一到秋冬，必定草尽食匮，必须南下“打秋草”。所以黄帝族的

O2、O3，主要不是来自和平融合，而是来自南下掠人为奴。

　　遗传学对考古遗址的检测，目前虽不全面，却已充分显现科学价值，与对应考古遗址的族群分判、有无彩陶、有无玉器，完全吻合。极少数混杂现象，也能综合考古新证和文献旧证，作出合理解释。如果将来遗传学检测更加全面，对于厘清族群关系，价值必将更大。

　　"华夏"之所以"华"在前，"夏"在后，是因为伏羲族的文化最为先进，上古四千年一直占据主导地位。

　　"炎黄"之所以"炎"在前，"黄"在后，是因为东扩伏羲支族"炎帝族"（神农族）进入中原的时间是仰韶初，"黄帝族"南下入主中原的时间是龙山末，两者相差三千年。

　　"华族"、"炎帝族"是华夏境内的晚亚洲人西支，"夏族"、"黄帝族"是华夏境内的晚亚洲人东支。

　　遗传学关于人类起源的两大理论，母系线粒体遗传的"夏娃理论"，父系Y染色体遗传的"亚当理论"，已经共同成为"智人单一起源于非洲"的坚实支柱[1]。部分中国学者常把"人种西来"与"文化西来"混为一谈，或者出于爱国热情，既拒绝错误的"文化西来说"，又拒绝正确的"人种西来说"；或者由于迷信科学，既接受正确的"人种西来说"，也接受错误的"文化西来说"。其实七万年前的远古华夏人种西来，与不到万年的上古华夏文化发祥，时间相差五六万年，两者没有因果关系。五六万年前的旧石器时代，全球所有区域的远古智人连语言也未成熟，文化更未发祥。上古的华夏文化，决不可能由远古的智人带来。上古的中原文化，乃是另一意义的"西来"：并非来自华夏境外，而是来自华夏境内的中原之西——伏羲族祖地甘肃天水大地湾。

　　华夏境内的晚亚洲人两支四族，都是七万年前来自非洲，同出一源；都在六万年前到达华夏境内的不同区域，各有祖地；都在距今万年进入新

---

[1]　金力、褚嘉祐《中华民族遗传多样性研究》248页："2001年，通过对1.2万份东亚各个人群的Y染色体单倍型检测发现，所有的Y染色体单倍型的祖先都来自非洲，没有发现出自非洲之外的Y单倍型。这一证据使东亚人是独立起源的'多地区起源'学说变得苍白无力。"上海科学技术出版社2006。

石器时代然后文化发祥，时间略有先后。文化发祥以后，都有支族从祖地向外扩张。经过"先仰韶—仰韶—龙山"四千年的扩张与相遇，冲突与融合，战争与和平，最终是以内蒙古赤峰市"兴隆洼—红山—夏家店"区域为祖地的游牧民族黄帝族，在龙山末期从"西夏"的石峁文化区域南下中原，征服农耕三族神农族、东夷族、南蛮族，建立中原第一王朝"夏朝"。

既然上古四大族群都在文化发祥以后，各自扩张，然后相遇、冲突、融合，而中古以后的第一王朝由黄帝族建立，那么为什么中古以来都说华夏祖先是伏羲族，不说是黄帝族，更不说是南蛮族、东夷族？因为伏羲族的文化水准最高，地域扩张最大，进入中原最早。所以伏羲族不是在中原与玉器三族相遇，而是在中原南部边缘与南蛮族相遇，在中原东部边缘与东夷族相遇，在中原北部边缘与黄帝族相遇。伏羲族是上古华夏区域的最大族群，虽然中古以后一度被南下的游牧民族黄帝族征服，近古以降又多次被南下的游牧民族黄帝族后裔征服，但是至今仍是华夏区域和中原地区的最大族群。南下征服中原建立朝代的所有游牧民族，都是人数极少的统治民族，一旦朝代解体，即被伏羲族同化。所以今日中国境内的五十六个民族，超过60%的人，父系Y染色体是伏羲族的O3，只有不足40%的人，父系Y染色体是玉器三族的O1、O2。[1]

五　陶器高于玉器：西支烧制彩陶，东支打磨玉器

华夏境内的晚亚洲人东西两支，在文化尚未发祥的旧石器时代，没有重大差别；新石器时代文化发祥之后，具有重大差别。

西支伏羲族在先仰韶期发明了彩陶文化，创造了精密历法。

东支三族在先仰韶期发明了玉器文化，但都没能烧制出彩陶，只烧制出素陶，直到仰韶期接受东扩伏羲支族影响，才有了精美彩陶；也都没有创造出精密历法，只创造了简单历法，直到仰韶期接受东扩伏羲支族影响，

---

[1]　参看金力、褚嘉祐《中华民族遗传多样性研究》，上海科学技术出版社2006。

才有了精密历法。所以东部玉器三族的文化水位，低于西部伏羲族。

今人生活于瓷器早已取代陶器的更高文明阶段，而且玉器的天然材质无可替代，不易理解彩陶文化为什么比玉器文化先进。其实玉石仍是石头，玉器仍是石器。但是陶器不是石器，陶不是石头，而是人类创造的第一种人工材质。如果仅有玉器，没有陶器，人类就不可能从石器时代升级到青铜时代，也不可能从上古文化升级到中古文明。

陶器与玉器的本质差别是，烧制陶器必须用火，打磨玉器不必用火。人类在旧石器时代脱离动物界，在新石器时代文化发祥，在青铜时代文明起源，无不被火点燃。

人类学会利用火，控制火，分为三大阶段。

旧石器时代早期是第一阶段，不会人工取火，只会利用天然火种，一不小心就会火种断绝。

旧石器时代晚期是第二阶段，发明人工取火，钻木取火、燧石打火等等，不再担心火种断绝。

新石器时代早期是第三阶段，发明了陶窑，提高了火温，烧出了陶器。正因为新石器时代早期的陶器发明遍布全球，所以创造陶器的四大元素"土水火风"，导致了遍布全球的第一种宇宙生成论，认为世界由"地水火风"四大元素生成。

东部玉器三族的窑温只有800—900℃，烧出了可以刻划简单思想的素陶，玉器同样只能刻划简单思想，因此知识积累和文化发展较为缓慢。

西部伏羲族的窑温高达900—1050℃，烧出了可以描绘复杂思想的彩陶，因此知识积累和文化发展得以提速。

人类脑海中的思想、知识，如果不能用恰当的载体，外化为可见形式，就不能形式化，文化发展就难以积累、进步、传播。人类语言成熟于五万年前的旧石器时代，此后四万年除了口传知识，只能把天然材质的山体，当成思想、知识的有形载体，于是产生了遍布全球的岩画。但是岩画不易保存，风吹日晒雨淋，容易风化消失；山体不能携带，无法带往新地。人类文化之所以起源于一万年前的新石器时代早期，正是因为发明了陶器，有了记录思想、积累知识的全新载体，而彩陶则是最佳载体，是文化起飞的强劲发动机。所以发明彩陶的伏羲族，上古四千年始终领先东部玉器三族，成为上古华夏区域的文化发动机。

一切先进文化，均由先进技术支撑。没有先进技术，就不可能有先进文化。伏羲族达到了上古时代的全球最高窑温，所以烧出了上古时代的全球最美彩陶。但是今人不能仅仅满足于欣赏伏羲族彩陶的技术之"器"，更要深入探究伏羲族彩陶的文化之"道"，破解伏羲族彩陶纹样所记录的思想和知识。

伏羲族的一切彩陶纹样，都是天文纹样和历法纹样。所以本书的唯一主题，就是探索、还原伏羲族的天文思想、历法知识，描述其从起源到顶峰的完整发展过程。

本书上编的标题《陶器之道，开天辟地》，"陶器之道"是说，不能只研究上古文化的形而下之器，更要研究上古文化的形而上之道，亦即伏羲之道。"开天辟地"是说，伏羲祖族首先在甘肃大地湾"开天"，观测天文，创造历法；然后农业发达，种族繁衍，族群扩大；于是扩张生存区域，沿着黄河顺流而下"辟地"，先仰韶期从黄河上游扩张到黄河中游，仰韶期从黄河中游扩张到黄河下游，龙山期覆盖黄河流域两岸，辐射长江流域北岸。

我把伏羲族"开天辟地"的四千年上古史，分为两个大年。

一是先仰韶—仰韶期（前6000—前3000）的"伏羲连山历"三千年。

二是龙山期（前3000—前2000）的"神农归藏历"一千年。

出土材料成千上万，本书不能细讲全部，仅仅精选与伏羲太极图、伏羲六十四卦相关的少量纹样。因为伏羲太极图、伏羲六十四卦是上古四千年伏羲族图像历的最后成果和最高结晶，既是上古伏羲族的文化基因，又是八千年华夏文化的总基因，决定了中古以后华夏文明迥异于全球其他区域文明的一切独特性。

2013年5月6日—12月20日（三稿）

陶器之道，开天辟地

第一章

伏羲连山历（前6000—前3000，先仰韶—仰韶）

——上古四千年伏羲族天文历法史（上）

内容提要　本章根据百年考古出土的大量上古彩陶纹样，论证公元前6000年伏羲族在祖地甘肃天水大地湾历法"开天"，伏羲支族在先仰韶—仰韶—龙山四千年（前6000—前2000）东扩"辟地"，伏羲族彩陶和伏羲连山历随之东传到东部沿海玉器三族。

关键词　连山纹；连山历；七山六谷；东七山，西七山；东西南北二十八山，东西南北二十八宿。

一　伏羲连山历起源：甘肃大地湾
（前6000，先仰韶早）

1. 伏羲连山历原理

伏羲族的早期历法"伏羲连山历"，是以东西七连山为坐标的太阳历。历法原理如下（图1-1）。

图1-1二图，采自刘宗迪《失落的天书:〈山海经〉与古代华夏世界观》[1]。

---

[1]　图1-1，采自刘宗迪《失落的天书:〈山海经〉与古代华夏世界观》638、121页，商务印书馆2006。

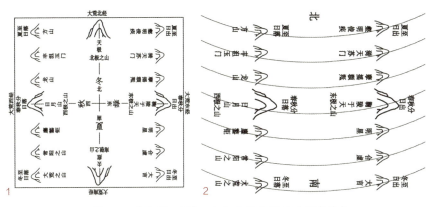

图 1-1 《大荒四经》：七山六谷太阳历（刘宗迪）

刘宗迪认为，《山海经》的"山经"是记录道里山川的"地书"，"海经"则是用地面坐标记录天文历法的"天书"。

刘宗迪用图1-1.1标示《大荒东经》、《大荒西经》记载的"大荒之中"七对东西日月山，东七山是日月所出之山，西七山是日月所入之山。

由于地轴倾斜（图1-2）[1]，太阳黄道与天球赤道不在同一平面，形成了23.5°的黄赤交角，所以太阳每年都在南北回归线上空往返，到达南纬23.5°的南回归线上空，离北半球最远，在东西七连山的最南山之间起落，北半球是冬至。

冬至以后，太阳向北回归，经过一时三月，到达赤道上空，在东西七连山的中间山之间起落，北半球是春分。再经一时三月，太阳到达北纬23.5°的北回归线上空，离北半球最近，在东西七连山的最北山之间起落，北半球是夏至，上半年结束。

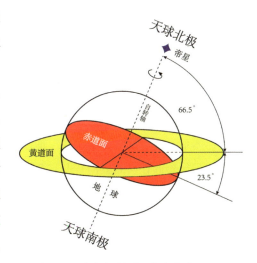

图 1-2 地轴倾斜图：黄赤交角 23.5°

---

[1] 图1-2，地轴倾斜图，张远山原创。

夏至以后，太阳向南折返，经过一时三月，再次到达赤道上空，又在东西七连山的中间山之间起落，北半球是秋分。再经一时三月，太阳又到达南回归线上空，又是冬至，下半年结束。

如此周而复始，永恒循环。

刘宗迪又用图1-1.2解释其历法原理，在东七山、西七山之间，画了七条弧线，标明太阳的运行轨道。七条弧线之间，有六个空当，一个空当是一个月。

太阳从下向上、由南往北走完六个空当，是上半年六个月。

太阳从上向下、由北往南走完六个空当，是下半年六个月。

刘宗迪对《山海经》的研究，是揭破千古之谜的杰出研究。不过对于《山海经》记载的七连山太阳历，他认为由龙山期的山东东夷族发明，我认为由先仰韶期的甘肃伏羲族发明，时间相差三千年，地点相差三千里，族群归类、文化归属全都不同。下文将用考古新证和文献旧证，系统论证伏羲连山历从甘肃传播到山东的漫长过程。

伏羲族先用《大荒东经》、《大荒西经》记载的七对东西日月山，建立了一个东西方向的地面坐标，创造了实物图像历。只要看看太阳是在哪一对东西山的连线上，就能明白现在是几月几日。

后来伏羲族又增加了《大荒南经》、《大荒北经》记载的七对南北日月山，建立了一个南北方向的地面坐标，创造了一日的时钟。只要看看太阳是在哪一对南北山的连线上，就能明白现在是什么时辰。

《大荒四经》记载的东西南北各七山，合计二十八山，是一个完整的地面坐标体系，天然、形象、直观，兼有年历、月历、日历、时钟多种功能。

这是伏羲族在新石器时代早期创立的最早成熟历法，此前还有旧石器时代的漫长积累期。这一用东西南北七连山创立的历法体系，全称是"七连山太阳历"，简称是"连山历"。

伏羲连山历的主要内涵是太阳历。太阳白天东山升，西山落，月亮晚上东山升，西山落。昼夜之交替，即日月之交替，所以东西南北各七山，都是"日月山"，因此伏羲连山历兼有部分太阴历功能。月亮每月的盈亏、圆缺、朔望，是天然的月历盘。伏羲族不想放弃这一天然月历盘，数千年间持续观测月亮，不断探索其运行规律。但是上古伏羲族的早期历法"伏羲连山历"，尚未把太阳回归年的周期与朔望月的周期整合为一。直到三千多年以后的龙山期，上古伏羲族的晚期历法"神农归藏历"，才把太阳回归年的周期与朔望月的周期整合为一，升级为阴阳合历。所以上古伏羲族的历法发展，分为两大阶段。

伏羲连山历的太阳历原理，后来被夏商周秦汉、唐宋元明清的一切中国历法继承。比如《周髀算经》，虽然采用黄帝族的"盖天说"，不取伏羲族的"浑天说"，但其太阳历原理"七衡六间"，仍然源于伏羲连山历的"七山六谷"，所以《周髀算经》明确承认"伏羲作历度"。

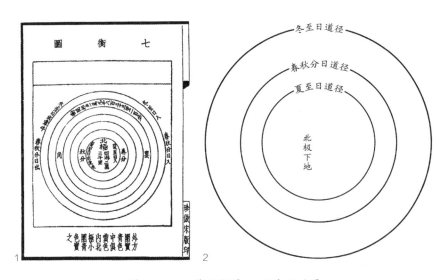

图 1-3　1 七衡六间图，2 二分二至图

延长伏羲连山历东西七山之间的七条弧线（图1-1.2），画成七个同心圆，即为《周髀算经》的"七衡六间图"（图1-3.1）。

东汉赵爽注："内第一（圈），夏至日道也。中第四（圈），春秋分日道也。外第七（圈），冬至日道也。"（图1-3.2）[1]

---

[1]　图1-3.1，七衡六间图，采自《周髀算经》。图1-3.2，二分二至图，采自陈遵妫《中国天文学史》第一册124页，上海人民出版社1980。

意为：中间第一圈是夏至的太阳运行轨道，中间第四圈是春分、秋分的太阳运行轨道，外面第七圈是冬至的太阳运行轨道。历法原理全盘承袭伏羲连山历。

2.连山历考古实证：河南郑州大河村（前3000，仰韶末）

《尚书·尧典》记载了尧舜时期的历法，由于此篇并非尧舜时期的即时实录，而是战国时人的追述，所以关于中国历法的起源时间，争议很大。争议各方在尧舜至战国之间，分别选取一个时间点，亦即尧舜、夏朝、商朝、西周、春秋、战国。每方都有文献证据，都不充分，难以定论。然而百年考古的无数证据，足以结束仅凭历史文献的千古争讼。更多证据详见下文，此处仅举一例（图1-4）。[1]

图1-4　河南郑州大河村1709
（前3000）：七山六谷图

这一彩陶，出土于河南郑州大河村，考古年代是仰韶、龙山之交，公元前3000年，夏朝以前一千年。

俯视图的十二个太阳，非常醒目，人人皆见，是毋庸置疑的十二月太阳历。但是更为显眼的十二组对顶山，学者们大多视而不见，仿佛被魔术师转移了注意力。由于没画的空白才是十二个太阳，真正画的是十二组对顶山，因此十二组对顶山远比十二个太阳重要。十二个太阳仅是标示十二月太阳历，十二组对顶山才是标示十二月太阳历的历法原理。

十二组对顶山，对顶的十二个小红点，正是太阳，是整个陶纹的画龙点

---

[1]　图1-4，采自张朋川《中国彩陶图谱》(以下简称《图谱》)编号1709，文物出版社1990。以下采自《图谱》的彩陶纹样，凡标编号者不再出注。

睛。这是彩陶胜过素陶的铁证，因为素陶不能画红点。

中轴线那组对顶山，兼用于左右，左右各有七组对顶山，夹着六个太阳，正是"七山六谷"的十二月太阳历。

十二个小红点，标示出山、落山的太阳，属于天文。

十二个大太阳，标示太阳年的十二太阳月，属于历法。

整个陶纹，是伏羲连山历的最佳图解，又不仅仅是天文历法图解，而是日常实用的天文历法图，因为还有数日子的计算器，即口沿部分的阴阳错顶山。它是中古以后长期沿用、大量见于青铜镜边缘的重要纹样，我借用《尚书·尧典》的名相，命名为"百揆纹"。揆，从手从癸。癸为十天干之末，即伏羲族发明的十进制计数法。从手，即扳着手指，以十进制计算历数。

公元前3000年的郑州大河村，虽然比夏朝早一千年，比周朝早两千年，比战国早三千年，但是仍非华夏历法的起源时地。华夏历法的起源时间，又比郑州大河村早三千年，起源地点在郑州向西一千五百里：公元前6000年的甘肃天水大地湾一期。

3. 伏羲连山历起源时地：大地湾一期（前6000，先仰韶）

大地湾一期的彩陶，有大量的旋转纹、折线纹、箭头纹，都是天文历法纹样。考古界较为重视器形，不太重视纹样。学术界较为重视纹样，主要有"装饰说"、"性崇拜说"、"图腾说"，均未探明根本。陶器是好不容易发明的第一种人工材质，彩陶是好不容易得到的思想、知识最佳载体，不可能浪费于意义有限的装饰，只会记载当时的最高思想和最高知识，亦即天文思想和历法知识。个别陶纹虽有性崇拜意味或图腾（族徽）意味，仍然都从天文历法纹样派生而出。

先看大地湾一期（前6000）的四种陶纹（图1–5）。[1]

A是连山符，是伏羲连山历的标志。装饰派错误命名为"折线纹"，但是解释不了：刚刚发明彩陶的先民，为什么在如此珍贵的载体上，仅仅画

[1]　图1–5，四陶纹，采自《秦安大地湾》上册48、46、47、47页，文物出版社2006。

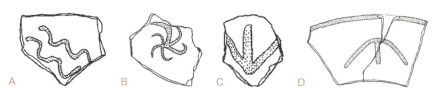

图 1-5　大地湾一期（前 6000）：伏羲连山历陶纹

两条折线作为装饰？折线纹其实没啥装饰性，美观程度远远不如几万年前的旧石器时代岩画。

B 是逆时针旋转的六芒太阳符，标示七连山太阳历之七山六谷。装饰派错误命名为"旋转纹"，但是解释不了：为什么旋转纹是六线？为什么逆时针旋转？

C 是下箭头，D 是上箭头，是伏羲连山历不可或缺的两大符号。C 没有陶器上缘，所以《秦安大地湾》发掘报告上册 47 页印成了上箭头。令我百思不得其解：既然大地湾二期以后都有下箭头、上箭头，为什么大地湾一期独缺下箭头？后来我在下册图版十一，发现大地湾一期有一个完整器 A 型 I 式 T3④：5（详见第三章之图 3-1），明明白白刻着下箭头，才有信心论证伏羲连山历起源于大地湾一期。

大地湾一期的四种陶纹组合起来，就是伏羲连山历的公式（图 1-6 上排）。

公式左面的连山符，标示连山历。

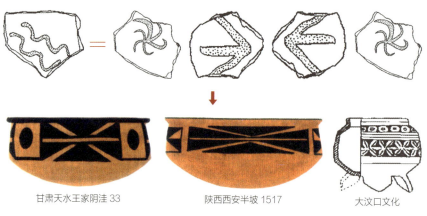

图 1-6　伏羲连山历公式

公式右面，东面是出山太阳，西面是落山太阳，中间是东西对顶山，亦即三千年后郑州大河村南北对顶山的源头。

研究纹样，必须实证，不能任意组合。由于大地湾遗址仅仅发掘了1%，完整器不多，所以大地湾一期目前仅有伏羲连山历公式的所有要素。完整的伏羲连山历公式，见于伏羲族其他遗址（图1-6下排）。[1]

甘肃天水王家阴洼，紧邻大地湾，同属天水市秦安县，也是先仰韶期的伏羲族祖地，那里出土了编号33的彩陶盆。陕西西安半坡，属于仰韶期的伏羲支族东扩之地，那里出土了编号1517的彩陶盆。山东的大汶口文化，越出了伏羲族祖地和伏羲支族东扩之地，但也出土了同一纹样的陶器。三者的纹样，均非装饰派所言"抽象鱼纹"，而是直观象形的"连山纹"，都是大地湾一期伏羲连山历公式的精确解释（图1-7）。[2]

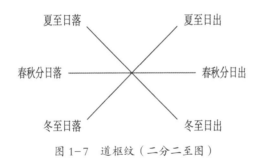

图 1-7　道枢纹（二分二至图）

我借用《庄子·齐物论》的名相，把伏羲连山历公式的核心图（图1-7），命名为"道枢纹"，亦即"二分二至图"（图1-3.2）。

"道枢纹"由三条直线组成——

春分、秋分的日出点和日落点，连成一条横线。

冬至日出点和夏至日落点，夏至日出点和冬至日落点，连成两条对角线。

冬至的日出，不可能到半年后的夏至才日落。夏至的日出，也不可能

---

[1]　图1-6上排伏羲连山历公式，为图1-5四陶纹的组合。图1-6下排伏羲连山历公式，采自《图谱》编号33、1517。

[2]　图1-7，采自陆思贤、李迪《天文考古通论》80页，紫禁城出版社2000。

到半年后的冬至才日落。但是如果在冬至的日出、日落之间，夏至的日出、日落之间，连成两条横线，整个纹样就会变成三条横线，无法凝结成一个历法符号。所以大地湾一期的伏羲族予以交叉连线，三线相交于中心点，表达三重历法含义。

其一，东西对顶山，是伏羲连山历以东七山、西七山为地面坐标的最简表述。

其二，中心点向外辐射六线，一如六芒太阳符的六条光芒，是太阳六个月折返一次的最简表述。

其三，标示二分（春分、秋分）二至（冬至、夏至），是太阳回归年周期的最简表述。

明白了道枢纹的历法含义，也就不难明白王家阴洼、半坡的道枢纹两边，为何稍有不同。

王家阴洼略晚于大地湾一期，当时伏羲连山历创立未久，必须在道枢纹两边各画一个太阳，强调伏羲连山历公式的天文历法含义。

陕西半坡晚于大地湾一期一千年，伏羲连山历公式已成天文历法官的基本常识，所以道枢纹两边不必再画太阳，而是改画阴阳山。——顺便一说，半坡不仅有阴阳山，还有阴阳鱼，但都源于大地湾一期，都是太极图之阴阳鱼的前身（详见第四章之图4-1）。

或问：既然王家阴洼和半坡的道枢纹，以及我的符号组合，都是东西横置，为什么大地湾一期的符号是南北竖置？

因为东西横置是历法符"道枢纹"，"道枢"是太阳轨道；南北竖置是天文符"天枢纹"，"天枢"是北极天枢。由于天枢纹高于道枢纹，所以大地湾一期最重要的天文符号，是南北竖置的天枢纹（图1-8）。

| 129 | 849 | 1066 | 944 | 1191 | 青海 |

图 1-8　天枢纹（甘肃、青海）

甘肃、青海的伏羲族祖地，均有大量天枢纹。有些略做变形，拟形为动物。比如编号944，拟形为蜥蜴。

天枢纹的天文含义，可以参看美国汉学家班大为对甲骨文"帝"字的杰出研究（图1-9）。[1]

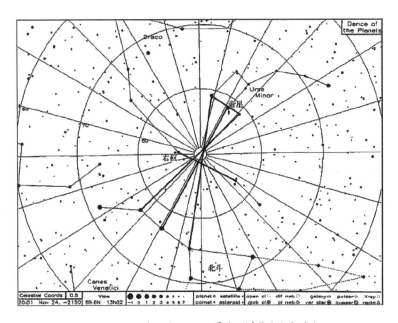

图1-9　上古天枢纹＝甲骨文"帝"（班大为）

班大为认为，公元前1600年的商朝甲骨文"𥄎"（帝）字，对应于公元前2150年的北极天枢：下为北斗三星，上为北极三星，互相交叉，连成三线，中心点是北极天枢。所以"帝"字的初义，正是北极天枢。由于岁差导致的天象变动，现在的北极天枢，不同于上古的北极天枢。

我的补充是：商朝甲骨文"帝"字标示北极天枢，源头是早于商朝四千四百年的大地湾一期。

---

[1]　图1-9，采自班大为《中国上古史实揭秘：天文考古学研究》354页，徐凤先译，上海古籍出版社2008。

大地湾一期的天枢纹，很像四千多年后的甲骨文"木"字，却不是"木"字。不过甲骨文"木"字，又与四千多年前的大地湾天枢纹不无关系，因为"木"字专指圭表测影的"表木"。《山海经》、《淮南子》等书记载的"扶木"、"建木"、"若木"、"寻木"，均指起源于大地湾一期的表木，标准高度都是男子的标准身高八尺——因为旧时代的男子追踪猎物之时，即凭观察自己的影子判断时间早晚。由于一寻等于八尺，所以八尺表木称为"寻木"。大地湾一期把天枢纹分解为上下两种箭头，下箭头是太阳在南的左右圭影符，上箭头是太阳在北的左右圭影符（详见第四章第一节）。

伏羲族祖地甘肃、青海，共有三种天枢纹，都是甲骨文的源头（图1-10）。

图 1-10　天枢纹、甲骨文对照：主，帝，昊

三种天枢纹的上部，完全相同，都是圆圈加圆心一点。圆心一点标示北极天枢，圆圈标示环绕北极天枢旋转的太阳轨道。有人认为圆圈标示太阳，一点标示太阳黑子，证据不足。文献记载伏羲氏发明圆规，汉代画像石的伏羲氏也手执圆规。伏羲族是先发现太阳的圆形轨道，再发明圆规，以便把太阳的圆形轨道画在彩陶上面。

三种天枢纹的下部，小有变形。上下合一，变成了含义相近的三种字符。

甘肃临洮的编号562，下部是毫不变形的"天主纹"，甲骨文"𡥀"（主）字的源头。——中文"主"字的最初含义，并非"人主"，而是"天主"。

甘肃兰州的编号582，下部是连山纹变出的"天帝纹"，甲骨文"✖"（帝）字的源头。——中文"帝"字的最初含义，并非"皇帝"，而是"天帝"。

甘肃康乐的编号719，下部是省略天帝纹竖线下端的"昊天纹"。甲骨文的相似之字，过去被识读为"主"的异体字，但我认为是"昊"字，因为伏羲族称"天"为"昊"，合词"昊天"。

含义相近的三种字符，可以连起来读，读作古籍常见的"昊天之主"、"昊天上帝"。

甲骨文"帝"字，比伏羲族的早期天枢纹，多一条北极三星的连线，标示"天帝"的"元神"，简称"天元"；亦即围棋枰的中心点"天元"，因为围棋起源于伏羲六十四卦（参看拙著《庄子精义》余论一《〈老子〉：君人南面之术》第二节"华夏古道变迁"），伏羲六十四卦的初义是天文历法。"天元线"也不是商朝加上去的，因为甘肃、青海以东的陕西、河南、江苏，仰韶期的东扩伏羲支族陶器上，不仅有大量天枢纹（图1-11），而且早就为"天帝纹"加上了"天元线"（图1-11.3）[1]。这也进一步证明：甲骨文"帝"字，源于伏羲族的天枢纹。

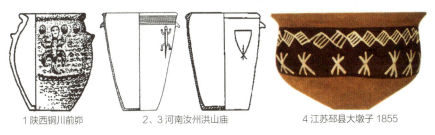

1 陕西铜川前𡺾　　　2、3 河南汝州洪山庙　　　4 江苏邳县大墩子1855

图1-11　东扩伏羲支族天枢纹（陕西、河南、江苏）

历法各有民族特色，天文却是全人类所有历法的共同依据，所以其他民族同样仰望人类头顶共同拥有的星空，同样探索遍在永在的天道，结论

---

[1]　图1-11.1，陕西铜川前𡺾"天帝纹"，采自杨晓能《另一种古史》55页，生活·读书·新知三联书店2008。图1-11.2、3，河南汝州洪山庙"天帝纹"、"天元纹"，采自河南省文物考古研究所：《汝州洪山庙》42、46页，中州古籍出版社1995。

也就大同小异。比如美国天文学家西蒙·纽康（1835—1909）所著《通俗天文学》，有一个黄道十二宫图（图1-12）[1]，其中心连线全同于伏羲族的道枢纹、天枢纹。

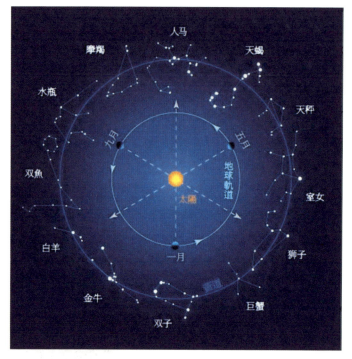

图 1-12　天枢纹＝黄道十二宫（西蒙·纽康）

　　西蒙·纽康说："古人早已知道太阳的这种周年运动，但他们费了很大的劲才把这现象画出来。"他没明说"古人"是谁，也没明说画出这一纹样的具体时间。他可能是指公元前5000年到公元前3000年的苏美尔人、巴比伦人、埃及人，但不可能是指中国人。因为当时中国的百年考古尚未开始，他不可能知道中国人早在公元前6000年就已画出了道枢纹、天枢纹。

　　由于太阳黄道与天球赤道形成23.5°的黄赤交角（图1-2），导致太阳

<hr>

[1]　图1-12，黄道十二宫，采自西蒙·纽康《通俗天文学》19页，金克木译，当代世界出版社2006。

每年在南北回归线上空往返，因而全部天象以一年为周期，有规律地循环运动。只有观测、发现、掌握这一天文规律，才有可能制定出精密历法。任何民族的天文学，都不可能仅知太阳黄道却不知天球赤道，也不可能仅知天球赤道却不知太阳黄道，只是必须选择其中之一作为天文学基准。其他民族的上古天文学，均以太阳黄道为天文学基准。只有华夏民族的上古天文学，以天球赤道为天文学基准。所以其他民族的上古天文学有可能互相传播、互相影响，华夏民族的上古天文学却是本土独立起源。本土独立起源的时间地点，是公元前6000年的伏羲族祖地甘肃天水大地湾一期。

上古伏羲族不仅明白太阳六个月折返一次，而且明白其天文根源是地轴倾斜、黄赤交角。考古证据如下（图1-13）。[1]

甘肃大地湾二期47　　　甘肃大地湾二期76

陕西华阴西关堡1587　　　山西永济石庄1598　　　甘肃秦安山王家100

图1-13　地轴倾斜纹

大地湾二期（前4500）的编号47、76，都已明确标示地轴倾斜。

编号47，中心是倾斜倒影山，山脚是出山太阳和落山太阳，上面山顶是正午太阳。下面山顶不画太阳，因为夜晚看不见太阳。鱼纹的流动方向，

---

[1]　图1-13，地轴倾斜纹五例，分别是甘肃天水秦安大地湾二期47、76，甘肃天水秦安山王家100，陕西华阴西关堡1587，山西永济石庄1598，均见《图谱》。地轴倾斜纹另见《图谱》编号93、138、161、1464、1465（以上甘肃、青海伏羲祖族）；1660、1606、1665、1676、1683、1663、1694、1695、1698、1699、1700、1753、1758、1759、1762、1948、1955（以上陕西、山西、河南、四川伏羲支族）；1763、1768、1769、1773（以上河北黄帝支族）。

标示地球的逆时针旋转（从北极天枢下视）。

编号76，右面是倾斜的扁圆形地球，上下各画一个太阳：阳面是白天的太阳，阴面是夜晚的太阳。说明伏羲族已经明白，夜晚看不见的太阳，是在地球反面。左面的南山脚下，向上引出逆时针弯勾，标示太阳在地球反面返归东山，成为后来"连山历河图"的雏形（详见第二章）。

甘肃天水秦安山王家的编号100，是大地湾二期编号47之倾斜倒影山的简化。知识一旦普及，就会简化、浓缩。但是知识一旦失传，简化的语言就很难理解，简化的图像则更难理解。

陕西华阴西关堡的编号1587，山西永济石庄的编号1598，都承袭了大地湾编号47的倾斜倒影山。

甘肃伏羲祖族和东扩伏羲支族，都能画出极其精确的彩陶纹样，不可能画不正图像。即使偶然画错了，也会抹去重画，不可能烧制，更不可能把画错乱烧的彩陶，隆重葬入酋长大墓。各省各地如此之多的倾斜连山纹，都是同一角度，基本符合23.5°，无可置疑地证明：各省各地的伏羲祖族、支族，都已精确了解地轴倾斜及其角度。

只有明白伏羲族在大地湾的"开天"达到了空前的高度，才能理解文献对伏羲族出处的记载——

华胥生庖牺于成纪。（《补史记·三皇本纪》）

成纪县，故帝太皞庖牺所生之处也。（《水经注·渭水注》）

"成纪"是甘肃天水的古地名，意为"成就纪年"。遗传学、考古学、文献学三重证据，互相印证，共同证明：伏羲祖族早在公元前6000年的甘肃天水大地湾一期，就已通晓天文，创建历法，"成就纪年"。上古华夏文化，就此发祥"开天"。

4. 上古四千年（前6000—前2000）连山纹举要

以上简要论证了伏羲连山历起源于甘肃天水大地湾一期，下面再举伏羲连山历的变化符号若干，系统论证伏羲祖族在甘肃大地湾一期历法"开天"之后，又在先仰韶期、仰韶期、龙山期四千年间持续扩张"辟地"，伏羲族彩陶和伏羲连山历随之辐射传播，最终传遍华夏全境。

本书的编号彩陶，全部采自张朋川《中国彩陶图谱》[1]。标号的目的，是便于学者追究出土地点、馆藏地点等详情，本书不再详列，仅仅专注于彩陶纹样的天文历法含义。

《图谱》收录的上古彩陶纹样，共有2009种，涉及十九省，分为两大区域。

伏羲祖族的"大地湾—马家窑"区域，包括甘肃、青海、宁夏三省，合计1492种，编号1—1492。

伏羲支族的"仰韶—龙山"区域和东部玉器三族的区域，包括陕西、河南、山西、内蒙古、辽宁、山东、安徽、江苏、浙江、福建、台湾、广东、四川、湖北、西藏、新疆十六省，合计517种，编号1493—2009。

伏羲祖族的"大地湾—马家窑"区域，仅有三省，却占十九省总数的75%。伏羲支族的"仰韶—龙山"区域和东部玉器三族的区域，合计十六省，仅占十九省总数的25%。

仅计甘肃一省，彩陶纹样即有1184种之多，占十九省总数的60%。

甘肃以外的中原、非中原十八省，遗址数千处，陶器数百万件，彩陶纹样只有825种，仅占十九省总数的40%。

彩陶和彩陶纹样的先后、质量、数量、演变关系，全都证明"中原中心论"、"仰韶中心论"站不住脚。

由于"大地湾—马家窑"是上古华夏文化的源头、中心、制高点、发动机，所以下文列举彩陶纹样，全都先列黄河上游的伏羲祖族"大地湾—马家窑"纹样，再列黄河中下游的伏羲支族"仰韶—龙山"纹样，兼及东部玉器三族受其影响的少量纹样。

尽管为了图示方便，只标纹样编号，不标出土地点，但是读者根据编号，很容易大致判断出土区域：编号小于1492，就是甘肃、青海伏羲祖族

---

[1] 《图谱》部分摹图，不合原器照片。本书根据原器照片对个别摹图进行了修正，修正图均予注明。圆形俯视图大多转过角度，不予注明。

的彩陶纹样。编号大于1493，就是中原、非中原伏羲支族或玉器三族的彩陶纹样。

伏羲连山历以东西南北各七山为地面坐标，所以连山纹分为东西连山纹和南北连山纹两大类。

先看东西连山纹（图1-14、图1-15）。

图1-14　东西连山纹基本纹样

图1-15　东西连山纹彩陶实例

东西山的山顶、山脚，常有圆点（部分为红点），全都标示太阳。

伏羲族祖地大地湾二期（Y染色体O3a5）的编号9，是仰韶早期的东西对顶山。黄帝族南扩之地河北磁县下潘旺（Y染色体O1）的编号1772，是仰韶晚期的东西对顶山。两者的承袭关系一目了然。

甘肃兰州的编号410、833，都是明确的东西山。装饰派错误命名为"折线纹"。

青海柳湾的编号1045，山顶、山脚都是太阳光芒。图腾派错误命名为"神人纹"，太阳光芒可以勉强解释为"神人"的手指、脚趾，但是无法解释：先民为何对"神人"如此不敬，竟然画成左右横倒？

陕西渭南北刘的编号1567，河南陕县庙底沟的编号1661，江苏邳县大墩子的编号1857，东西山外面都画着圆形太阳轨道。装饰派错误命名为"叶形纹"，乃是不看所画的陶纹，只看没画的空白，产生的错觉。

再看南北连山纹（图1-16、图1-17）。

图 1-16　南北连山纹基本纹样

图 1-17　南北连山纹彩陶实例

南北山的山顶、山脚，常有圆点（部分为红点），全都标示太阳。

甘肃正宁的编号20，是最为简洁的南北错顶山。装饰派错误命名为"折线纹"，也是不看所画的陶纹，只看没画的空白，产生的错觉。

大地湾二期的编号61，对南北错顶山的历法含义，予以精确解释。南北二山相错，中间形成圆圈，圈内上下各画太阳。南山标示观测点的日出日落，北山标示地球反面的日出日落。所以南山的山顶日出，就是北山的山脚日落；南山的山脚日落，就是北山的山顶日出。圆圈两边，都有一条从山顶到山脚的日出日落线，中间明确画出太阳，标示今天东升西落的太阳，明天东升西落的太阳，并非不同的太阳，而是同一个太阳。

陕西西安半坡的著名陶纹1514，装饰派错误命名为"鱼纹"。其实是大地湾二期编号41的变化图，兼有南北山、东西山。中间的东西对顶山各有太阳，确实很像鱼首、鱼眼。然而历法是本质，似鱼仅是美学趣味，所以鱼首后面没有鱼身，只有与山西芮城东庄村编号1572相同的南北阴阳山。

河南郑州大河村的编号1700，左面的倾斜二山，标示地轴倾斜，中间是日出日落线。右面的南北二山，承袭甘肃天水秦安魏店的编号82，外面多一圈太阳光芒。装饰派不见四山，只见光芒，错误命名为"睫毛纹"。但是无法解释：睫毛中间为何不画瞳孔，却画南北山？

根据《山海经》，所谓"睫毛纹"，其实是"烛龙纹"，又称"烛阴纹"——

有神，人面蛇身而赤，直目正乘，其瞑乃晦，其视乃明，不食不寝不息，风雨是谒。是烛九阴，是为烛龙。(《山海经·大荒北经》)

钟山之神，名曰烛阴，视为昼，瞑为夜。(《山海经·海外北经》)

《山海经》精确解释了"睫毛纹"的历法含义：太阳神"烛龙"(祝融)，睁眼就是白昼，闭眼就是黑夜。然而睁眼、闭眼仅是地球特定观测点的直观表象，背后的天文真相则是烛龙(太阳)"直目正乘"，"不食不寝不息"，夜晚是在地球反面。

陕西华阴西关堡的编号1570，具有非常鲜明的西藏风格。西藏昌都卡若的南扩伏羲支族(表0-2)，后来承续了这种风格。

河南陕县庙底沟的编号1614，又在历法涵义之外，追求美学趣味。南北山如同水中倒影，恰似一幅美妙山水画。

南北连山纹，又变出舞蹈连山纹(图1-18)。[1]

---

[1] 图1-18上排三图，采自《图谱》编号810、885、787。图1-18下排左，甘肃武威磨咀子出土，采自启星《舞蹈纹彩陶说》，《文物报》1993年6月6日。图1-18下排中，青海同德宗日出土，采自甘肃省博物馆编《黄河彩陶》104页，浙江人民美术出版社2000。图1-18下排右，青海大通上孙家寨出土，采自《图谱》编号241。

810   885   787

甘肃武威磨咀子   青海同德宗日   青海大通上孙家寨（241）

图 1-18　连山纹变出舞蹈纹

　　上排三例出土于甘肃的南北连山纹，分别是多重、双重、单重的连山纹，光芒向上是出山太阳，光芒向下是落山太阳。图腾派错误命名为"神人纹"，又错误阐释为祭司、巫师。把北山、南山视为双臂、双腿已很勉强，更加无法解释：手指、脚趾为何不长于手掌、脚掌，却长于手肘、膝盖？

　　下排三例舞蹈连山纹，分别是上面三例南北连山纹之变形。

　　甘肃武威磨咀子的第一例，把顶着太阳的南北连山纹，变形为手牵手的两排舞者，但是视为手牵手，就没有跳舞的脚，视为跳舞的脚，就没有相牵的手。

　　于是青海同德宗日的第二例，进一步变形，两排山合为一排山，两排舞者合为一排舞者，北山如同手牵手，南山如同跳舞的脚。

　　以上两例舞蹈纹，都不出名。青海大通上孙家寨的编号241，却极有名，因为被性崇拜派奉为上古"性崇拜"的最强证据。其实第一例是连山纹双关舞蹈纹，第二、第三例是第一例的两种不同变形。第二例省略南山，不省略南山的太阳，所以如同挺着大肚子的孕妇。第三例省略南山的太阳，不省略南山，所以如同挺着生殖器的男子。

　　用连山纹双关舞蹈纹，变形为孕妇舞蹈纹、男根舞蹈纹，并非单纯的美学趣味，而是上古太阳崇拜的节庆风俗，春分、夏至、秋分、冬至等重要节气，都有祭祀太阳、祭祀"昊天上帝"的节庆舞蹈，庆祝农业丰收，祈祷风调雨顺，甚至伴有祈祷丰收、天人交感的性交仪式。因为天地分阴阳，日月分昼夜，动物分雌雄，人类分男女，天地万物都有阴阳，所以太阳崇拜与生殖崇拜并不冲突，但是不能只看见舞蹈纹和生殖器，看不见连山纹和连山历。

伏羲族与所有上古民族一样崇拜太阳，所以南北连山纹又变出了日神纹（图1-19）。

563　　644　　767　　864　　960

图1-19　连山纹变出日神纹

上文所言道枢纹、天枢纹、天帝纹，也是日神纹的变体。日神纹还有很多其他变体，比如日神纹旁边画上黍粒、谷粒，就是"谷神纹"（图1-20A、B）。进一步强调谷粒，就是"玄牝纹"（图1-20C、D、E）。

606　　887　　961　　619　　693
A　　B　　C　　D　　E

图1-20　连山纹变出谷神纹、玄牝纹

谷神纹的谷粒，被性崇拜派视为女性生殖器，也不算全错，因为《老子》有言："谷神不死，是谓玄牝。"天道生出万物，如同孕妇生出婴儿，所以太阳纹变成了"谷神"之"玄牝"。但这仅是比喻，不宜坐实，因为"玄牝"位于谷神的头顶，并非谷神的胯下。不能只看见玄牝纹形似女性生殖器，看不见玄牝纹源于连山纹。

玄牝纹的进一步演变，则是"太昊纹"（图1-21）。

807   871   1018   616   576

图1-21　玄牝纹变出太昊纹

上文所言"昊天纹"（图1-10右），属于伏羲族的天文符号。此处所言"太昊纹"，则是天文符号派生出的伏羲族族徽，所以伏羲族又称"太昊族"。

"昊天纹"、"太昊纹"的共同点，就是均似"昊"字。但是"昊天纹"只有圆圈加圆心一点，太阳轨道尚未一分为二；"太昊纹"的太阳轨道已经分为左右各半，标示上、下半年的太阳北归南藏，成为太极图的最早雏形——两仪图（参看图1-13右编号100）。

东西山和南北山，既有独立纹样，也有合一纹样（图1-22）。[1]

图1-22　四方山合一纹

明白连山历原理，连山纹就极其醒目。不明白连山历原理，就会不看所画的陶纹，专看没画的空白，产生"叶形纹"的错觉。

中原仰韶文化开始之前一千年，伏羲祖族在甘肃天水大地湾历法"开天"。随后伏羲支族在先仰韶、仰韶三千年间东扩"辟地"，从黄河上游扩张到黄河中游、下游。

下文选取黄河中游、下游重要时地的典型纹样若干，简述伏羲连山历的进步发展，兼及东扩伏羲支族的地域扩张，以及伏羲族彩陶、历法的东传玉器三族。

---

[1]　图1-22，采自《图谱》154页。

二 伏羲连山历东传：陕西宝鸡北首岭
（前5200，先仰韶晚）
——东西七山，龙凤河图

伏羲支族东扩辟地，从渭水上游顺流而下，到达黄河中游，再从黄河中游顺流而下，到达黄河下游，大致是沿着甘肃天水所在北纬35°，相当于陇海铁路，一路向东。

渭水上游、甘肃东部的天水，是陇海铁路的第一站。渭水下游、陕西西部的宝鸡，是陇海铁路的第二站。所以天水伏羲祖族东扩辟地，最先到达陕西宝鸡。大地湾一期（前6000）之后四千年（前2000）被黄帝族征服的"神农族"（炎帝族），正是以陕西宝鸡为祖地、东扩到达黄河中下游的伏羲支族。

陕西宝鸡北首岭，文化发祥时间是公元前5200年，比大地湾一期晚800年。所有文化元素，包括彩陶及其历法纹样（图1–23）[1]，全都承袭大地湾一期。

北首岭的编号1501，具有四大意义。

其一，出现彩陶，证明了伏羲族彩陶从甘肃东传陕西。

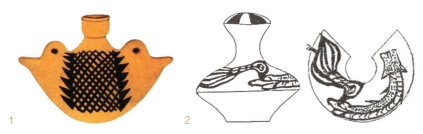

图1–23　宝鸡北首岭：1七山纹船形壶1501，2龙凤纹葫芦瓶1499

---

[1]　图1–23.1，采自《图谱》编号1501，误画为东六山。郑为《中国彩陶艺术》图版15页，误画为东八山，上海人民出版社1985。本书据《黄河彩陶》119页原器照片东西各为七山修正。图1–23.2，采自《宝鸡北首岭》105页，文物出版社1983。

其二，彩陶纹样是东西各有纵列七山，证明了伏羲连山历从甘肃东传陕西。

其三，器形如同舟船，证明这一东扩伏羲支族是乘舟从渭水上游来到渭水下游。山间绘有网格网，其义有二：一是用于纪历，每个交叉的"乂"，都是标示正午太阳的交午纹。二是形似渔网，因为农耕闲暇，兼顾渔猎。

其四，所谓"黄帝发明舟船"，并非史实。上古伏羲族在"炎黄之战"以前四千年的一切发明创造，中古以后均被黄帝族伪史据为己有，归功于"黄帝"及其臣子、后妃。然而后妃均为伏羲族，透露了历史真相。

北首岭的编号1499，东为龙，西为凤，是目前发现的上古第一龙凤图。东龙西凤，首尾互衔，承袭大地湾一期六芒太阳符的逆时针旋转。这是伏羲连山历的地面坐标投射、转换、升级为天空坐标的第一步：东七山投射为东方夜空亮星连线而成的龙形，属阳；西七山投射为西方夜空亮星连线而成的凤形，属阴。伏羲族不再满足于观测白天的太阳运行和夜晚的月亮盈亏，又进一步观测夜晚的星宿运行、天象变化。

汉代《遁甲开山图》记载：

> 伏羲生成纪，徙治陈仓。

"陈仓"是宝鸡的古地名，"徙治"并非伏羲祖族迁都宝鸡[1]，而是东扩伏羲支族以宝鸡为支族祖地。所以"伏羲"并非个人名，而是氏族名。个人不可能八百年前在甘肃天水，八百年后在陕西宝鸡。

遗传学、考古学、文献学三重证据，证明陕西宝鸡北首岭是伏羲支族的第一东扩之地，也是伏羲族彩陶、伏羲连山历的第一东传之地。时间是先仰韶期晚期，陕西仰韶文化尚未开始，中原和中原以东的仰韶文化更未开始。

---

[1] 甘肃天水大地湾一至四期（前6000—前2900），先仰韶、仰韶期三千年始终是伏羲祖族之都。大地湾五期（前2900—前2800）以后，伏羲祖族迁都，但是仍在甘肃境内。

三 伏羲连山历东传：陕西西安半坡
（前5000，仰韶初）

——四时八节，以爻计历

伏羲支族继续东扩辟地，到达黄河中上游的陕西西安半坡。公元前5000年，仰韶初期，那里出现了天文台、节气纹（图1-24）。[1]

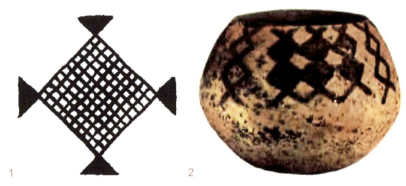

图1-24　西安半坡：1十进制符，2节气符

伏羲族于甘肃天水大地湾一期（前6000）发明了圭表测影（参看第三章之图3-1大地湾一期圭影盆），创造了以东西七山为地面坐标的伏羲连山历，所以宝鸡北首岭出现了用于纪历的东西七山网格纹（图1-23.1）。

西安半坡又把东西七山网格纹，演变为十进制符（图1-24.1），解析出节气符，这是宝鸡北首岭七山网格纹的简化。把东西各七山，简化为东西对顶山；另增南北对顶山，代表南北各七山。四方对顶山中间的网格纹，共有交叉十一线，内围一百格，证明至迟在公元前5000年的西安半坡，伏

---

[1]　图1-24.1，采自《西安半坡》175页，另见图版壹壹伍的彩陶盆全图，盆内是一组相对的天文台符，一组相对的人面鱼。图1-24.2，采自《西安半坡》彩色图版贰，线描另见121页，文物出版社1963。

羲族已经使用十进制纪历。

西安半坡的节气符（图1-24.2），又从十进制网格纹中解析而出，由太阳交午纹"乂"组成，这是伏羲族的纪历符号。

道枢纹从甘肃天水东传西安半坡（图1-6）以后，半坡的东扩伏羲支族又从道枢纹中抽去标示春分、秋分圭影的一横，仅留标示冬至圭影、夏至圭影的一撇一捺，即太阳交午纹"乂"。很多半坡彩陶上都有独体刻划符✕[1]，正是太阳交午纹"乂"。

伏羲族不仅发明了圭表测影，而且以记录圭表测影的太阳交午纹"乂"计历，两"乂"相叠为"爻"，"爻"是圭影符的最小单位。一阴爻、一阳爻，均计一日。所以甘肃天水大地湾、陕西临潼姜寨、西安半坡等一切伏羲族彩陶上，都有大量的上午圭影符、下午圭影符、全形圭影符（详见第三章）。

节气符的两侧，是三"乂"合符。一"乂"计为五，二"乂"为"爻"计为十。三"乂"是节气符，计为一节气十五日。

陆思贤《神话考古》认为，此器符号以十五为基本单位，乃是祭天乐舞的人数。所举证据之一，是青海大通上孙家寨舞蹈盆（图1-18下排右）的人数为五人一组，共三组十五人。所举证据之二，是《甲骨文合集》9·21021片"又雨，龙，十人有五"，证明殷商的祈雨祭舞人数为十五人[2]。可谓卓见！不过上古、中古祭天乐舞的人数、仪式，无不植根于天文历法，所以是先有每节气十五日，后有祭舞人数十五人。

节气罐的正中，是三个节气符的合符，计为一节四十五日。证明伏羲族已把太阳历四时，进一步等分为八节。即把"二分二至"冬至、春分、夏至、秋分，予以等分，分出"二启二闭"立春、立夏、立秋、立冬。

太阳历四时的每一时是九十日，八节的每一节是四十五日。每一节含三节气，每一节气十五日。每一节气含三物候，每一物候五日，即"乂"。用十进制计历，即"爻"。所以从大地湾一期开始，伏羲族不仅圭表测影，而且以爻计历。

---

[1] 半坡独体刻划符"乂"，采自《西安半坡》197页。
[2] 陆思贤《神话考古》333页，文物出版社1995。

四　伏羲连山历东传：河南舞阳贾湖
(前5000，仰韶初)

1.七孔骨笛：十四成组，阴阳各七

伏羲支族继续东扩辟地，到达黄河中游的河南舞阳贾湖。公元前5000年，仰韶初期，那里出现了华夏第一骨笛（图1-25）[1]，至今仍能吹奏。

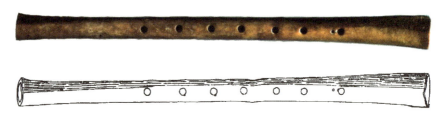

图1-25　河南舞阳贾湖：七孔骨笛

舞阳七孔骨笛，并非出土一支，而是同一墓中，同时出土二十二支，对应十天干、十二地支。又分两组：一组十四支，七阴七阳，对应东西七山。一组八支，对应八节、八律、八风、八方。

上古伏羲族把天象的规律性，视为万物的规律性，于是从七山历，推演出七音阶。其他民族的七音阶，同样源于天文。红山文化的上古黄帝族没有七孔笛，只有五孔笛，所以按照五行说，把伏羲族的七音阶改造为五音阶：宫（1）、商（2）、角（3）、徵（5）、羽（6），但是另加变徵（4）、变宫（7），所以名为五音阶，实为七音阶。

2.四象陶釜：地面坐标，二十八山

除了对应东西七山的七孔骨笛，贾湖晚期（前5800）又出现了增补南北

---

[1]　图1-25，河南舞阳贾湖七孔笛（M282：20），采自河南省文物考古研究所《舞阳贾湖》彩版四〇、449页，科学出版社1999。

各七山的二十八山陶釜（图1-26）。[1]

考古报告《舞阳贾湖》的H105：
7陶釜线描（科学出版社1999，253
页），四錾手之间的四组小乳钉，三
组为六乳钉，一组为七乳钉。所以
《舞阳贾湖》虽然是《伏羲之道》初
版的参考书，但是《伏羲之道》初
版没有采入这件陶釜。后来我看到
胡大军《伏羲密码：九千年中华文
明源头新探》的舞阳贾湖H105：7
陶釜线描（上海社会科学院出版社
2013，135页），四錾手之间的四组
小乳钉，均为七乳钉。胡大军据此
认为，贾湖先民早在先仰韶期，即
距今七八千年之时，已经创立了
二十八宿体系。这比《伏羲之道》

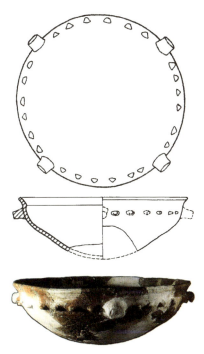

图1-26 河南舞阳贾湖：
二十八山陶釜

初版认为伏羲族于仰韶早期（前4500）创立东西十四宿，仰韶晚期（前
3500）完善为东西南北二十八宿，提早了几千年时间。为此我认真考虑了
是否需要根据这件贾湖陶釜，修正《伏羲之道》初版的观点。

2023年夏天，我应邀参加中国美术学院的上古遗址考察之旅，8月12
日在贾湖遗址博物馆看见了H105：7陶釜原件，发现四錾手之间均为六乳
钉，与《舞阳贾湖》彩版一二的H105：7陶釜照片一致。贾湖遗址博物馆
的王卫东馆长告诉我，贾湖遗址出土的陶釜不止一件，乳钉数量并不固定。

因此《伏羲之道》初版认为伏羲族在仰韶时期（前4500—前3500）创
立并完善二十八宿体系的观点（详下各节），暂时还不需要修正。贾湖

[1] 图1-26，贾湖晚期Ⅲ8段的二十八山陶釜（H105：7），采自《舞阳贾湖》彩版
一二、235页，科学出版社1999。贾湖早期（前7000—前6600），贾湖中期（前
6600—前6200），贾湖晚期（前6200—前5800）。

H105∶7陶釜的东西南北四錾手和东西南北二十四乳钉，很有可能对应伏羲连山历的东西南北二十八山，但是尚未向上投射为东南西北二十八宿。

至此，《山海经·大荒四经》的东西南北各七山，均已找到考古证据，但比《山海经》早三千多年。

五　伏羲连山历东传：河南濮阳西水坡
（前4500，仰韶早）

1.东苍龙七宿，西白虎七宿，北斗七星

伏羲支族继续东扩辟地，到达黄河中游的河南濮阳西水坡。后世"濮族"、"百濮"，是以河南濮阳为祖地的伏羲支族。公元前4500年，那里出现了"华夏第一龙"（图1-27.1）。

图1-27 1濮阳龙虎北斗图，2马家窑139，3青海柳湾1118，4兰州红山大坪208

河南濮阳西水坡M45墓主的右面、左面、脚下，分别用蚌壳堆塑了东苍龙、西白虎、北斗星。这是伏羲连山历的地面坐标投射、转换、升级为天空坐标的第二步：东七山投射为东方苍龙七宿，西七山投射为西方白虎七宿，北斗七星的斗魁二星（天璇、天枢）之连线，指向北极天枢（墓主头部位置）。北极天枢加东西十四宿，就是文献记载的"太极生两仪"。北极天枢是"天极"，东方苍龙七宿是"阳仪"，西方白虎七宿是"阴仪"。源头是上文所举甘肃"太昊纹"分为左右两半、阴阳两仪（图1-13右编号100）。

濮阳东方苍龙七宿、西方白虎七宿的旁证，见于甘肃临洮马家窑的编

号139，东西十四宿蛙纹（图1-27.2）。

此图的正确视角，是摆正边纹，蛙身顺时针右转23.5°，标示地轴倾斜、黄赤交角。马家窑文化所处的龙山期，伏羲族的地轴倾斜纹，已从根据地面坐标的向左倾斜（图1-13），变成了根据天空坐标的向右倾斜。向右倾斜的地轴倾斜线，又见于青海柳湾编号1118的马家窑文化历法盆（图1-27.3），兰州红山大坪编号208的马家窑文化太极图（图1-27.4）。[1]

蛙身右侧的东七点，标示东方苍龙七宿。

蛙身左侧的西七点，标示西方白虎七宿。

蛙之双眼，标示日月。

蛙之下部，标示日月绕过地球反面。

蛙之四足，标示太阳历四时。

蛙之腹部，画有地球、天球的经线、纬线，亦即南北山的连线和东西山的连线。装饰派错误命名为"网格纹"。

2. 伏羲族创造的中国"龙"源于苍龙七宿

河南濮阳西水坡"东龙西虎"之"龙"（前4500），虽然是最像龙形的"华夏第一龙"，却比陕西宝鸡北首岭"龙凤图"之"龙"（前5200），晚了七百年。

中国"龙"的起源时地，争论很大。各省各地均有考古发现，争相提出本省本地之"龙"最早。

---

[1] 2023年8月12日，我作为中国美院考察团的特邀嘉宾，在贾湖博物馆向王卫东馆长请教了这一问题，王卫东说，贾湖出土的陶釜不止一件，乳钉数量并不固定。贾湖博物馆展出的H105：7陶釜原件，四錾手之间的四组乳钉，均为六乳钉，没有一组是七乳钉。《舞阳贾湖》253页，H105：7陶釜的线描，四錾手之间的小乳钉，三组为六，一组为七，科学出版社1999。胡大军《伏羲密码：九千年中华文明源头新探》135页，H105：7陶釜的线描，四錾手之间的小乳钉，四组均为七，上海社会科学院出版社2013。

图1-27.1，河南濮阳西水坡M45龙虎北斗图，采自《河南濮阳西水坡遗址发掘简报》，《文物》1988年3期。图1-27.2，甘肃马家窑出土，采自《图谱》编号139；摹图不确，仅有东六点，右下腿内少一点，已据郑为《中国彩陶艺术》69页图版修正。图1-27.3、4，青海柳湾编号1118，兰州红山大坪编号208，采自《图谱》。

考证"龙"之起源，分为两个方面，首先是原理，然后是物证。原理具有必然性，一旦揭破，即为定论。物证具有偶然性，随出随改，永难定论。

古人早已明白，原理更为本质。比如《左传·昭公二十九年》孔颖达疏：

> 东方七宿，角、亢、氐、房、心、尾、箕，共为苍龙之体。南首北尾，角即龙角，尾即龙尾。

又如《尚书·尧典》孔颖达疏：

> 四方皆有七宿，可成一形。东方成龙形，西方成虎形，皆南首而北尾；南方成鸟形，北方成龟形，皆西首而东尾。

冯时《中国天文考古学》已经令人信服地证明：甲骨文、金文的"龙"字，正是东方苍龙七宿的连线（图1-28）。[1]

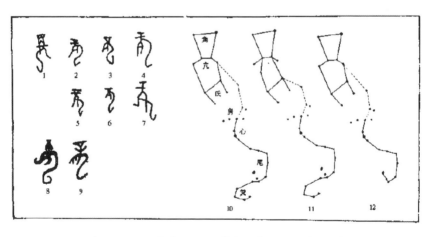

图1-28 "龍"字1—9＝苍龙七宿10—12（冯时）

---

[1] 图1-28，采自冯时《中国天文考古学》307页，社会科学文献出版社2001。

中国"龙"的起源原理，必为东方苍龙七宿，没有争论余地。我的补充如下。

其一，东七宿、西七宿，源于伏羲连山历的东七山、西七山。任何方向的夜空，都有无数繁星。每一方向亮度较高的恒星，或者多于七，或者少于七，仅因地面七山向上投射，才会仅取天上七宿，每宿又含相邻恒星若干。为了便于定位、观测、追踪、记录、总结天象的运行轨迹和周期规律，于是把七宿的连线，拟形为一种动物，予以命名。西方天文学划分天区、选定星宿虽有不同，但把亮星的连线拟形为动物、神灵的思维方式则同。

其二，公元前6000年，伏羲族祖地甘肃天水大地湾，出现了东七山、西七山。公元前5200年，伏羲支族东扩之地陕西宝鸡北首岭，出现了东龙七宿、西凤七宿。公元前4500年，伏羲支族东扩之地河南濮阳西水坡，出现了东龙七宿、西虎七宿。

其三，东七宿的连线，始终是龙形。西七宿的连线，先是北首岭的凤形，后是西水坡的虎形，因为伏羲族观测天象越来越深入，调整、修正了西七宿的具体恒星和连线方式，拟形随之改变。

其四，伏羲祖族在甘肃大地湾、宝鸡北首岭"开天"，创造了来自天上的龙、凤、虎。伏羲支族四方"辟地"，彩陶、历法和天上的东龙西凤组合、东龙西虎组合，随之传遍华夏全境。虽然伏羲族的后期天文学放弃了早期的龙凤组合，但是华夏两支四族的民间记忆都不愿意放弃美妙的龙凤组合，广泛移用于民俗领域，至今生命力旺盛。

其五，玉器三族都把伏羲族的天上龙、凤，比附为本族生活区域的某种真实动物，借此证明本族也是天上神灵庇佑的神圣族群。伏羲族"开天辟地"的光荣，最终成为华夏全境所有族群的共同光荣。

其六，所谓"龙、凤由各地各族不同动物的不同部分组合而成"，一方面是不合史实、颠倒因果的虚构神话，另一方面是有利于华夏一家、民族团结的美妙神话。

六 伏羲连山历东传：河南洛阳、郑州
（前4000，仰韶中）

—— 春夏秋冬二十四节气、七十二物候

图1-29　河南洛阳伊川土门：二十四节气纹

伏羲支族继续东扩辟地，到达黄河中游的河南洛阳、郑州。公元前4000年，仰韶中期，河南洛阳伊川土门出现了二十四节气纹（图1-29）。[1]

先看外缘二十四小山。

既然是山，为何不取尖而取圆，如同花瓣？

因为伏羲支族东扩到达陕西华山周边，已有一千多年，称为"华族"。河南洛阳的伏羲支族，是陕西"华族"的东扩支族，不忘祖地，把二十四小山画成二十四花瓣。"华"、"花"二字，异名同实。

再看整个陶纹。

圆心一点，仍是北极天枢。

东西两仪山，承袭甘肃天水秦安魏店编号82（图1-17）的南北倒影山。东山是上半年阳仪，西山是下半年阴仪，合为"两仪"。

二山两侧，各有一点，合计四点，标示太阳历四时。

圆周与二山相交，四等分为"四象"，再六等分为六小山，标示一时三月的六节气；合为二十四小山，标示二十四节气。

---

[1]　图1-29，采自王大有《三皇五帝时代》179页，中国社会出版社2000。参看《伊川土门、水寨新石器时代遗址调查简报》，《中原文物》1987年10期。

仰韶中期的河南郑州大河村，又进一步把二十四节气三等分，出现了七十二物候纹（图1-30）。[1]

图1-30　河南郑州大河村1705：七十二物候纹

郑州大河村的编号1705，巧妙利用了侧视、俯视的不同视觉效果，标示不同的历法要义。由于陶器的器形，常由陶纹的内容决定，所以不理解陶纹，很难透彻理解器形为何如此。

侧视图肩下，是六组东西对顶山。每组东西对顶山，对顶一个红点，即太阳。一山标示一月，十二山标示十二太阳月。

俯视图看不见六组东西对顶山，只能看见肩上的三组"睫毛纹"，亦即"烛龙纹"。每组二十四根睫毛，合计七十二根睫毛，标示二十四节气三等分的七十二物候。一月三十日，一节气十五日，一物候五日。

三组"烛龙纹"之间，是两个太阳交午纹"乂"组成的卦爻符"爻"。

三个卦爻符"爻"两侧，是十进制的历法计算器：一侧单计，一竖五横；两头分出，计为十，即"十天干"。合计则是"六十甲子"，对应每组东西对顶山标示的两个太阳月。六组东西对顶山，合计一年十二月三百六十日。

六组东西对顶山之间，画有六组竖线，用于计算所余五日或六日。五

---

[1]　图1-30，郑州大河村出土，侧视图采自《图谱》1705，睫毛数26，不确；俯视图采自郑为《中国彩陶艺术》图版48页，睫毛数为30或31，也不确。本书未予修正。《黄河彩陶》19页原照片，睫毛数均为24。参看王先胜《考古学家应严谨对待器物纹饰》："三个梳形纹每个24齿正与二十四节气合，计72齿合一年七十二候。"《社会科学评论》2007年3期。

组有四条竖线，计算平年的五日。一组只有三条竖线（俯视图左上角，位于年底），每四年计算一次，是闰年的闰日。

《逸周书》、《周髀算经》、《管子》、《淮南子》等古籍全都记载了二十四节气[1]，但比仰韶中期的二十四节气纹、七十二物候纹，晚了三四千年。

七　伏羲连山历东传：江苏邳县大墩子
（前3500，仰韶晚）
——东西南北二十八宿，伏羲族、东夷族相遇

伏羲支族继续东扩辟地，到达黄河下游的东夷族祖地。公元前3500年，仰韶晚期，江苏北部的邳县大墩子，出现了二十八宿纹（图1-31）。[2]

甘肃大地湾一期（前6000）的残存陶片（图1-31.1），证明大地湾一期（前6000）的伏羲连山历不仅有东七山、西七山，还有南七山、北七山，合

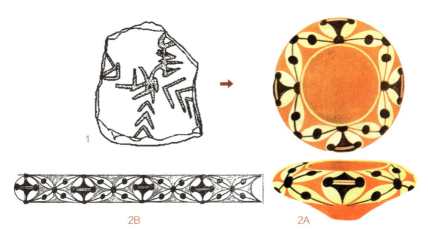

图 1-31　1 大地湾一期：二十八山纹 → 2 邳县大墩子 1870：二十八宿纹

[1]　二十四节气、七十二物候，目前最早见于《逸周书·时训解》，传为周公作，此书真伪尚有争议。根据考古证据，二十四节气、七十二物候的起源时间远远早于西周。

[2]　图 1-31.1，采自《秦安大地湾》上册46页。图 1-31.2A，采自《图谱》1870。图 1-31.2B，采自《江苏邳县四户镇大墩子遗址探掘报告》，《考古学报》1964年2期。

计二十八山。河南舞阳贾湖三期（前5800）的四象陶釜（图1-26），证明了大地湾二十八山坐标体系的东传。

江苏邳县大墩子（前3500）的编号1870（图1-31.2A），证明了伏羲连山历的二十八山坐标体系向天上投射为二十八宿。此器巧妙利用了俯视、侧视的不同视觉效果，标示不同的历法要义，陶器的器形同样由陶纹的内容决定。

俯视图是"二十八宿纹"（图1-31.2A上）：东西南北之山，山脚左右二宿，山顶连线五宿，合为七宿。至此，南七山、北七山也投射为南七宿、北七宿，这是伏羲连山历的地面坐标投射、转换、升级为天空坐标的第三步，也是最后一步。

侧视展开图是"四象八圭纹"（图1-31.2B）：天地两条平行线之间，是四组南北对顶山，所余空间，形成四大蛋形纹。装饰派错误命名为"四大圈纹"。

每个蛋形纹，中心小正圆，如同蛋黄，标示地球；内围南北倒影山，绕有东西南北四个太阳，这是以二十八山为地面坐标，描绘日出日落的地面直观。外面大椭圆，如同蛋壳，标示天球，这是以二十八宿为天空坐标，阐释导致日出日落的天文原理；天球内围东西两仪山，承袭河南洛阳伊川土门的东西两仪山（图1-29）。

小正圆、大椭圆之间的四个叶形纹，标示"四象"，亦即一年四时。"四象"中间，各画一条日出日落线。每条日出日落线，各连三个太阳，标示一时三月。四条日出日落线，合计环绕八个太阳，标示八圭观测所得日影。

整个纹样，是以"天地浑沌如鸡子"的浑天说，解释"伏羲画八圭"的历法功能，亦即"太极生两仪，两仪生四象，四象生八圭"的历法内涵。

邳县位于江苏北部，既是东夷族祖地，又是东扩伏羲支族与东夷祖族相遇之地。这一遗址的族群归属，目前缺少遗传学证据（表0-1、表0-2），所以判断族群较为困难。但是黄河下游东夷族祖地的北辛文化、大汶口早中期文化，在东扩伏羲支族到来之前，仅有素陶，没有彩陶，更没有连山纹。直到仰韶晚期、大汶口晚期，这一区域才突然出现精美彩陶，陶纹均为伏羲族的连山纹，足以证明这一遗址的族群，实为东扩伏羲支族。

东西南北二十八山，全部投射为东西南北二十八宿，经历了先仰韶期到仰韶期的两千五百年（前6000—前3500）。

战国早期曾侯乙墓（前433）漆箱盖，是目前所见中古以后画有二十八宿的最早物证；《周髀算经》、《淮南子》、《史记》等古籍，是目前所知中古以后记载二十八宿的最早文献，都比江苏邳县大墩子的二十八宿纹，晚了三千多年。

记载四方二十八山向上投射为四方二十八宿的中古文献甚多，举其要者有四。

其一，《山海经·大荒四经》，记载了对应四方二十八宿的四方二十八山。辨析其文甚繁，简单图示如下（图1-32）：[1]

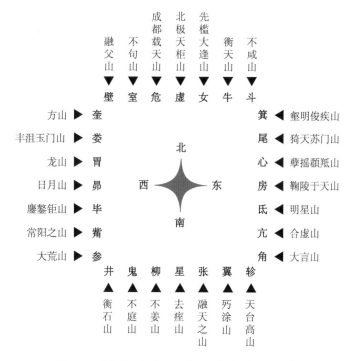

图1-32《大荒四经》：二十八山投射为二十八宿

[1] 图1-32，张远山原创。

其二，东汉张衡的《灵宪》，较为笼统地揭示了群山投射为群星的对应关系：

地有山岳，以宣其气，精种为星。星也者，体生于地，精成于天。

其三，唐代《开元占经》卷六十，详引今已亡佚的《二十八宿山经》，明确记载了二十八山与二十八宿的对应关系：

角山与亢山相连，在韩金门山中。山中有忧变，则星应于上。星若有变，则山应于下。角亢星神，常居其上。

氐山在郑白马山东。氐星神，常居其上。

房山在宋地，与心山相连。房心星神，常居其上。

尾山与箕山相连，在燕九都山西。尾箕星神，常居其上。

斗山在吴阳羡山南。斗星之神，常居其上。

牛山与女山相连，各法其星形。牵牛须女星神，常居其上。

虚山、危山相连，在齐臣首山中坐。虚危星神，常居其上。

营室山在城山东南，与东壁山相连。室壁星神，常居其上。

奎山、娄山相连。奎娄星神，常居其上。

胃山、昴山，东与毕山相连，在赵常山中央，其山最高大。胃、昴、毕之神，常居其上。

觜觿山与参山相连，在魏天山西南。觜参星神，常居其上。

东井、舆鬼山，在秦火山南。井鬼星神，常居其上。

柳山、七星山、张山，皆相连，在周嵩高山东北。柳、七星、张星神，常居其上。

翼山、轸山相连，在楚门山中央最高。翼、轸星神，常居其上。

其四，唐代李淳风《乙巳占》，特别点明"秦燔简策，书史缺残"，因而鲜有人知"宿山"对应：

自秦燔简策，书史缺残，时有片言，理无全据，虽欲考定，敢不阙疑。唯有《二十八宿山经》，载其宿山所在，各于其国分；站宿有变，则应乎其山；所处国分有异，其山亦上感星象。又其宿星辰，常居其山，而上伺察焉。

刘宗迪认为："与《大荒经》同载于《山海经》的《山经》中，就留下了以山峰配星宿的线索。《南山经》之首经的首尾之山分别叫做'招摇之山'和'箕尾之山'，'箕尾之山'的名目显然得自二十八宿中的箕、尾二宿，'招摇'亦为星名。可见，《二十八宿山经》所述的以地上群山配属二十八宿的占星学图式确非空穴来风。"[1]

中古以后的众多文献充分证明：二十八宿是二十八山向上投射的结果。现代考古则进一步证明：伏羲族在先仰韶期创造了伏羲连山历的二十八山地面坐标体系，又在仰韶期向天上投射、转换、升级，创造了全球最早的二十八宿天文坐标体系。然后向华夏境外传播，于是印度、巴比伦、埃及也出现了二十八宿。[2]

八 伏羲连山历的天文学基础：浑天说

以上七节，粗略勾勒了伏羲连山历在先仰韶、仰韶三千年的持续进步，以及伏羲支族的持续东扩，导致伏羲族彩陶和伏羲连山历持续东传。但是伏羲连山历持续进步的新知源头，始终是甘肃大地湾的伏羲祖族，东扩伏羲支族仅是不断分享祖地祖族的新知。上文重点描述伏羲支族东扩和伏羲族彩陶、伏羲连山历东传，无法兼顾甘肃大地湾天文历法的持续进步，本节略做补充和回顾。

---

[1] 刘宗迪《失落的天书:〈山海经〉与古代华夏世界观》26 页。

[2] 二十八宿起源于上古华夏，西传印度、巴比伦、埃及，参看竺可桢《竺可桢文集》之《二十八宿的起源》，科学出版社 1979。夏鼐《夏鼐文集》之《从宣化辽墓的星图论二十八宿和黄道十二宫》，社会科学文献出版社 2000。

上文不断涉及地轴倾斜、黄赤交角、地球、天球等"浑天说"才可能有的天文知识，或许有人质疑："浑天说"不是起源于东汉张衡吗？难道上古伏羲族已经有了"浑天说"？

确实如此。伏羲连山历的天文学基础，正是"浑天说"。除了上文所举零散考古证据，另有大量系统考古证据。

1. 大地湾一至四期的蚌壳、石球

大地湾一期至四期（前6000—前2900），出土了很多蚌壳，都是"浑天说"的系统证据。我从每期之中，各选一件作为代表（图1-33）。[1]

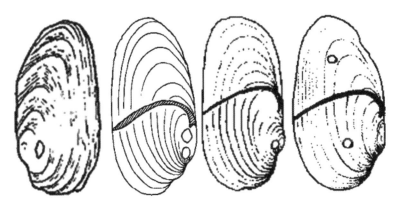

图 1-33　大地湾一至四期（前6000—前2900）：天文蚌壳

蚌壳全都凿有一孔或二孔，二孔的位置，有近有远。装饰派认为都是装饰品，凿孔是便于串起来，挂在脖子上，但是无法解释：为何有一孔二孔，二孔为何又有远近？其实蚌在古代一直代表时辰、星辰，所以又称"蜃"。

"蜃"字从辰从虫，就是因为这种虫的外壳纹理，酷似星辰轨道，这是天文含义。星辰在天空的不同位置，代表每年的不同时辰，这是历法含义。所以即使蚌壳确是伏羲族的装饰品，也是源于伏羲族的天文历法，一孔标

[1]　图1-33，采自《秦安大地湾》上册59、266、387、642页。

示太阳，二孔标示日月，纹理标示天体轨道。只有明白甘肃大地湾的伏羲祖族选择蚌壳做装饰品的天文历法含义，才能理解河南濮阳西水坡的伏羲支族摆塑苍龙七宿、白虎七宿、北斗七星，为何不用别物，只用蚌壳（图1-27.1）。

大地湾一期至四期，又有很多空心石球和实心石球，也是"浑天说"的系统证据。我从每期之中，各选一件作为代表（图1-34）。[1]

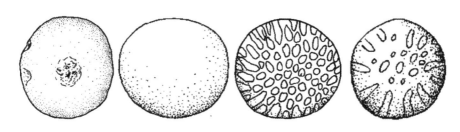

图 1-34   大地湾一至四期（前6000—前2900）：天文石球

大地湾一期至四期（前6000—前2900）的石球，全都打磨光滑，甚至雕成空心，还有类似星空的花纹，不可能是投掷野兽或敌人的武器，只能是天球模型。

2. 大地湾二期的女娲瓶

伏羲连山历以"浑天说"为基础的最强证据，是大地湾二期（前4500）的女娲瓶（图1-35）。[2]

女娲瓶是上古华夏区域最早的人形陶器，揭示了中古以后女娲神话的真相。

《风俗通义》记载女娲"抟土造人"，是指抟土塑造人形，烧制人形陶器。伏羲族的人形陶器还有很多，本书无法尽举。

《淮南子·览冥训》记载女娲"炼五色石补天"，是指炼出彩色人造石

---

[1]   图1-34，采自《秦安大地湾》上册69、229、378、622页。

[2]   图1-35，侧视图采自《图谱》编号55，展开图采自《秦安大地湾》上册153页。

图 1-35　大地湾二期 55（前 4500）：女娲瓶

头——彩陶，补足每一地球观测点都不可能看全的天文真相——浑天说。

俞正燮《癸巳存稿》卷十二《补天》曰：

> 《论衡》云："天非玉石之质，女娲长不及天，岂得补之？"其辨亦拙矣。《列子·汤问篇》革言张湛注云："阴阳失调，三辰盈缩。"即是天不足。女娲"炼五常之精，以调和阴阳，暑度顺序"，即是补之。

刘宗迪认为：

> 女娲补天神话与天文学之间的联系在其上下文中原本就一目了然。这一故事见于《淮南子·览冥训》，其文在叙述女娲补天故事之前，首先叙述了黄帝之德，谓"昔者黄帝治天下，而力牧、太山稽辅之，以治日月之行，律阴阳之气，节四时之度，正律历之数"。说的显然是造作历法之事，又谓黄帝之时"日月精明，星辰不失其行；风雨时节，五谷登熟；虎狼不妄噬，鸷鸟不妄搏"。风调雨顺，地平天成，也正是历法合度的实际效果。接

着叙述女娲补天的壮举。在叙述完女娲补天故事之后，又述及夏桀之恶行，谓夏桀暗昧不明，昏庸无道，妄行非法，"举事戾苍天，发号逆四时，春秋缩其和，天地除其德"。发号施政逆乎天道，四时紊乱，因此导致天下大乱，灾异臻至。夏桀之乱，归根结底源于历法失度、岁时失调。可见，《淮南子·览冥训》女娲补天故事的上、下文所述皆关乎天文历数，则介乎其中的女娲补天故事亦必与之相关。其实，女娲补天故事所谓"四极废，九州裂，天不兼覆，地不周载"已道出了这一点，"四极"，即东、西、南、北四极，四方基准的确立是天文观测的基本前提，四极不正，则必定导致观象错乱，历法失调，天道之节律与地上的农时不相吻合，因此才导致"火爁炎而不灭，水浩洋而不息，猛兽食颛民，鸷鸟攫老弱"种种灾异。而女娲补天，"苍天补，四极正"，非谓女娲填补实体之天穹，而是端正四极。[1]

俞正燮、刘宗迪的卓见，均已点破"女娲补天"神话的真相，乃是上古伏羲族在女娲氏时代（先仰韶—仰韶初）取得了天文学突破。

女娲瓶的器身，不取人身形，而取鸡子形。陶纹全是东西山围出的"鸡子纹"，又分小头朝上、小头朝下两种。我选取了大地湾二期的另外五件彩陶（图1-36），说明女娲瓶两种"鸡子纹"的演变过程及其天文内涵。

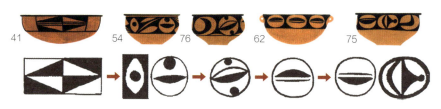

图1-36　大地湾二期（前4500）：女娲瓶"鸡子纹"演变图

[1]　刘宗迪《失落的天书:〈山海经〉与古代华夏世界观》224页。

编号41的南北阴阳山，是伏羲连山历的基本纹样。南北二山的阴阳，相反相对，意为：观测点处于白昼，地球反面就处于黑夜；观测点处于黑夜，地球反面就处于白昼。所以纹样尽管简单，内涵极其深刻，已经包含"浑天说"，只是尚未出现"浑天纹"、"鸡子纹"。

编号54正式出现了"浑天纹"、"鸡子纹"。右面"浑天纹"，对左面"鸡子纹"作出精确解释。

其一，外面圆圈，是如同蛋壳的天球。

其二，天球内的上方圆点，是太阳随着天球，在如同蛋清的天空中环绕地球旋转。

其三，天球内的下方扁锤形，是如同蛋黄的地球。上线微弧，是对地平线的直观认知；下线深弧，是对地球真实形状的推理认知。

编号76，上文讲地轴倾斜（图1-2、图1-13、图1-27）已经提及。大地湾二期的伏羲族，不仅明白地轴倾斜，而且明白地球、天球的关系如同蛋黄、蛋壳。

编号62，"鸡子纹"小头朝上。编号75左面，"鸡子纹"小头朝下。这是对地轴倾斜的两种逻辑假设：天球如同鸡子，小头朝上或朝下，都有可能导致地轴倾斜。究竟哪头朝上，伏羲族暂无把握，所以全都画入女娲瓶。

编号75中间，是兼为"鸡子纹"的"东山浑天纹"。浑天纹可用东西南北四种山形表达，北半球的标准浑天纹是"北山浑天纹"（图1-37.1）。

1　大地湾二期浑天纹　　　　　2　河南陕县庙底沟 1664

图1-37　大地湾二期（前4500）：浑天纹东传中原

北山浑天纹的精确内涵是：太阳黎明升起于外圈正东的山脚，正午升至外圈正北的山顶，黄昏落于外圈正西的山脚，黄昏以后隐入外圈正南的地球反面。隐入地球反面的太阳运行弧线，又与东西山脚连成的直线围成月牙形，意为夜晚不见太阳，一轮明月当空。

河南陕县庙底沟的编号1664（图1-37.2），承袭了大地湾二期的北山浑天纹，含义更加明确。

左面是主体纹样，东为出山太阳，西为落山太阳。

下面弧线另加一个太阳，连接西山太阳和东山太阳。

右面是附属纹样，鱼纹从尾至首的前进方向，标示地球的逆时针旋转。

两者共同解释"浑天说"：太阳落于西山以后，夜晚绕过地球反面，明天早上再次升于东山。"不食不寝不息"（《山海经·大荒北经》），永恒循环。

东汉张衡（78—139）制作的浑天仪，常被误视为最早的浑天仪，其实西汉落下闳（前156—前87）制作的浑天仪，才是文献记载的最早浑天仪。证见《史记·历书》："今上（汉武帝）即位，招致方士唐都，分其天部；而巴落下闳运算转历，然后日辰之度与夏正同。"《史记·历书索隐》："闳，隐于落下，武帝征待诏太史，于地中转浑天，改颛顼历作太初历，拜侍中不受。"扬雄《法言·重黎》："或问浑天。曰：落下闳营之。"《隋书·天文志上》："落下闳为汉孝武帝于地中转浑天，定时节，作《太初历》。"

部分中外学者认为，战国时代已有浑天仪。徐振韬《从帛书〈五星占〉看"先秦浑仪"的创制》曰："先秦浑仪的创制年代，上限为公元前700年，下限为公元前360年。"[1] 日本学者薮内清"推断《石氏星经》是公元前一世纪前半期观测的记录。他认为在这时期或比它稍早一些时期，中国发明了浑天仪；使用了这种优越仪器进行观测，才能完成《石氏星经》的星表"[2]。

张衡《浑仪注》，常被误视为最早的"浑天说"：

---

[1]　《中国天文学史文集》42、43页，科学出版社1978。

[2]　陈遵妫《中国天文学史》第二册431页，上海人民出版社1982。

浑天如鸡子。天体圆如弹丸，地如鸡子中黄（远山按：蛋黄
为球体）。……天之包地，犹壳之裹黄。

然而考古证据证明，早于战国秦汉四千年的大地湾二期（前4500），
才是"浑天说"、"浑天仪"的真正源头。

伏羲族在大地湾一期创立了伏羲连山历，此后持续追问历法背后的天
文原因，逐渐领悟了地轴倾斜、黄赤交角、地球、天球等宇宙奥秘，找到
了伏羲连山历的天文学根源，从知其然进步到知其所以然，于是在大地湾
二期形成了"浑天说"，出现了"鸡子纹"，制作了女娲瓶。

女娲瓶不仅证明伏羲连山历的天文学基础是"浑天说"，而且证明伏羲
族历法"开天"的先仰韶期，处于母系社会。直到仰韶中期以后，伏羲族
才进入父系社会。

3. 姜寨二孔埙、天球仪

甘肃大地湾伏羲族祖地的"浑天说"，也像伏羲连山历、伏羲族彩陶一
样，随着伏羲支族的东扩辟地而东传。公元前4500年，与大地湾二期同时
的陕西临潼姜寨，出现了与"浑天说"相关的两件特殊陶器（图1-38）。[1]

姜寨二孔埙，是华夏第一埙（图1-38.1）。

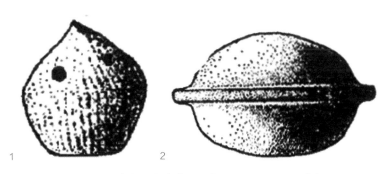

图1-38　姜寨二期（前4500）：1二孔埙，2天球仪

---

[1]　图1-38.1，姜寨二期二孔埙，图1-38.2，姜寨二期天球仪，采自《姜寨发掘报告》
266页，文物出版社1988。

尖顶如同鸡蛋小头，指向北极天枢。二孔标示日月。

埙身的竖纹，最为特别。伏羲族陶艺高超，不可能做不平陶埙表面。即使做不平，也不可能有如此整齐的竖纹。所以竖纹是特意制作，用于标示"日月经天"的天球经线。马家窑十四宿蛙纹的蛙腹（图1–27.2），也有天球经纬线。伏羲族四千年彩陶，出现了无数"经纬纹"，装饰派全都错误命名为"网格纹"。

贾湖七孔笛起源于伏羲连山历，姜寨二孔埙则起源于伏羲连山历的天文学基础"浑天说"。音阶起源于天文是全球通例，伏羲族也不例外。

姜寨天球仪，是华夏第一天球仪（图1–38.2）。装饰派错误命名为"空心响器"。

特点之一，扁球形。由于地球是扁球形，所以作为地球投射外化的天球也是扁球形。彝族古籍《宇宙人文论》："古人计算过，天南天北之间有四万六千度，天东天西之间有四万八千度（译者注：度是距离长度）。"[1]《山海经·中山经》："天地之东西二万八千里，南北二万六千里。"两者虽有小异，但是共同证明中国古人明确知道地球是横长纵短的扁球形。这一知识源于上古伏羲族，至迟始于公元前4500年的姜寨二期。上古伏羲族的这一知识，不可能经由实测而得，只能经由天文观测推算而得。

特点之二，标示赤道。证明中国古人以天球赤道为天文学基准，源于上古伏羲族，至迟始于公元前4500年的姜寨二期。

文献证据，再次支持了考古证据。《尚书·顾命》记载："天球、河图在东序。"周朝太庙的东面，亦即日出方位，供奉两件重器。

一是属于天文的"天球"，承于大地湾石球和姜寨天球仪。

二是属于历法的"河图"，亦即连山历河图，归藏历太极图的前身。

---

[1] 彝族古籍《宇宙人文论》（音：土鲁立咪素）29页，罗国义、陈英译，贵州民族出版社1982。华夏南方彝族为华夏西方羌族一支，神农族后裔，炎黄之战以后从中原南撤至长江以南。

伏羲族"开天辟地"三千年，从大地湾一期到四期（前6000—前2900），走完"太极生两仪，两仪生四象，四象生八圭"全程，为伏羲连山历升级为神农归藏历打下了坚实基础。于是龙山期一千年（前3000—前2000），伏羲连山历升级为神农归藏历。

2013年5月7日—7月15日初稿
2013年12月5日定稿

第二章

神农归藏历（前3000—前2000，龙山期）
——上古四千年伏羲族天文历法史（下）

内容提要　本章根据遗传学、考古学、文献学三重证据，梳理三皇史，论证伏羲族于仰韶、龙山之交把二十八山地面坐标转换为二十八宿天空坐标，把连山历河图转换为归藏历河图，把太阳历"伏羲连山历"升级为阴阳合历"神农归藏历"，以伏羲六十四卦及其卦象合成的伏羲太极图为分卦值日图。龙山末期游牧民族黄帝族南下入主中原，征服农耕三族神农族、东夷族、南蛮族，平毁陶寺太极台，建立夏朝，导致伏羲六十四卦、伏羲太极图的历法初义失传。

关键词　三皇史；连山氏；连山历；二十八山；二十八宿；八圭；八卦；连山历河图；归藏历太极图；陶寺太极台；陶寺肥遗盘；浑天说；浑夕说（宣夜说）；盖天说。

一　太昊氏、少昊氏为东扩伏羲支族：
山东莒县陵阳河（前3500—前3000，仰韶—龙山）

1."三皇"族谱：女娲氏—伏羲氏—神农氏

描述神农归藏历之前，必须梳理一下"三皇"族谱，亦即上古四千年的伏羲族三大时代：女娲氏时代、伏羲氏时代、神农氏时代。

先看中古以后三种文献的记载。

　　女娲氏没，大庭氏王。次有伯皇氏、中央氏、栗陆氏、骊连氏、赫胥氏、尊卢氏、祝融氏、混沌氏、昊英氏、有巢氏、葛天氏、阴康氏、朱襄氏、无怀氏。凡十五代，袭伏羲之号。（《遁甲开山图》，《帝王世纪》全同）

　　容成氏、大庭氏、柏皇氏、中央氏、栗陆氏、骊连氏、赫苏氏、宗卢氏、祝和氏、浑沌氏、昊英氏、有巢氏、朱襄氏、葛天氏、阴康氏、无怀氏。（《金楼子·兴王》）

　　容成氏、大庭氏、伯皇氏、中央氏、栗陆氏、骊畜氏、轩辕氏、赫胥氏、尊卢氏、祝融氏、伏羲氏、神农氏。（《庄子·胠箧》）

　　《庄子·胠箧》的"轩辕氏"不属伏羲族，不能与"伏羲氏、神农氏"并列，当属后人羼入。

　　《遁甲开山图》"凡十五代袭伏羲（氏）之号"，证明"伏羲氏"并非个人名，而是氏族名。"代"原作"世"，唐人避李世民讳而改。号称"伏羲氏"的十五世，前八世是"大庭氏、伯皇氏，中央氏、栗陆氏、骊连氏、赫胥氏、尊卢氏、祝融氏"，《金楼子》、《庄子》全同。后七世是"混沌氏、昊英氏、有巢氏、葛天氏、阴康氏、朱襄氏、无怀氏"，《金楼子》全同，《庄子》未记。

　　《庄子》仅记前八世，不记后七世，却在前八世后面，续以"伏羲氏、神农氏"，证明前八世属于"伏羲氏"时代，后七世属于"神农氏"时代，同时证明"神农氏"亦非个人名，也是氏族名。

　　三种文献都在"大庭氏"之前，另记一世，《遁甲开山图》记为"女娲氏"，《金楼子》、《庄子》记为"容成氏"，证明早期伏羲族又分母系、父系两大阶段，"容成氏"处于母系向父系的过渡阶段。中古以后的"上古帝王"系统采用男权叙事，把"容成氏"列为中古"黄帝"以前的上古第一王，其实《遁甲开山图》明确说"大庭氏王"，证明"大庭氏"相当于汉高祖刘邦，"容成氏"相当于追封为"太上皇"的刘太公。

《汉书·古今人表》第一等"上上圣人"，首列"太昊帝宓羲氏"，次列"炎帝神农氏"。第二等"上中仁人"，先列"女娲氏、共工氏"，后列"容成氏、大廷氏、柏皇氏、中央氏、栗陆氏、骊连氏、赫胥氏、尊卢氏、沌浑氏、昊英氏、有巢氏、朱襄氏、葛天氏、阴康氏、无怀氏"十五氏，与《遁甲开山图》《金楼子》相同。证明伏羲族的世系其来有自，传承有序，决非向壁虚构。另有"列山氏，归藏氏"，对应伏羲族两大历法：伏羲连山历、神农归藏历。

以上文献记载的伏羲族史，可以精确对应伏羲族祖地大地湾的分期：

大地湾一期（前6000—前4500）、二期（前4500—前3900），对应于母系"女娲氏"时期，所以出现了"女娲瓶"；"女娲故里"甘肃天水秦安娲皇村，也属于秦安大地湾范围。

大地湾三期（前3900—前3500），对应于母系向父系过渡的"容成氏"时期，所以出现了阴阳同体的"容成瓶"（见《图谱》1053，青海柳湾）。

大地湾四期（前3500—前2900），对应于完全进入父系的"大庭氏"时期，所以出现了"伏羲瓶"（详见本章第七节）。

大地湾四期，于仰韶晚期、龙山初期达到极盛，出现了大型原始宫殿F405、F901，是"大庭氏"连续建造的两处"大庭"，符合《遁甲开山图》所言"大庭氏王"。

F901的平面面积420平方米，是同时期华夏区域的最大单体建筑，既是上古华夏第一宫殿，又是此后五千年一切中国宫殿的祖殿。从一千年后的中原第一王朝夏朝（龙山末期，洛阳偃师二里头），到此后四千年的中原所有王朝，一切中国宫殿，均以F901为母型。

上古四千年的伏羲族史，就是"三皇史"。

"女娲氏"是母系两千年，对应于先仰韶期至仰韶中期（前6000—前4000）。

"伏羲氏—神农氏"是父系两千年，对应于仰韶中期至龙山末期（前4000—前2000）。

父系以"容成氏"为始祖，此后共计十五世，一世约为一百多年，并非中古以后的王朝，而是上古的部落联盟，亦即"酋邦"。

前八世是"伏羲氏"一千年，对应于仰韶中期至仰韶末期（前4000—前3000）。

后七世是"神农氏"一千年，对应于龙山期（前3000—前2000）。[1]

为什么伏羲族的父系时代，分为"伏羲氏"、"神农氏"两大时代？为什么"神农氏"又称"炎帝氏"？可从三个方面予以解释。

其一，伏羲族的祖族、支族，原本自有区别名。"伏羲氏"是甘肃、青海的祖族名。历法"开天"以后，东扩"辟地"到达陕西的两大伏羲支族，各有支族名"太昊氏"、"少昊氏"。

"太昊氏"（神农氏、炎帝氏）以陕西宝鸡、姜寨为支族祖地，以所居姜水为姓，姓"姜"；黄帝族于龙山末期南下征服"太昊氏"（神农氏、炎帝氏），入主中原，把不服统治、流窜西北的"姜人"后裔，贬称为"羌人"。——所以殷商甲骨文充斥着杀羌祭天、殉羌陪葬的记录，动辄数十上百，甚至成百上千。

"少昊氏"以陕西西安半坡、华县、华阴等华山周边为支族祖地，姓氏较杂，此处不赘。

其二，陕西两大伏羲支族"太昊氏"、"少昊氏"，东扩到达黄河中下游，南遇南蛮族，东遇东夷族，北遇黄帝族。

南蛮族、东夷族也是"农"耕民族，由于伏羲族凭借先进历法的科学种地很"神"，于是尊称东扩伏羲支族为"神农氏"。

黄帝族是游牧民族，不可能称东扩伏羲支族为"神农氏"，由于自己处于中原以北寒冷地区，而伏羲支族处于其南方的中原炎热地区，所以称东扩然后北扩的伏羲支族为"南方炎帝氏"。

南蛮族处于长江中下游，比伏羲族所居黄河流域更加炎热，又在中原之南。东夷族与伏羲族同处黄河流域，纬度相同，又在中原以东。两者都

---

[1] 拙著《庄子精义》余论一《〈老子〉：君人南面之术》所言"三皇"有巢氏、燧人氏、伏羲氏，采纳《韩非子》的历史进化论："有巢氏"相当于上古初期农耕、定居的前女娲氏，燧人氏相当于上古中期农耕、烧陶的"女娲氏"，"伏羲氏"相当于"伏羲氏+神农氏"。本书所言"三皇史"，是综合考古、文献而重新划分的伏羲族史三大分期，中古以后已经不知。

不可能称伏羲支族为"南方炎帝氏"。

其三,东部玉器三族,又把东扩伏羲支族称为"连山氏"、"列山氏",意为"发明、使用、传播连山历的氏族"。中古以后不知上古伏羲连山历,常把"列山氏"讹写为"烈山氏"、"历山氏",又误系于各地真实之山,遮蔽了这些别名与伏羲连山历的关系。

2009年,中国科学院孙小淳研究员和中国社科院何驽研究员等人联合组成天文考古队,系统考察了内蒙古东部、辽宁西部红山文化区域和山东大汶口文化区域的大量新石器时代遗址,使用全站仪进行测量,证实内蒙古赤峰的城子山、辽宁喀左的东山嘴、山东莒县大朱村的豆家岭、山东日照的两城镇等多处龙山时代的祭祀台具有天文功能,可以根据台东、台西的山峰轮廓线,观测二分二至等重要节气的日出、日落[1]。这是玉器三族普遍接受伏羲连山历及其天文台"昆仑台"的系统证据。正因玉器三族普遍接受了东扩伏羲支族带来的伏羲连山历,所以除了称东扩伏羲支族(亦即神农族)为"神农氏",又别称其为"连山氏"。

综上所述,伏羲族自有的总族名,只有两个。

先仰韶到仰韶中期的两千年,是母系时代,总族名"女娲氏"。

仰韶中期以后的两千年,是父系时代,总族名"伏羲氏"。

父系时代以后,又用"伏羲氏"涵盖母系、父系两大阶段,成为唯一的总族名,并且形成了伏羲、女娲兄妹为夫妻的族史神话。

第三个总族名"神农氏",包括"炎帝氏"、"连山氏"、"列山氏"等别名,均非伏羲族自有的总族名,而是东部玉器三族所取的别名。所有别名均非对华夏全境伏羲族的总称,仅是对支族祖地在陕西、东扩到达黄河中下游的两大伏羲支族"太昊氏"、"少昊氏"之总称。

2. 山东太昊氏族徽,证明其为东扩伏羲支族

仰韶末期,两大东扩伏羲支族已从河南东部进入山东西部、江苏北部、

---

[1] 孙小淳、何驽等《中国古代遗址的天文考古调查报告:蒙辽黑鲁豫部分》,《中国科技史杂志》2010年4期。

安徽北部，亦即进入东夷族祖地。

第一章第七节，已经论证了仰韶晚期、大汶口中晚期的江苏邳县大墩子，并非东夷族，而是东扩到达黄河下游的伏羲支族。

本节继续论证：山东"太昊氏"、"少昊氏"亦非东夷族，也是东扩到达黄河下游的伏羲支族，证据是"太昊氏"、"少昊氏"的族徽，均为甘肃伏羲祖族族徽的变体，都是伏羲连山历的纹样。

先看同一时期甘肃伏羲祖族的族徽（图2-1）。

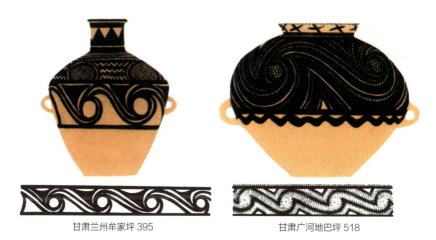

甘肃兰州牟家坪 395　　　　　　　甘肃广河地巴坪 518

图 2-1　甘肃伏羲祖族族徽

这是龙山期甘肃伏羲祖族的族徽，由连山纹、河图纹组合而成。

基本器形是每器双耳，划分上下半年，标示"太极生两仪"。

基本纹样是南北错顶山，夹着逆时针旋转的四大河图，划分四季，标示"两仪生四象"。

四大河图的逆时针旋转，导致了南北错顶山的变形甚至隐形。如果不明连山历，就会看不见南北错顶山，只看见四个漩涡状的大圆圈，所以装饰派错误命名为"漩涡纹"、"四大圈纹"。

甘肃伏羲祖族的族徽，四千年间遍布于"大地湾—马家窑"区域。

西扩到达甘肃西部、青海、宁夏、新疆和南扩到达四川、西藏的所有伏羲支族，包括石岭下类型、马家窑类型、半山类型、马厂类型、齐家类型、大溪类型、卡若类型，族徽全都大同小异。

东扩然后继续南扩、继续北扩到达陕西、河南、山西、山东、江苏、安徽、湖北、河北的所有伏羲支族，包括北首岭类型、半坡类型、庙底沟类型、西王村类型、大河村类型、下王岗类型、屈家岭类型、石家河类型、大司空类型、下潘旺类型，族徽同样大同小异。

大同的原因是同源同祖，小异的原因是区别小宗。一切伏羲支族，无论族徽如何演变，永远保留伏羲连山历的文化基因（图2-2.1、2）。

| 甘肃临洮 562 | 甘肃会宁 644 | 山东莒县陵阳河 | 安徽蒙城尉迟寺 |

图 2-2　甘肃伏羲氏族徽：东传山东、安徽太昊氏

山东莒县陵阳河、安徽蒙城尉迟寺等地龙山期遗址的太昊氏族徽（图2-2.3、4）[1]，全都单独刻在陪葬入墓的陶器肩部，可见其特殊重要性；族徽上面是"日"，中间是"月"，下面是"山"，合为《山海经·大荒四经》所言"日月山"，是伏羲连山历的标志。

伏羲连山历是七山太阳历，为何不作七山，减为五山？

因为从仰韶末期到龙山初期，伏羲连山历正在向神农归藏历过渡，二十八山地面坐标已被二十八宿天空坐标取代，以东西七山为地面坐标的早期连山历已经废弃，改为以东方苍龙七宿为天空坐标的"火历"。由于"火历"源于"山历"，所以族徽下部把七山减为五山，同时强调中间三山，使山形更像火形。所以后世的甲骨文、金文，"山"、"火"二字同形，必须根据上下文才能辨识。

---

[1]　图2-2.1、2，甘肃伏羲氏族徽，采自《图谱》编号562（甘肃临洮）、644（甘肃会宁）。图2-2.3，山东太昊氏族徽，采自栾丰实《大汶口文化》106页，山东文艺出版社2004；另见杨晓能《另一种古史》116页，生活·读书·新知三联书店2008。图2-2.4，安徽太昊氏族徽，采自《蒙城尉迟寺》114、256页，科学出版社2001。

"火历"以东方苍龙七宿之心宿二,亦即大火星为标志星,"火"是简称,"大火"是全称。甲骨文和后世文献大量记载"火见"、"大火昏见"、"七月流火",均指苍龙七宿的恒星心宿二(天蝎座 α)。古籍不称"大火星",只称"火"或"大火"。太阳系的行星"火星",古籍称为"荧惑"。

庞朴《"火历"初探》、《"火历"续探》、《"火历"三探》[1],曾对"火历"做过深入研究,并且根据山东莒县陵阳河这一符号的下部像"火",认为"火历"起源于龙山初期的公元前2800年。

冯时《中国天文考古学》则认为,仰韶后期的公元前3500年,河南陕县庙底沟已经出现了大火星纹。[2]

我则认为,大火星纹同样起源于伏羲族祖地甘肃,然后东传到东扩伏羲支族,考古证据如下(图2-3)。

719 甘肃康乐清水　　1153 甘肃永昌鸳鸯池　　1612　　　　1625 河南陕县庙底沟

图2-3　甘肃大火星纹:东传河南庙底沟

甘肃康乐清水的编号719,左面是"昊"(已见图1-10),右面是"炅",下"火"肩部两点,作火焰状,正是大火星纹。

甘肃永昌鸳鸯池的编号1153(另见《图谱》青海柳湾编号1022),大火星纹已经独立。不仅"火"作"山"形,而且"山"形是南北二山,因为大火星纹也从连山纹变出。

河南陕县庙底沟的编号1612、1625,都是已经独立的大火星纹。前者从七山减为五山,标示"大火昏见"于地平线。后者强调五山中间的火形

[1]　庞朴《当代学者自选文库:庞朴卷》459—516页,安徽教育出版社1999。
[2]　冯时《中国天文考古学》135页,社会科学文献出版社2001。

三山，标示"大火"升入中天。山东太昊氏的族徽从七山减为五山，同时强调三山，正是从甘肃中经陕西、河南，一直传到山东。

"火历"时期的连山纹，无论五山或三山，均已不再标示地面之山，而是标示地面之山投射的天上之宿。由于二十八山全部投射为二十八宿经历了漫长的两千多年，所以投射完成之前，天空坐标不能取代地面坐标，"火历"无法出现。仰韶晚期投射完成之后，天空坐标取代了地面坐标，于是出现了用二十八宿天空坐标定位"大火"的"火历"。

"大火星纹"演变东传的考古证据，证明"火历"仍然起源于仰韶晚期的"伏羲氏"祖地甘肃，然后东传到"伏羲氏"支族"太昊氏"、"少昊氏"祖地陕西，再东传到"太昊氏"、"少昊氏"支族的东扩之地河南陕县庙底沟、山东莒县陵阳河、安徽蒙城尉迟寺等地。

"火历"东传同样既有考古证据，也有文献证据。《左传·昭公十七年》记载伏羲族"火历"，有两种说法：一是"太皞氏以龙纪"，二是"炎帝氏以火纪"。

"太皞氏"即甘肃天水大地湾的伏羲祖族"伏羲氏"，"以龙纪"即以东方苍龙七宿纪年。此时尚未以大火星纪年，亦即尚无"火历"。

"炎帝氏"即陕西宝鸡北首岭的东扩伏羲支族"太昊氏"，"以火纪"即以东方苍龙七宿之大火星纪年，"火历"正式诞生。

陕西宝鸡是一切"太昊氏"（炎帝氏）支族的祖地，山东莒县陵阳河"太昊氏"支族亦然，所以龙山初期的陕西宝鸡"太昊氏"祖族和山东莒县"太昊氏"支族，都在使用甘肃伏羲祖族最新发明的"火历"。

山东莒县陵阳河、安徽蒙城尉迟寺的"日月山"纹样，已有很多学者做过研究，达成两项基本共识。"族徽说"认为是"太昊氏"族徽，"文字说"认为是"昊"字，都很正确。不过认为山东、安徽"太昊氏"是东夷族却不正确，因为黄河下游山东莒县陵阳河、安徽蒙城尉迟寺的"太昊氏"族徽（图2-2），与黄河上游甘肃伏羲祖族的"伏羲氏"族徽（图2-3），亲缘关系和演变关系一目了然。所以山东、安徽的"太昊氏"并非东夷族，而是先从甘肃东扩到达陕西，再从陕西东扩到达山东、安徽的伏羲支族。

3. 山东少昊氏族徽，证明其为东扩伏羲支族

龙山期的山东莒县陵阳河、大朱村等遗址，又出土了"少昊氏"的族徽（图2-4）。[1]

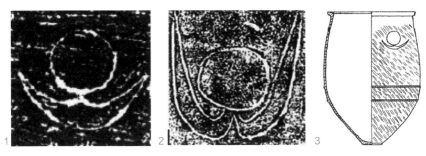

图 2-4　山东莒县少昊氏族徽：1、2陵阳河，3大朱村

"太昊氏"、"少昊氏"的族徽共同出土于山东莒县陵阳河，证明这是陕西两大伏羲支族联合东扩所辟之地。伏羲支族东扩辟地，到达黄河中游的中原，遇到西扩至中原东部的东夷支族；从中原进一步南扩，遇到西扩至长江北岸支流汉水流域的南蛮支族；从中原进一步北扩，遇到西扩至内蒙古中部、南扩至河北北部的黄帝支族；遇到有限抵抗，可以单独扩张。但从中原进一步东扩，进入东夷祖族的祖地，遇到强烈抵抗，所以联合扩张。

山东莒县这一纹样，也有很多学者做过研究，也达成两项基本共识。"族徽说"认为是"少昊氏"族徽，"文字说"认为是"昊"的异体字，都很正确。不过认为山东"少昊氏"是东夷族也不正确，因为这一纹样的源头也在甘肃，考古证据如下（图2-5）。[2]

---

[1]　图2-4.1，采自栾丰实《大汶口文化》106页，山东文艺出版社2004。图2-4.2，采自《中国考古学》新石器时代卷303页，中国社会科学出版社2010。图2-4.3，采自《山东莒县大朱村大汶口文化墓地复查清理简报》，《史前研究》1989年11期。

[2]　图2-5，华县泉护村A型，采自栾丰实《大汶口文化》106页，山东文艺出版社2004。华县泉护村B型，采自张忠培、杨建芳《华县泉护村》48页，科学出版社2003。山西芮城大禹渡纹样，采自《图谱》编号1588。河南陕县庙底沟纹样，采自《图谱》88页。山东莒县A、B，已见图2-4。

甘肃大地湾   陕西华县泉护村 A、B   山西芮城   河南陕县庙底沟   山东莒县 A、B
二期   大禹渡

图 2-5   少昊氏族徽演变：甘肃→陕西→河南→山东

陕西"太昊氏"祖族和山东"太昊氏"支族的族徽，都保留了甘肃祖族"伏羲氏"族徽的连山纹、河图纹。但是陕西"少昊氏"祖族、山东"少昊氏"支族的族徽，经过演变，保留了河图纹，放弃了连山纹，原因较为特殊，过程较为复杂，辨析如下。

其一，甘肃大地湾二期的标准浑天纹，东传到达陕西"少昊氏"祖地，演变出华县泉护村的A、B两种族徽。A型仍是伏羲连山历的浑天纹。B型已是"火历"的大火星纹，也是太昊氏族徽"日月山"的变形，证明陕西华县泉护村的"少昊氏"，是陕西宝鸡"太昊氏"的支族。

其二，陕西华县泉护村的B型，中间之"月"与下面之"山"同形，不仅重复，而且"火历"标志不明显。于是山西芮城大禹渡、河南陕县庙底沟的"少昊氏"族徽，把下面之"山"变形为更加明确的"大火星纹"，又把中间之"月"变形为太阳鸟的翅膀，因为"火历"仍属太阳历范畴。

其三，山东莒县"少昊氏"支族的族徽，也有A、B两种。A型少了泉护村A型下面那条弧线，亦即太阳夜晚绕过地球反面的运行线。B型少了泉护村B型下面的"火"形兼"山"形，只保留了同时兼有"山"、"火"之形的"月"形。

黄河下游山东莒县"少昊氏"支族的族徽，与黄河中游陕西华县泉护村"少昊氏"祖族的族徽，亲缘关系和演变关系一目了然。所以山东"少昊氏"并非东夷族，而是先从甘肃东扩到达陕西、再从陕西东扩到达山东的伏羲支族。

中古以后，人们不再明白山西芮城大禹渡、河南陕县庙底沟的少昊氏族徽"日月火"乃是上古"火历"的标志，于是把最下面的"大火星纹"，当成了太阳鸟的"三足",从而产生了"三足乌"神话。现代的性崇拜派,更不明白伏羲族的连山历、"火历",于是又把中古神话"三足乌"之第三足,视为男性生殖器,作为上古性崇拜的证据。

综上所述,考古学、文献学的双重系列证据,形成了相互支持的完整证据链,证明山东"太昊氏"、"少昊氏"都是先从甘肃东扩到达陕西,再从陕西东扩到达山东的伏羲支族。假如仍有学者坚持山东"太昊族"、"少昊族"是东夷族,必须找到考古学、文献学的双重系列反证,举出东夷族从山东扩张到河南、陕西、甘肃的完整证据链。

二 东夷族改造连山历:安徽含山凌家滩
(前3000,龙山初)
——"八圭"变成"八卦"

仰韶末期,陕西伏羲支族"太昊氏"、"少昊氏"已经东扩到达黄河下游的江苏邳县大墩子、山东莒县陵阳河、安徽蒙城尉迟寺周边,伏羲族彩陶和伏羲连山历随之东传华夏东部沿海的玉器三族。文化在异族之间传播,常会走样、变形、杂交,因为异族原本自有传统。安徽北部的东夷祖族,接受伏羲连山历之时,正是根据自身固有传统,改造了伏羲连山历。

龙山初期、大汶口晚期的安徽含山凌家滩遗址,出土了一块放在玉龟腹中的四象八圭玉板(图2-6.1)。

这是本书涉及的唯一玉器(玉器三族其他玉器的天文历法内涵,详见续著《玉器之道》),已有很多学者做过研究,认为它是八卦的最早物证。进而根据玉板放在玉龟腹中,认为八卦由龙山期的东夷族创造,初始功能是占卜。

凌家滩的族群确实是东夷族,因为玉器是东部玉器三族的共同特征,龟卜也是东部玉器三族的共同文化。但是凌家滩玉板的八卦,实由伏羲族在仰韶期创造,初始功能仅是历法,并非占卜。辨析如下。

其一,玉板共刻十二圭,分为两组,历法内涵不同。

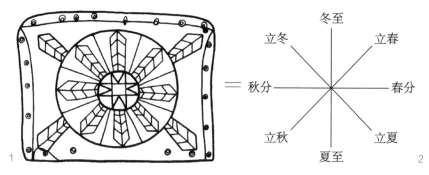

图 2-6　安徽凌家滩四象八圭玉板＝甘肃伏羲族四象八圭陶纹

玉板大圆外的四圭，标示四时，是伏羲族"两仪生四象"的四象，居于"四维"（东北、东南、西南、西北），是二分二至的等分点。每圭均刻三线，标示一季三月，合计一年十二月。

玉板大圆内的八圭，标示八节，是伏羲族"四象生八圭"的八圭（图2-6.2）[1]，居于"四正四维"。四正是"二分二至"（冬至、春分、夏至、秋分），四维是"二启二闭"（立春、立夏、立秋、立冬）。每圭均刻三线，标示一节三节气，合计二十四节气。

其二，玉板刻有二圆，天文内涵不同。小圆代表地球，大圆代表天球，两者共同标示伏羲连山历的天文学基础"浑天说"。

其三，玉板小圆内的八角星，是伏羲连山历之天文台"昆仑台"的符号。

考古出土的最早八角星，见于仰韶早期南扩伏羲支族的四川大溪文化（前4500，Y染色体O3a4，表0-2）。一千多年后的仰韶中晚期，伏羲支族东扩到达黄河中下游，黄帝族、东夷族、南蛮族才出现了彩陶、连山纹和八角星。

---

[1]　图2-6.1，采自《凌家滩》49页，文物出版社2006。图2-6.2，采自陆思贤、李迪《天文考古通论》81页，紫禁城出版社2000，是作为对连云港将军崖岩画符号的解释。其实这一符号是甘青伏羲族首创后东传玉器三族，参看《图谱》1010（青海乐都柳湾）、1209（甘肃渭源县上坪）。

图 2-7 伏羲连山历昆仑台符号：八角星

伏羲族八角星之外（图2-7）[1]，均有二圆，对应"浑天说"的地球、天球。凌家滩玉板仿刻二圆无误，但是不知二圆的天文内涵。

伏羲族八角星的天文历法内涵如下。八角外指，标示八方、八风、八节。四正内折，构成山形，标示东西南北二十八山和东西南北二十八宿。八角外的四正方位，又有表木｜、圭影∧合成的圭影符"个"，首见于伏羲族祖地大地湾一期（图1-5），多见于东扩伏羲支族之陕西半坡、姜寨（图2-16）。中古夏商周明堂的建筑结构，全都仿照伏羲连山历的天文台"昆仑台"，所以都有"左个"、"右个"。

其四，玉板整体为方形，则是玉器三族之方形天文台（昆仑台）的符号。因为玉器三族初步接受伏羲连山历，既不理解伏羲连山历的天文学基础"浑天说"，也不明白连山历天文台"昆仑台"的专用符号八角星的天文历法内涵，所以包括东夷族在内的玉器三族之天文台，均为方形，而非亞形。

其五，玉板四边的钻孔，数目标示四方星宿，钻孔则是龟卜的特有方式，这是东夷族新增的占卜功能。伏羲族的二十八宿，原本是东南西北各七宿，每方数目相同，无法用于占卜。东夷族为了占卜，调整为五四五九，成为中古以后方形"数字河图"和方形"数字洛书"的前身。

伏羲族从来没有方形"数字河图"和方形"数字洛书"，只有圆形"图像河图"。由于东夷族把伏羲族用于观测日影的"八圭"，以及用于记录圭

---

[1] 图2-7.1、2，四川大溪文化八角星，出土于湖南安乡县汤家岗，采自《湖南安乡县汤家岗新石器时代遗址》，《考古》1982年7期；图2-7.3、4，采自贺刚《湘西史前遗存与中国古史传说》243页，岳麓书社2013。

影之象的"圭象"，系统改造为占卜工具，于是"圭"旁加"卜"，变成了"八卦"、"卦象"。江苏邳县大墩子的四象八圭纹（图1-31）已经证明，"伏羲八圭"的初始功能是历法，所以占卜功能为东夷族新增。

其六，伏羲族与东夷族处于同一纬度，伏羲支族从黄河上游东扩，在黄河中游遇到西扩的东夷支族，在黄河下游遇到东夷祖族，所以玉器三族之中，东夷族受到了东扩伏羲支族的最大冲击和最深影响，接受和改造伏羲连山历也最早。

东夷族对伏羲连山历及其纹样的改造，包括方形"数字河图"、新增占卜功能等等，很快又北传黄帝族，南传南蛮族，于是龙山初期的黄帝族"红山文化"区域出现了祭地的方坛和祭天的圆坛，龙山初期的南蛮族"良渚文化"区域既出现了方形昆仑台，又出现了标示"天圆地方"的玉琮（详见续著《玉器之道》）。

其七，凌家滩玉板不仅有用于占卜的四边钻孔，而且置于玉龟腹中，相当于玉龟的腹甲，成为后世钻龟占卜、以卦占卜的共同先驱。因为东夷族虽然接受了伏羲连山历，但是不知其所以然，无法理解天象异常，不得不乞援于占卜。上古、中古之交南下入主中原的黄帝族，延续了东夷族钻龟占卜、以卦占卜的两大传统，于是上古伏羲族用于历法的"八圭"，中古以后变成了兼用于历法和占卜的"八卦"。

三　伏羲六十四卦完成：甘肃、青海
（前2500，龙山中）

1. 连山纹化出阴阳爻：大地湾一期（前6000）

圭象（卦象）实为圭影之象，而公元前6000年的大地湾一期已经出现了左右圭影符（图1-5、图3-1、图3-2），所以大地湾一期并非伏羲连山历的起源期，而是伏羲连山历的成熟期。因为当时虽然以二十八山为地面坐标，但是已经开始使用圭表观测日影。持续三千年的圭表测影，推动伏羲连山历不断进步发展，在七山六谷的十二月太阳历之后，又进一步细分出二十四节气、七十二物候，最终把二十八山地面坐标，投射、转换、升级为二十八宿天空坐标，为伏羲连山历升级为神农归藏历，提供了坚实的技术支撑。

大地湾一期不仅有圭影符，还有组成圭象（卦象）的基本符号——阴阳爻符，而且都从连山纹化出（图2-8）。[1]

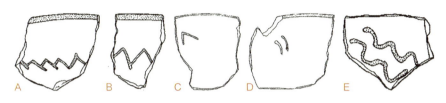

图2-8　大地湾一期（前6000）：阴爻符、阳爻符

A、B的器口横线"宽带纹"，是阳爻符▬，所以自古相传伏羲氏"一画开天"。甘肃天水伏羲庙大殿门楣，高悬此匾。A、B下面的连山纹单折线，是最初的阴爻符∧∧。两者相合，则是少阴符▬▬。

C是独体阴爻符∧，即后世甲骨文数字"六"的源头；龙山中期变成断横线▬▬，即后世甲骨文数字"八"的源头。六、八都是偶数，均可标示阴爻。

D是独体太阳符▬，实指天上的太阳，从"一画开天"化出。

E是太阴符▬▬，实指天上的月亮，从连山纹双折线化出。

以上五个爻符，已经足以证明："八卦"基础观念及其基本符号，最初源头是大地湾一期（前6000），初始功能是记录圭影，初始目的是制定历法，并非占卜。不过仅是最初源头，"八卦"观念的体系化，以及"八卦"符号的体系化，尚有漫长的酝酿期。

2. 甘肃六爻卦，青海三爻卦：龙山中期（前2500）

大地湾一期出现阴阳爻符之后，先仰韶、仰韶三千年，无论是伏羲族

---

[1]　图2-8，大地湾一期五种爻符，采自《秦安大地湾》上册46、47、47、48、48页。

祖地甘肃、青海，还是伏羲支族东扩之地陕西、河南、山西、山东，目前均未发现"八卦"观念和符号的进一步发展。究竟是长期处于停滞、酝酿之中，还是发展的中间缺环尚未发现？有待将来考古澄清。

根据目前的考古发现，仰韶末期江苏北部邳县大墩子的伏羲支族，已有"四象八圭"观念（图1-31）。龙山初期安徽北部含山凌家滩的东夷祖族，已把伏羲族用于历法的"八圭"观念，变成了移用于占卜的"八卦"观念（图2-6）。说明经过三千年的酝酿、发展，伏羲族在仰韶、龙山之交（前3000），趋近于完成"八卦"观念的体系建构。

又过五百年，到了龙山中期（前2500），伏羲族终于同时完成了"八卦"从观念到符号的体系建构，完成之地仍是黄河上游的伏羲族祖地甘肃、青海（图2-9）。[1]

图 2-9　马家窑文化四耳历法盆＝太极四正图

甘肃永登的编号911（图2-9.1），有四大天文历法内涵。

其一，器缘四耳，标示四正，即太阳历四时的起点"二分二至"：冬至、春分、夏至、秋分。

其二，内圆十字，分出太阳历四时的长度。四大象限，各有闭合的扇形六圈，标示每时六节气，合计二十四节气。

其三，内圈双阳爻，是大地湾一期的太阳符**⚌**，标示太阳历。

---

[1]　图2-9.1、2，甘肃永登四耳盆、青海柳湾四耳盆，采自《图谱》编号911、1118。
　　图2-9.3，太极四正图，张远山原创并命名。

其四，外圈连山纹，是大地湾一期的连山纹太阴符∧∧（☷），标示太阴历。

青海柳湾的编号1118（图2-9.2），天文历法内涵有同有异。

其一，器缘四耳，仍然标示太阳历四时的起点"二分二至"。

其二，外圈八组阳爻符，把太阳历四时等分为八节，亦即"四象生八卦"。

其三，内圆三个十字倾斜，标示地轴倾斜、黄赤交角，与马家窑文化的东西十四宿蛙纹（图1-27.2）、归藏历太极图（图1-27.4）的倾角相同。地轴倾斜，导致了地球气候的极寒极暖滞后于冬至、夏至；体现于太极图，就是太极双鱼的鱼首顶部，越过太极图的中轴线（图2-9.3）。

顺便一说，经由研究《王家台归藏》，我于2010年10月10日推演出伏羲初始卦序，亦即神农归藏历分卦值日图（详下第三章之图3-8.1）：伏羲六十四卦分为内外双圈，围于伏羲太极图之外，内圈60卦360爻计为360日，外圈4卦标示二分二至，计为5日或6日。但我当时仅仅找到残缺不全的文献证据，尚未找到充分确凿的考古证据，所以2011年11月我在深圳演讲老庄之道[1]，讲到老庄之道源于"华夏古道"伏羲之道，没有公布"伏羲全图"，仅仅公布了标有外圈四卦的"伏羲简图"（图2-9.3），而以四个箭头标示内圈六十卦。2013年五一期间，我实地考察了甘肃天水大地湾、陕西西安半坡等遗址，然后全力研究伏羲学和百年考古，发现了甘肃、青海的编号911、1118，找到了考古、文献互证的完整证据链，证实我三年前推测的"伏羲全图"。

甘肃、青海的四耳历法盆，全都延续大地湾一期的阴阳爻符，不仅证明"八卦"观念已经体系化，而且共同标志着：伏羲族即将完成天文、历法的重大飞跃，太阳历、太阴历即将合一，太阳历"伏羲连山历"，即将升级为阴阳合历"神农归藏历"。

完成飞跃和升级的最后两环，是出现六爻卦，合成太极图。

---

[1] 张远山《〈老子〉之道：君人南面之术》，《社会科学论坛》2013年1期。收入张远山《老庄之道》，岳麓书社2015；张远山《庄子精义》，北京出版社2022。

龙山中期的甘肃、青海，出现了大量六爻卦，突破了大地湾一期的一爻卦符和二爻卦符。

图 2-10　龙山中期马家窑文化：甘肃各地六爻卦象

龙山中期马家窑文化的甘肃各地，出现了大量卦象（图2-10）[1]，均为六爻。A是观▤▤，B、C是颐▤▤，D是剥▤▤，E、F是复▤▤，G是谦▤▤。

A、B、C、D的阴爻，均为连山纹折线。E、F的阴爻，都已变成断横线。G的下二阴是连山纹折线，上三阴是断横线。证明阴爻符正从连山纹折线，向断横线过渡。

龙山中期马家窑文化的青海柳湾，也出现了大量卦象（图2-11）[2]，爻数不等，六爻居多，另有二爻、三爻、五爻、七爻，甚至还有数字卦。证

[1]　图2-10A—E，甘肃永昌北滩1200，甘肃878，永昌鸳鸯池1151、1185、1196，采自《图谱》。图2-10F、G，兰州下海石M1：12，M1：7，采自《甘肃海石湾下海石半山、马厂类型遗址调查简报》，《考古与文物》2004年1期。

[2]　图2-11，青海柳湾各种卦象：H，Ⅱ 1式760：31。I，Ⅱ 2式245：8。J，Ⅱ 3式46：15。L，Ⅱ 2式199：6。M，Ⅳ 2式30：23。N、O，独体纹样487、470，采自《青海柳湾》，文物出版社1984；N七爻卦，见于156页独体纹样487（另见同页独体纹样494），O数字卦，见于154页独体纹样470。七爻卦、数字卦均由王先胜发现，参看王先胜《关于八卦符号及史前研究问题》，《社会科学评论》2009年9期。K，采自《图谱》982。

图 2-11　龙山中期马家窑文化：青海柳湾各种卦象

明"太极八卦"的符号体系，仍在建构过程之中，尚未定型。

H、I、J 都是六爻复☷，伏羲初始卦序的首卦，太阳历每年的始卦（详下第三章）。

K、L 都是三爻离☲。K 的大卦象中间，另有三个小卦象，两边是五阴，中间是标示冬至的六爻坤☷，是太阳历的起计点（详下第三章）。

M 左面是二爻的少阴☳，右面或是两个三爻乾☰，或是合为三爻坤☷。如果反面也有爻符，将会有助于辨识。

N 是特殊的七爻卦，由六爻的复☷、剥☶合成，五阴爻公用。这是伏羲初始卦序内圈六十卦的首卦和末卦，太阳历一年的最简表述（详下第三章）。

O 是三个数字卦。从下往上数，左面是六五五六六一，即六爻蛊☶。右面是六五五六五一，即六爻巽☴。中间是六六，即二爻的太阴☵。

综合甘肃、青海的考古证据，不仅证明数十年来盛行的"数字卦先于卦象卦"是错误的，而且证明数千年来盛行的"三爻卦先于六爻卦"也是错误的。

伏羲族建构"八卦"符号体系，为什么六爻卦先于三爻卦？

因为六爻对应太阳在东七山、西七山之间东升西落的六谷（图2-12）。[1]

由于太阳东升西落的连线，上半年六个月是从南向北不断"北归"，所

---

[1]　图 2-12，连山归藏原理图，张远山原创（陈林群绘制）并命名。参看图 1-1.2。

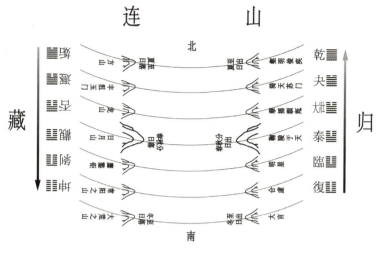

图 2-12 连山归藏原理图：六爻对应六谷（张远山原创）

以《山海经·大荒东经》是从南至北排列七座"日月山"，《周易》对卦的前卦是从下往上数六爻，对应上半年六谷。而太阳东升西落的连线，下半年六个月是从北向南不断"南藏"，所以《山海经·大荒西经》是从北至南排列七座"日月山"，《周易》对卦的后卦是从上往下数六爻，对应下半年六谷。

由于"伏羲画卦"的唯一目的是制定历法，六爻卦的初始功能是标示太阳上下半年六个月在七山六谷之间北归、南藏，所以只能先有对应六谷的六爻卦（伏羲六十四卦），再从六爻卦解析出三爻卦（即伏羲先天八卦，详后第四章第四节）。假如先有三爻卦，不仅无法解释六爻卦的来历，而且无法解释伏羲连山历、神农归藏历的基本原理。

四　太昊氏东都：河南淮阳平粮台（前2500，龙山中）
——"伏羲神话"是伏羲信史

考古证据不仅证明了"伏羲画卦"完成于龙山中期的伏羲族祖地甘肃、青海，而且解开了一个千古疑案：为什么中古以后的文献，一方面大量记载"伏羲生成纪，徙治陈仓"，另一方面又大量记载伏羲氏或神农氏"都于陈"？

太昊庖牺氏都宛丘。(《竹书纪年》)

伏羲都于陈。(《潜夫论·志氏姓》)

伏羲都陈留。(《路史·后纪一》)

陈，太皞之墟也。(《左传·昭公十七年》)

陈国也，伏羲、神农并都之。(《水经注·渠水注》)

"宛丘"、"陈"、"陈留"，均为河南淮阳的古地名。为什么"伏羲氏"生于黄河上游的甘肃天水，却定都于黄河下游的河南淮阳？其实这与"伏羲生成纪，徙治陈仓"性质相同（第一章第二节）。"伏羲"、"神农"、"太昊"均非个人名，均为氏族名。

初民为了便于记忆，运用神话的浓缩化、归约化，常把漫长的上古历史，凝结于个别英雄祖先。而中古以后的文献，记述枝蔓芜杂的上古口传史，又用文字进一步精纯化、简约化。漫长的数千年民族史，就这样压缩为简短的个人化叙事。中古以后的人们，常把氏族名"伏羲氏"、"神农氏"、"太昊氏"误解为个人名，甚至误解为同一人，因而无法理解：一个人怎么可能生在甘肃天水，却一会儿迁都陕西宝鸡，一会儿又迁都河南淮阳？于是把文献记载的伏羲族信史，全都视为荒诞不经的"伏羲神话"。

百年考古的辉煌成果，已经足以证明：文献记载的"女娲氏"、"伏羲氏"、"神农氏"、"炎帝氏"、"太昊氏"、"少昊氏"，均非神话，均属信史——

公元前6000年，伏羲祖族"伏羲氏"（当时实为母系时代"女娲氏"，此为父系时代追述、改述），发祥于黄河上游的甘肃天水大地湾——成纪。

公元前5200年，伏羲支族"太昊氏"（神农氏、炎帝氏）东扩到达黄河中游的陕西宝鸡北首岭——陈仓。

公元前2500年，"太昊氏"支族早已东扩到达黄河下游，北与黄帝族对峙，东与东夷族对峙，南与南蛮族对峙，由于冲突激烈，战争频发，"太昊氏"不得不向东迁都河南淮阳平粮台——陈留。

甘肃天水，陕西宝鸡，河南淮阳，是上古伏羲族四千年东扩史的三大重地，空间跨度以千里计，时间跨度以千年计。

《竹书纪年》所言"太昊庖牺氏都宛丘"极其精确,"太昊"乃言支族名,"庖牺氏"乃言祖族名。

陕西宝鸡之所以古名"陈仓",因为是"太昊氏"祖地,是其支族东扩到陈地的后方粮仓。

河南淮阳之所以古名"陈留",因为是"太昊氏"支族东扩到陈地遭遇东部玉器三族激烈抵抗的留守之地。

由于东扩的"太昊氏"在龙山中期与黄河中下游两岸的玉器三族发生冲突和战争,于是"太昊氏"不得不在龙山中期从陕西宝鸡迁都河南淮阳,所以龙山中期的河南淮阳出现了同时期最早最大的城址,占地五万平方米的平粮台城址。不仅如此,平粮台城址还出土了画有三爻卦符的半枚纺轮(图2-13.1)。

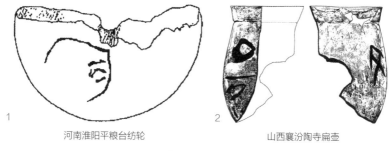

1　河南淮阳平粮台纺轮　　　　2　山西襄汾陶寺扁壶

图 2-13　龙山中期:河南、山西三爻离☲

纺轮上刻有一个三爻卦,李学勤识读为离☲,视为文献记载"伏羲都陈"、"伏羲画卦"的双重考古证据。[1]

并非巧合的是,"太昊氏"东扩所辟另一新地山西襄汾陶寺,龙山晚期出土了一个扁壶(图2-13.2)[2],左下也出现了三爻离☲,左上圆圈标示大火星,右面是"文"字。

[1]　李学勤《谈淮阳平粮台纺轮"易卦"符号》,《光明日报》2007年4月12日。

[2]　图2-13.1,平粮台三爻离纺轮,采自张志华等《河南平粮台龙山文化城址发现刻符陶纺轮》,《文物》2007年3期。图2-13.2,陶寺三爻离扁壶(H3403:13),采自《襄汾陶寺:1978—1985年考古发掘报告》第一册369页,文物出版社2015。

为什么三爻离同时且大量出现于龙山中期以后的青海柳湾（图2-11）和"太昊氏"东扩所辟两处新地？为什么三爻离又释为"火"？

因为"离为火"之"火"，正是"火历"之"火"，亦即东方苍龙七宿的心宿二。龙山中期正是伏羲连山历升级为神农归藏历的前夜，当时甘肃、青海的伏羲祖族"伏羲氏"，陕西的东扩伏羲支族"太昊氏"、"少昊氏"，山西、河南、山东、安徽的"太昊氏"支族、"少昊氏"支族，都在使用"火历"。

龙山中期，不仅"太昊氏"从陕西宝鸡迁都河南淮阳，而且"少昊氏"也从陕西华山周边迁都山东曲阜，所以《左传》记载了陈国是"太昊之墟"（昭公十七年），鲁国是"少昊之墟"（定公四年）。由于春秋时期的陈国建造了太昊陵，春秋时期的鲁国建造了少昊陵，后人长期误以为"太昊氏"、"少昊氏"祖地在陈国、鲁国，不知"太昊氏"、"少昊氏"祖地在陕西。

陕西两大伏羲支族"太昊氏"、"少昊氏"东扩辟地两千多年，龙山中期已经东扩到江苏北部的邳县大墩子周边，山东西部的莒县陵阳河周边，而东夷族仍然固守着安徽北部的含山凌家滩周边，所以龙山中期的黄河下游，呈现出东扩伏羲支族与东夷族犬牙交错的混居状态，时有冲突和战争。

类似状态，龙山中期也出现于南扩伏羲支族与南蛮支族相遇的汉水流域，即湖北"屈家岭—石家河"区域，但没出现于南蛮族祖地"河姆渡—良渚"区域；又出现于北扩伏羲支族与黄帝支族相遇的甘肃北部、陕西北部、山西北部、河北北部，也没出现于黄帝族祖地"兴隆洼—红山"区域。

五　连山历河图转换为归藏历太极图
（前2500，龙山中）

龙山中期的甘肃伏羲祖族，不仅完成了"八卦"从观念到符号的体系建构，而且完成了逆时针河图向顺时针太极图的转换，这是伏羲连山历升级为神农归藏历的最后一环。

1.连山历河图：逆时针旋转

连山历河图，遍布于龙山中期以前的伏羲族祖地甘肃、青海，都是逆时针旋转。装饰派错误命名为"漩涡纹"，错误阐释为黄河漩涡。对此要做两项辨析。

一是内涵辨析。伏羲族首先"仰观于天"，然后"俯察于地"，所以"漩涡纹"本质上是标示天河旋转的"天河之图"，表面上是作为黄河漩涡的"黄河之图"。

二是旋转辨析。地球绕着地轴自转，绕着太阳公转，都是逆时针旋转（从北极天枢下视），所以北半球的天象是顺时针旋转（南半球的天象是逆时针旋转）。由于伏羲连山历以二十八山为地面坐标，所以连山历河图是标示地球的逆时针旋转，而非标示天象的顺时针旋转。

1　大地湾一期　　　　　　2　大地湾二期 77　　　　　　3　大地湾三期 89

图 2-14　大地湾一至三期（前 6000—前 3500）：连山历河图

连山历河图，同样起源于甘肃天水大地湾（图 2-14）。[1]

大地湾一期（前 6000—前 4500）逆时针旋转的六芒太阳符，是一切连山历河图的原型。

大地湾三期（前 3900—前 3500）的编号 89，仍然沿袭。

大地湾二期（前 4500—前 3900）的编号 77，是连环画式的连山历分解河图。

---

[1]　图 2-14.1，大地湾一期六芒太阳符，已见 1-5.2。图 2-14.2、3，采自《图谱》编号 77（大地湾二期）、89（大地湾三期六芒太阳符）。

右面是北山引出的逆时针下旋，标示白昼的太阳轨道。

中间是南山引出的逆时针上旋，标示黑夜的太阳轨道。

两者共同解释左面的浑天纹。

大地湾二期的伏羲祖族，已经根据浑天说，突破了地面直观的天文表象，透彻领悟了直观表象背后的天文真相：观测者晚上看不见太阳，白天看不见月亮、星辰，并不影响一切天体的实际存在和实际运行，亦即"不食不寝不息"（《山海经·大荒北经》）。所以连山历河图至迟起源于大地湾二期（前4500），仰韶中期以后传遍华夏全境。

先看仰韶中期以后的甘肃各地连山历河图（图2-15）。

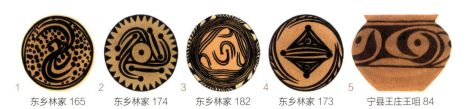

1	2	3	4	5
东乡林家 165	东乡林家 174	东乡林家 182	东乡林家 173	宁县王庄王咀 84

图 2-15　仰韶中期以后：甘肃连山历河图

东乡林家的编号165，承袭大地湾一期、三期的六芒太阳符，分解为上、下各三线，标示日、月、星同时环绕地球，逆时针旋转。背景是满天繁星。

东乡林家的编号174，又对编号165进行解析，分别标示日、月、星绕着地球的山体，逆时针旋转。同时三面各有双头星，标示任何方向的星空，都有逆向移动的星辰（实为速度慢于相邻之星）。边纹是阴阳山构成的历法计算器"百揆纹"。

东乡林家的编号182，又把编号165的上下各三线，简化为上下各二线。圆点原本标示太阳，现在如同鸟首，于是成为"双鸟河图纹"。鸟首后的双羽，标示太阳、月亮同样东升西落，自西返东，仅是昼夜交替出没。

东乡林家的编号173，又把编号182的上下各二线，简化为上下各一线，居于南北倒影山的山脚，标示太阳白天从东向西运行，夜晚从西向东绕过地球反面，重返东方。比大地湾二期编号75的浑天纹（图1-36.5），更加形象精确。

宁县王庄王咀的编号84，是大地湾二期编号77之分解河图（图2-14.2）的合成，已很接近连山历标准河图。

再看仰韶中期以后的陕西连山历河图（图2-16）。

<table>
<tr><td>1</td><td>2</td><td>3</td><td>4</td><td>5</td></tr>
<tr><td>宝鸡北首岭 1499</td><td colspan="2">西安半坡 1507、1509</td><td colspan="2">临潼姜寨 1534、1537</td></tr>
</table>

图 2-16　仰韶中期以后：陕西连山历河图

宝鸡北首岭的编号1499，龙为阳在上，标示观测者所见。龙为阴阳双身，阳身代表观测者白昼所见的太阳，阴身代表观测者夜晚所见的月亮。凤为阴在下，标示观测者看不见的白昼月亮和夜晚太阳。龙凤首尾互衔，标示日月的昼夜交替。

西安半坡的编号1507，是著名的"人面衔鱼盆"。根据马家窑东西十四宿蛙纹（图1-27.2），解读圆形陶纹，首先必须摆正边纹。此盆边纹，四正是大地湾一期出现的阳爻符，标示"二分二至"；四维是大地湾一期出现的圭影符，标示"二启二闭"。四个圭影符，合起来是四象八圭纹（图2-6.2），亦即道枢纹、天枢纹的合一，而圭影符正是道枢纹、天枢纹的基本元素。东、西方向的人面，都是正圆，因此并非人面，而是日月。人面头顶作山形，标示东、西各七山。上鱼逆时针左旋，标示观测地所见日月从东向西游。下鱼逆时针右旋，标示观测地看不见的日月在地球反面从西向东游回东方，永恒循环。双鱼游于河，并非黄河，而是天河，因为"河图"之"河"正是天河。

西安半坡的编号1509，是著名的"四鹿盆"。四正的三阳爻，标示"二分二至"和每时三月。四维的圭影符，标示"二启二闭"。四鹿对位四维，逆时针跑于山，并非普通山，而是日月山。

临潼姜寨的编号1534，也很著名，因为性崇拜派把双鱼误视为女阴，把二蛙误释为女娲。其实上二鱼逆时针左旋，下二鱼逆时针右旋，分别标示日月的昼夜交替。东、西之蛙，四足均作山形，互相对顶，分别标示东七山、西七山。蛙腹之点，标示繁星。蛙是两栖动物，既可游于天河，又可跑于七山。边纹的阴阳，标示昼夜；阴阳分割线，实为日出日落线。

临潼姜寨的编号1537，省略了标示"二分二至"的四正阳爻，仅有四维标示"二启二闭"的圭影符。五鱼逆时针旋转。左东、下南、右西，各有一条大鱼，标示春、夏、秋三季。上北冬至位置，一大一小两条鱼，标示年年有余，因为一年计为三百六十日，每年多余五日。一年计为三百六十五日，每年又多余四分之一日，每四年闰一日。

伏羲族彩陶的动物纹样，均非动物图腾，都用从尾至首的前进方向，标示天象的旋转方向，无一例外。

再看仰韶中期以后的山西、河南连山历河图（图2-17）。[1]

| 1 | 2 | 3 | 4 | 5 |
| 夏县 1599 | 洪洞县 1602 | 后庄王 1694 | 陶寺 M3016：1 | 洪山庙 W116：1 |

图2-17　仰韶中期以后：山西、河南连山历河图

装饰派出于"中原中心论"和"仰韶中心论"，大力研究中原的仰韶期陶纹。他们眼中的中原仰韶期"花形纹"、"叶形纹"、"鸟形纹"，其实都是连山历河图。

山西夏县的编号1599，山西洪洞县的编号1602，左面都是大地湾二期编号77之分解河图的合成，是南北对顶山引出的连山历河图，并非"花形

[1]　图2-17.1—3，采自《图谱》1599（山西夏县）、1602（山西洪洞县）、1694（河南郑州后庄王）。图2-17.4，陶寺 M3016：1高领壶，采自《襄汾陶寺》第四册彩版二六。图2-17.5，洪山庙男根太极图（W116：1），采自《汝州洪山庙》封面，中州古籍出版社1995。

纹"。右面都是南山浑天纹化出的"少昊氏"族徽，并非"鸟形纹"。

河南郑州后庄王的编号1694，也是大地湾二期编号77之分解河图的合成，是东西对顶山引出的连山历河图，并非"花形纹"。中心红点是太阳，并非"花蕊"。山脚是日出日落线，并非"叶形纹"。因为树叶只有一条叶脉，不可能有两条、三条叶脉。

山西陶寺M3016：1高领壶的太极纹，已很接近连山历标准河图。

河南汝州洪山庙W116：1陶缸的男根太极图，是象形化的连山历河图，兼有性崇拜意味。

最后看一下仰韶中期以后的湖北、山东、江苏连山历河图（图2-18）。

湖北螺蛳山 1939　　山东王因 1847　　江苏大墩子 1868　　江苏刘林 1878

图 2-18　仰韶中期以后：湖北、山东、江苏连山历河图

湖北黄冈螺蛳山的编号1939，是湖北屈家岭—石家河文化的西扩南蛮支族对连山历河图的改造，形成了自身的民族特色。

山东兖州王因的编号1847，是山东大汶口文化的东夷族对连山历河图的改造，形成了自身的民族特色。

江苏邳县大墩子的编号1868和邳县刘林的编号1878，保持了纯正的逆时针连山历河图，证明其为东扩伏羲支族；而且兼有顺时针归藏历河图，证明龙山中期的连山历河图正在转换为归藏历河图（详见下节）。

由于连山历是太阳历，不含太阴历，尚非阴阳合历，所以连山历河图并非真正的太极图，仅是太极图的前身。

图 2-19　伏羲连山历标准河图：逆时针旋转

伏羲连山历标准河图（图2-19）[1]的天文内涵，可以参考唐人孔颖达《尚书·尧典》疏：

> 浑天者以为，地在其中，天周其外，日月初登于天，后入于地。昼则日在地上，夜则日入地下。

孔颖达用浑天说解说《尚书·尧典》所含伏羲族首创的华夏历法，完全符合伏羲连山历标准河图。

河图纹是天文，即浑天说。

连山纹是历法，即连山历。

天文是历法的基础，浑天说是连山历的基础，河图纹是连山纹的基础。

连山历河图，是用初级版"浑天说"即"地心说"解说连山历——

上面阳鱼逆时针左旋，标示白昼太阳从东向西移动。

下面阴鱼逆时针右旋，标示夜晚太阳在地球反面返回东山。

所以连山历河图是以一日为单位，标示每日的昼夜循环。本书绪论所言太极图A型的逆时针四象（图0-1），正是连山历河图的一日四象。

2. 归藏历太极图：顺时针旋转

伏羲族在仰韶后期把二十八山地面坐标转换为二十八宿天空坐标以后，又在龙山中期把逆时针旋转的连山历河图转换为顺时针旋转的归藏历太极图，亦即从标示地球的逆时针旋转，转换为标示天球的顺时针旋转。[2]

先看龙山中期的甘肃归藏历太极图（图2-20）。[3]

---

[1]　图2-19.1、2、3，连山历标准河图，提取自图2-17.3（郑州后庄王1694）、图2-17.5（汝州洪山庙）、图2-15.3（东乡林家182）。

[2]　战国曾侯乙墓漆箱盖、五代吴越国文穆王钱元瓘墓、辽代宣化墓、北宋苏颂《新仪象法要》等等的二十八宿，以及黄帝族占盘之天盘，均为顺时针旋转的天盘图。安徽阜阳双古堆汉墓的太一行九宫占盘，黄帝族占盘之地盘，后世看风水的罗经仪等等，均为逆时针旋转的地盘图。

[3]　图2-20.1、2、4、5，采自《图谱》208（甘肃兰州红山大坪）、210（甘肃兰州西坡坬）、484、483（甘肃广河地巴坪）。图2-20.3，甘肃兰州西坡坬双鸟太极图，采自吴山《中国新石器时代陶器装饰艺术》41页，文物出版社1982。

1	2	3	4	5
兰州红山大坪 208	兰州西坡洼 210	兰州西坡坬		广河地巴坪 484、483

图 2-20　龙山中期：甘肃归藏历太极图

　　甘肃伏羲祖族经过先仰韶—仰韶三千年发展，族群日益庞大，地域越来越广。"大庭氏"在仰韶末期的大地湾四期（前3500—前2900）达到极盛，大地湾已经不再适合充当整个族群的中心，于是"伯皇氏"迁都别处[1]。因此龙山早期的大地湾五期（前2900—前2800），时间短，彩陶少，也没有龙山中期才出现的归藏历太极图。龙山中期的甘肃归藏历太极图，全都见于大地湾以外的甘肃遗址。

　　兰州红山大坪的编号208，酷似东乡林家的编号165（图2-15.1），但从逆时针旋转变成了顺时针旋转。圆心短斜线标示地轴倾斜，已从根据地面坐标的向左倾斜（图1-13），变成根据天空坐标的向右倾斜。同一时期的马家窑东西十四宿纹蛙纹（图1-27.2）、青海柳湾四耳历法盆（图2-9.2），也变成向右倾斜。

　　兰州西坡洼的编号210，中心是顺时针双鸟太极纹。右面的三羽鸟，标示大多数星辰都是顺时针移动。左面的双头三羽鸟，标示极少数星辰是逆时针移动（实为速度慢于相邻之星）。

　　兰州西坡坬的双鸟太极图，是兰州西坡洼编号210的简化，已很接近归藏历标准太极图。右鸟顺时针下旋，标示冬至以后的上半年太阳东升西落线，从南回归线向北回归线移动。左鸟顺时针上旋，标示夏至以后的下半年太阳东升西落线，从北回归线向南回归线移动。

　　广河地巴坪的编号484，标示星空的顺时针旋转，仍然保留标示天球的外圈。编号483取消了标示天球的外圈，因为伏羲族用二十八宿定位全

---

[1]　大地湾五期（前2900—前2800）以后，甘肃伏羲祖族可能迁都甘肃天水师赵村或甘肃东乡林家。青海伏羲支族，可能以青海乐都柳湾为都。

部天象以后，不仅把连山历逆时针河图转换为归藏历顺时针太极图，而且经过长期观测，发现了众多天体的运行方向并不一致，运行速度也不相同，无法再用天球加以合理解释，于是抛弃了天球假设，升级了浑天说（详见本章下文，参看第四章第七节）。

再看龙山中期以后的山西、河南归藏历太极图（图2-21）。[1]

1　陶寺 M3016: 2　　　2　陕县庙底沟 1643、1646　　　4　郑州大河村 1711　　5　洛阳王湾 1731

图 2-21　龙山中期以后：山西、河南归藏历太极图

山西陶寺M3016：2高领壶的太极纹，已很接近归藏历标准太极图。

河南陕县庙底沟的编号1643、1646，连山纹逐渐淡化，太极纹逐渐独立，正在接近归藏历标准太极图。

河南郑州大河村的编号1711，河南洛阳王湾的编号1731，太极纹完全独立，连山纹基本消失，归藏历太极图呼之欲出。

再看龙山中期以后的山东、江苏、湖北归藏历太极图（图2-22）。[2]

1　三里河 M2110: 46　2　大汶口 1825　　　3　大墩子 1860　　　4　石家河　　5　石家河 1984

图 2-22　龙山中期以后：山东、江苏、湖北归藏历太极图

[1]　图2-21.1，陶寺 M3016：2高领壶，采自《襄汾陶寺》第四册彩图二六。图2-21.2—5，采自《图谱》1643、1646（河南陕县庙底沟）、1711（河南郑州大河村）、1731（河南洛阳王湾）。

[2]　图2-22.1，三里河 M2110：46单耳罐，采自《胶县三里河》64页，文物出版社1988。图2-22.4，石家河文化纺轮，采自《肖家屋脊》下册图版94—10（AT2006②：5），文物出版社1999。图2-22.2、3、5，采自《图谱》1825（山东大汶口）、1860（江苏大墩子）、1984（湖北石家河）。

山东胶州三里河M2110：46单耳罐的太极纹，承袭山西陶寺M3016：2高领壶。

山东泰安大汶口的编号1825，是归藏历太极图的繁复化变体。

江苏邳县大墩子的编号1860，是归藏历太极图的抽象化变体。

湖北天门石家河的两件太极双鱼纺轮，第一件类似甘肃兰州西坡坬的双鸟太极图，但是太极双鱼未分阴阳，亦未密合；第二件的太极双鱼已分阴阳，而且密合，神农归藏历标准太极图正式诞生。

图2-23　神农归藏历标准太极图：顺时针旋转

神农归藏历标准太极图（图2-23）[1]，除了以上所举大量上古证据，另举六个中古以后证据（图2-24）。[2]

一是四川彝族传承四千年的伏羲太极龙图，全合神农归藏历的标准太极图。彝族是"炎黄之战"以后，南撤到中原以南的神农族后裔。龙纹是"火历"的标志，"火历"则是连山历升级为归藏历的中介。龙身的反S线，充当阴阳双鱼的分割线，龙背阳面是太极阳鱼，龙腹阴面是太极阴鱼。

---

[1]　图2-23.1、2、3，归藏历标准太极图，提取自图2-21.3（庙底沟1646）、图2-20.3（兰州西坡坬）、图2-22.5（石家河1984）。

[2]　图2-24.1，彝族太极龙图，采自四川彝族古籍《玄通大书》，《爨文丛刻》894页，四川民族出版社1987；参看冯时《中国天文考古学》364页。图2-24.2，西周双凤太极图，采自曹玮《周原出土青铜器》483页，巴蜀书社2005。图2-24.3，西汉太极图，采自四川省文物考古研究所、绵阳市博物馆《绵阳永兴双包山二号西汉木椁墓发掘简报》，《文物》1996年10期；参看王先胜《绵阳出土西汉木胎漆盘纹饰释读及其重要意义》，《宗教学研究》2003年2期。图2-24.4，五代陈抟先天图（太极图），采自明代赵仲全《道学正宗》。图2-24.5，采自南宋张行成《翼玄》卷一；四库本避康熙皇帝玄晔之讳，改名《翼元》。图2-24.6，采自明代赵仲全《道学正宗》，又见胡渭《易图明辨》、赵撝谦《六书本义》等。

1 彝族　　　　2 西周　　　　3 西汉

4 五代　　　　5 宋代　　　　6 明代

图 2-24　中古以后归藏历太极图

二是陕西宝鸡出土西周青铜器上的双凤太极图，同样全合神农归藏历的标准太极图。变龙为凤，是因为周人处于中原之西，对应于东龙西凤之西凤。东龙西凤组合（图1-23），首见于此前四千年的陕西宝鸡北首岭。西周发祥于宝鸡岐山，灭商开国，因而以凤为瑞，"凤鸣岐山"。

三是四川绵阳出土西汉漆盘上的双凤太极图，同样全合神农归藏历的标准太极图。四川是"炎黄之战"以后神农族后裔羌族、彝族的重要避居地，所以在周人变龙为凤之后，蜀人也演变为双凤太极图。圆周外圈的十组卦画，对应"十天干"，六组为六爻，四组为七爻，合计六十四画。圆周内圈的十二符号，对应"十二地支"、十二月。点破了伏羲太极图与伏羲六十四卦的一体双生关系和天文历法初义。

四是五代道士陈抟公布的先天图，亦即归藏历太极图。先天图内写有背圆心的先天八卦卦名，卦象不能合成太极图。陈抟第四代弟子北宋邵雍根据陈抟先天图排出先天八卦圆图、先天六十四卦圆图，但未嵌入陈抟先天图，因为承袭陈抟的错误，卦象背圆心，卦象不能合成太极图（详见第五章第五节)。

五是南宋张行成所著《翼玄》,不管邵雍先天六十四卦的卦象背圆心无法合成太极图,仍在邵雍先天六十四卦圆图的中心嵌入陈抟先天图。

六是明代以后的太极图,承袭陈抟先天图,但把陈抟先天图的先天八卦卦名改成冲圆心,卦象可以合成太极图。

中古以后还有无数归藏历太极图,不再穷举。

归藏历太极图,是用升级版"浑天说"即"日心说"解说归藏历——

右面阳鱼顺时针下旋,标示上半年太阳北"归"渐近,北半球逐渐变暖。

左面阴鱼顺时针上旋,标示下半年太阳南"藏"渐远,北半球逐渐变冷。

所以归藏历太极图是以一年为单位,标示每年的阴阳循环。本书绪论所言太极图B型的顺时针四象(图0-2),正是归藏历太极图的一年四象。

连山历河图和归藏历太极图,分别见于华夏文化圈的两个现代国家:韩国国旗采用了早期伏羲族的连山历河图,蒙古国旗采用了晚期伏羲族的归藏历太极图。这绝对不是巧合,因为伏羲太极图是华夏文化乃至华夏文化圈的文化总基因。

图2-25　1韩国国旗(连山历河图),2蒙古国旗(归藏历太极图)

韩国国旗中的连山历河图(图2-25.1),其不足是缺少阴阳双眼。外面截取伏羲先天八卦一半,即标示二分二至的四正卦,所以应该置于四正,不应置于四维。冬至坤☷对应阴鱼首,夏至乾☰对应阳鱼首,正确。春分离☲对应阴鱼尾,秋分坎☵对应阳鱼尾,错误;二卦必须换位,才符合伏羲先天八卦(详下第四章第四节)。

蒙古国旗中的归藏历太极图(图2-25.2),其不足是阴阳双眼过大。阴阳双眼的直径，应为归藏历太极图半径的六分之一，因为冬至之后阴鱼的阳眼兑现为一阳爻，夏至之后阳鱼的阴眼兑现为一阴爻（详下第三章）。

六　太极台"浑夕之山"：山西襄汾陶寺
（前2200，龙山晚）

龙山中期，连山纹转化为六十四卦的阴阳符号，完成了"八卦"从观念到符号的体系化；连山历河图转化为归藏历太极图，又完成了"太极"从观念到符号的标准化。于是龙山晚期，伏羲连山历正式升级为神农归藏历，因为神农归藏历就是伏羲太极历。

伏羲连山历升级为神农归藏历的标志性事件，见于龙山文化的顶峰——山西陶寺中期出土的圭表实物和太极观象台。

图2-26　1陶寺中期圭表，2汉代金村日晷

陶寺中期王墓（ⅡM22）出土的八尺漆杆和玉制土圭（图2-26.1），中国社科院考古所的孙小淳团队于2009年6月21日夏至正午在陶寺观象台遗址进行了实测，证实其为目前所知华夏圭表的最早物证，比此前所知最早的汉代金村日晷（图2-26.2）早两千年[1]。陶寺圭表是伏羲族首创圭表测影

[1]　图2-26.1，陶寺中期圭表（ⅡM22），采自黎耕、孙小淳《陶寺ⅡM22漆杆与圭表测影》，《中国科技史杂志》2010年4期。图2-26.2，洛阳金村出土汉代日晷，采自《中国古代天文文物图集》41页，文物出版社1980。

的重要物证，但其源头可以追溯到三千五百年前（前6000）的伏羲族祖地甘肃天水（见第三章图3-1大地湾一期圭影盆）。

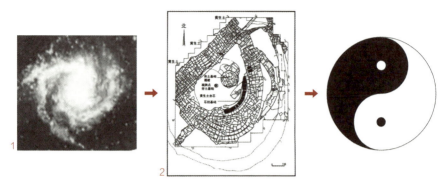

图2-27 山西陶寺太极观象台（前2200）：浑夕之山

　　陶寺中期观象台（ⅡFJT1）的测墙（图2-26.1背景为复原的测墙），是伏羲族圭表测影的升级版。陶寺观象台既有观测墙，也有观测点（图2-27.2）[1]。中国社科院考古所的何驽团队从2003年12月22日冬至到2005年12月23日冬至，摹拟观测了两年，从观测墙的不同墙缝中，观测到了冬至、春分、秋分、夏至的日出。证明这一遗址的第一功能是天文观象台，第二功能才是宗教祭祀台。[2]

　　陶寺观象台的外形，酷似顺时针旋转的归藏历太极图。龙山中期伏羲族彩陶上的归藏历太极图，虽然已经变成顺时针旋转，阴阳双鱼也已密合，但是阴阳双鱼尚缺鱼眼。直到陶寺太极观象台建立，归藏历太极图才最终完型。

　　归藏历太极图的阴阳鱼眼，源头有二：一是龙山中期甘肃双鸟太极图的双鸟首（图2-20.3），二是龙山晚期山西陶寺太极台的观测点（图

[1]　图2-27.2，采自陈久金《试论陶寺祭祀遗址揭示的五行历》，《自然科学史研究》2007年3期；陈久金引自《中国国家天文》2007年3期87页。

[2]　何驽《陶寺中期小城观象台实地模拟观测资料初步分析》，《古代文明》第六卷83—115页，文物出版社2007。参看江晓原、陈晓中、伊世同等《山西襄汾陶寺城址天文观测遗迹功能讨论》，《考古》2006年11期。武家璧等《陶寺观象台遗址的天文功能与年代》，《中国科学》2008年9期。

2–27.2）。

星空、太极台、太极图，三者逻辑紧锁。

其一，星空的顺时针旋转，决定了太极台、太极图的顺时针旋转。

其二，星空的顺时针旋转，是天空的运行轨道"天道"。

其三，太极台的顺时针旋转，是陶寺太极台的天文观测。

其四，太极图的顺时针旋转，是神农归藏历的阴阳合历。

不过伏羲太极图仅是神农归藏历的一部分，神农归藏历的另一部分是伏羲六十四卦。中古以后的大量文献记载，也能证明伏羲太极图与伏羲六十四卦一体双生而不可分割，唯一的初始功能是历法。

比如《易传·系辞》记载：

> 古者庖羲氏之王天下也，仰则观象于天，俯则观法于地，观鸟兽之文，与地之宜，近取诸身，远取诸物，于是始作八卦，以通神明之德，以类万物之情。……易有太极，是生两仪，两仪生四象，四象生八卦。……乾之策，二百一十有六。坤之策，百四十有四。凡三百有六十，当期之日。

"仰则观象于天"，就是观测天上的日月星辰。

"俯则观法于地"，就是观测地上的圭表投影，用阴阳爻符记录为圭象（卦象）。

"观鸟兽之文"，就是用陶器上的鸟兽纹表现天文，功能是标示天象的旋转方向。

"始作八卦"，就是始作八圭，立于四正四维。

"以通神明之德"，就是历法开天。

"易有太极，是牛两仪，两仪生四象，四象生八卦"，"易"即天道之"阴阳变易"，"太极"兼指太极台、太极图，"两仪"即阴鱼、阳鱼，"四象"即太阳历四时（始于四正）、太阴历四季（始于四维），"八卦"即八圭。

"凡三百有六十，当期之日"，即伏羲六十四卦分为内外双圈，围于伏羲太极图之外：内圈六十卦三百六十爻，计以三百六十日；外圈四卦，

计以五日或六日。这一观念体系，龙山中期已经完成于甘肃、青海（图
2-9.1、2）。

又如汉代《龙鱼河图》记载：

> 伏羲氏王天下，有神龙负图出于黄河。法而效之，始画八
> 卦，推阴阳之道，知吉凶所在，谓之河图。

《汉书·五行志》记载：

> 伏羲氏继天而王，受河图，则而画之，八卦是也。

两者只是把"河图"与"太极图"混淆为一，但是只要明白所言"河图"
并非逆时针的伏羲连山历河图，而是顺时针的神农归藏历太极图，就能明
白伏羲太极图、伏羲六十四卦从诞生之日起就不可分割，仅有"推阴阳之
道"的历法功能。后来玉器三族新增了"知吉凶所在"的占卜功能，最终
仅剩可以占卜的六十四卦，抛弃了不能占卜的太极图。

《山海经·北山经》同时记载了陶寺观象台和陶寺历法盘：

> 北岳之山，又北百八十里，曰浑夕之山。
> 有蛇一首两身，名曰肥遗。

所言地理位置，正是山西襄汾陶寺。

"浑夕之山"，正是陶寺观象台，亦即神农归藏历的天文台。

"肥遗"，正是陶寺历法盘，亦即神农归藏历的历法盘（详下）。

《山海经》为什么把陶寺太极观象台称为"浑夕之山"？因为伏羲连山
历升级为神农归藏历，作为历法基础的天文学理论"浑天说"，也同时升级
为"浑夕说"。

"浑夕"是初始之名，"宣夜"是后起之名。"浑"通"恒"，古作"亘"，
信奉"盖天说"的黄帝族南下入主中原以后，为"亘"加"盖"，变成了

"宣"。"夕"即"夜"。所以上古伏羲族的"浑夕说"，中古以后黄帝族改称"宣夜说"。

由于伏羲族的"浑夕说"不合黄帝族的"盖天说"，所以中古以后对"浑夕说"具体内容的记载，大多已经亡佚。目前比较完整的一条，见于《晋书·天文志》：

> 宣夜之书亡，惟汉秘书郎郗萌记先师相传云："天了无质，仰而瞻之，高远无极，眼瞀精绝，故苍苍然也。譬之旁望远道之黄山而皆青，俯察千仞之深谷而幽黑。夫青非真色，而黑非有体也。日月众星，自然浮生虚空之中，其行其止，皆须气焉。是以七曜或逝或往，或顺或逆，伏见无常，进退不同，由乎无所根系，故各异也。故辰极常居其所，而北斗不与众星同没也；摄提、填星皆东行，日行一度；月行十三度。迟疾任情，其无所系著可知矣，若缀附天体，不得尔也。"

伏羲连山历的天文学基础"浑天说"，与神农归藏历的天文学基础"浑夕说"，最大的区别就是前者有天球假设，后者抛弃了天球假设。

"浑天说"的天球假设，分为几个阶段。

最初假设，地球之外有一个顺时针旋转的天球，日月星辰都镶嵌在天球上，所以也顺时针旋转。

随着观测不断深入，必将发现众多星辰的运行方向并不一致，运行速度也不相同，天球假设无法加以合理解释。

其他民族不愿放弃天球假设，于是增加一重又一重天球，变成"七重天"、"九重天"、"三十三重天"（进而拟想出与之对应的十八层地狱等等），同时进一步假设多重天球都是透明水晶球，地球上的人们隔着多重天球，仍能看见日月星辰。

唯有伏羲族拥有上古时代最为彻底的科学精神，认为无论多少重天球，都不能解释无数星辰的不同运行方向和不同运行速度，于是认为"天了无质"，"日月众星，自然浮生虚空之中，其行其止，皆须气焉"；日月众星

"或顺或逆，伏见无常，进退不同，由乎无所根系"，"若缀附天体，不得尔也"。于是把有天球假设的"浑天说"，升级为没有天球假设的"浑夕说"；同时把陶器时代遍及全球的宇宙生成论"地水火风"四元论，升级为中国独有的"气一元论"。所以中国的宇宙模式，既没有"九重天"[1]，也没有与之对应的"十八层地狱"。

伏羲连山历的"浑天说"，以二十八山为地面坐标，地球上有昼有夜。神农归藏历的"浑夕说"，以二十八宿为天空坐标，星空中没有昼夜，除了恒星，只有永恒的黑夜，是谓"恒夕"。因"恒"、"浑"音义皆近，为了与"浑天说"保持既相关又相异的连续性，所以仅改一字，称为"浑夕说"。

现代天文学已经不再以太阳黄道为天文学基准，改为以天球赤道为天文学基准，与八千年前的伏羲族一样。

现代天文学也抛弃了天球假设（仅是仍用"天球经纬"标示星空的具体位置），创立了与"浑夕说"基本等价的"大爆炸"理论，与四千年前的神农族一样。

天文是历法的基础，由于伏羲族在上古时代抵达了空前绝后的天文高度，所以神农归藏历也抵达了空前绝后的历法高度——阴阳合历。

七 阴阳合历"肥遗盘"：山西襄汾陶寺
（前2100，龙山末）

上文已言，《山海经·北山经》不仅记载了陶寺太极台"浑夕之山"，也同时记载了陶寺历法盘——"有蛇一首两身"的肥遗盘（图2-28）。[2]

---

[1] 屈原《天问》："圜则九重，孰营度之？"所言"九重天"，是伏羲连山历后期的多重天球说，亦即后期"浑天说"，已被神农归藏历的"浑夕说"取代。黄帝族信奉"盖天说"，既不接受"浑夕说"，也不接受后期"浑天说"的"九重天"，所以"九重天"最终未能成为中国的宇宙模式。

[2] 图2-28，陶寺肥遗盘（M3072：6），彩图采自《1978—1980年山西襄汾陶寺墓地发掘简报》，《考古》1983年1期；线描采自《图谱》212页。

图 2-28　山西陶寺历法盘（前 2100）：阴阳合历肥遗盘

"肥遗蛇"从尾至首，顺时针旋转，标示归藏历太极图的旋转方向。"一首两身"，标示神农归藏历的阴阳合历。

阴阳合历的两大要义：

一是用二十四节气标示太阳历，从冬至后一日起计，四时八节距离冬至的时间基本固定，便于按时种地；

二是用朔望月标示太阴历，月初必为新月，十五必为圆月，月底必为残月，便于记忆日期。

由于朔望月短于太阳年十二等分的太阳月，所以阴阳合历必须设置"闰月"。

神农归藏历把太阳年、朔望月整合为一的方法，就是中古以后沿用四千年的"十九年七闰"。十九年中，不设"闰月"的十二年，仅有十二个朔望月；设置"闰月"的七年（第二、五、八、十、十三、十六、十八年），则有十三个朔望月。中国自古相传的"十九年天道循环"，正是神农归藏历开创的历法循环。

肥遗"一首两身"，内身十二黑斑，标示不设闰月的年份，尾部一小块黑斑，标示闰余；外身十三黑斑，标示设置闰月的年份，尾部一小块黑斑，标示闰余。所以"肥遗"之名，源于"一首两身"的历法内涵，"肥"指太阴历、太阳历"两身"，"遗"指年底闰余。

肥遗口中，又含嘉禾。

一是寓有按历种地、年年得食的美好愿景。

二是口内牙齿数与口外禾穗数，分别对应内身年、外身年的大小月数。

下六齿和下六穗，标示内身年的六个朔望小月（29日）和六个朔望大月（30日）。

上六齿和上七穗，标示外身年的六个朔望小月和七个朔望大月，其中一个朔望大月是闰月。

陶寺肥遗盘足以证明，神农归藏历是阴阳合历。而神农归藏历计算阴阳合历的具体方法，是把伏羲六十四卦分为内外双圈，围在伏羲初始卦序之卦象合成的伏羲太极图之外。伏羲初始卦序的具体排法和具体算法，详下第三章、第四章，本章仅言大略——

一阳的复卦☷☳到六阳的乾卦☰，是阳仪32卦（其卦象合成，即为太极阳鱼），计算上半年六个月太阳北"归"，导致北半球从冬至六阴的最冷，到夏至六阳的最热。

一阴的姤卦☰☴到六阴的坤卦☷，是阴仪32卦（其卦象合成，即为太极阴鱼），计算下半年六个月太阳南"藏"，导致北半球从夏至六阳的最热，到冬至六阴的最冷。所以伏羲初始卦序标示的神农族历法，称为"归藏历"。

神农归藏历不仅可以精确计算太阳历的一年三百六十五日，而且可以精确计算太阴历。因为伏羲六十四卦，每卦六爻，共计三百八十四爻，正是闰年六个朔望小月、七个朔望大月的总日数：

$$6 小月 \times 29 日 + 7 大月 \times 30 日 = 384 日 / 爻$$

陶寺肥遗盘标示的神农归藏历，是中国最早的阴阳合历，中古以后一切中国阴阳合历的源头。

不过山西陶寺肥遗盘的肥遗纹，源头不在山西，而有远源、近源两个源头。远源是先仰韶期的陕西逆时针伏羲纹（图2-29）。

陕西宝鸡北首岭是神农族—太昊氏祖地，其龙凤图之"龙"，正是连山历的逆时针伏羲纹（图2-29.1）。

山西襄汾陶寺是神农族—太昊氏新地，其肥遗纹之"蛇"，则是归藏历的顺时针肥遗纹（图2-29.2）。

图 2-29　陶寺肥遗纹远源：陕西逆时针伏羲纹

　　两者尽管时空远隔，但是亲缘关系一目了然，都是《山海经》所言"有蛇一首两身"。只不过北首岭之"龙"，也是"蛇"。陶寺之"蛇"，也是"龙"。两者均为龙蛇一体。

　　陶寺肥遗纹的近源，是龙山中期的甘肃顺时针伏羲纹。

图 2-30　陶寺肥遗纹近源：甘肃顺时针伏羲纹

　　甘肃甘谷西坪的编号85，甘肃武山傅家门的编号109，都是归藏历的顺时针伏羲纹，既符合《帝王世纪》所言"庖牺氏人首蛇身，尾交首上"，又符合《鲁灵光殿赋》所言"伏羲鳞身，女娲蛇躯"。前者双手均为"天枢纹"（图1-8），右手三指，是标准天枢纹；左手多一指，是标示太阴历闰月的天枢纹变体。归藏历的顺时针伏羲纹，与伏羲六十四卦、伏羲太极图一样，全都首先出现于龙山中期的伏羲族祖地甘肃。

经过甘肃永登蒋家坪的编号143，河南三门峡的编号1669，顺时针伏羲纹逐渐抽象化，从西向东渐变，最终变成了山西陶寺的归藏历肥遗纹（图2-30.5）。

甘肃伏羲族祖地的伏羲纹（图2-30.1、2），又可称为"大鲵纹"[1]，因为原型是鲵鱼，亦即娃娃鱼，娃娃鱼至今仍是甘肃天水的特产。因此山西陶寺的顺时针肥遗纹，既是龙蛇一体，又是龙鱼一体。

汉代纬书《龙鱼河图》之所以把归藏历太极图称为"龙鱼河图"，正是因为山西陶寺的"肥遗龙"，是从甘肃伏羲纹的"大鲵鱼"演变而来，演变过程贯穿了上古四千年——

先仰韶期一千年（前6000—前5000），伏羲连山历的太极鱼（大鲵鱼、连山历河图），诞生在黄河上游的甘肃。

仰韶期两千年（前5000—前3000），太极鱼从西向东跃过黄河龙门，进入陕西以东的黄河中游。

龙山期一千年（前3000—前2000），太极鱼从西向东进入黄河下游，变成了太极龙（肥遗龙、归藏历太极图）。

太极鱼从西向东跃过黄河龙门变成太极龙的上古四千年历程，被中古以后的神话传说浓缩为"鱼跃龙门"四字。而且出于"中原中心论"，改变了"鱼跃龙门"的方向，原本是从西向东，从上游到下游，变成了从东向西，从下游到上游。"鲵鱼"也变成了"鲤鱼"，究竟是无意的误听误记，还是有意的改写历史，暂且不论。但是从东向西"鲤鱼跃龙门"的神话传说，既没有考古证据，也没有现实依据，因为没有一条鲤鱼会跃过龙门变成龙。从西向东"鲵鱼跃龙门"的历法演进，既有考古证据，也有文献证据，正是上古四千年伏羲族历法史的高度浓缩。

---

[1] 图2-30.1、2，伏羲瓶之"大鲵纹"，是《庄子》"天倪"的源头。《庄子·大宗师》："和之以天倪（倪：鲵），因之以蔓衍，所以穷年也。"《庄子·寓言》："始卒若环，莫得其伦，是谓天均（均：陶轮）。天均者，天倪也。"

甘肃女娲瓶的"鸡子纹"（图1-35），是"浑天说"的浑天纹，引出逆时针旋转的连山历河图。

甘肃伏羲瓶的"大鲧纹"（图2-30），是"浑夕说"的浑夕纹，引出顺时针旋转的归藏历太极图。

从伏羲连山历到神农归藏历，伏羲族祖地甘肃始终是上古四千年华夏区域的新知起源地，历法制高点，文化发动机，也是中古以后四千年中国历法的终极源头。

八　黄帝族南下入主中原：炎黄之战
（前2000，龙山终）

伏羲族"开天辟地"四千年，为何止于龙山时代，没能进入后龙山时代，没能进入中古以后？

因为龙山末期发生了导致历史改道的"炎黄之战"：长城以北草原地带的上古游牧民族黄帝族，南下征服黄河流域的上古农耕民族神农族，入主中原，先后建立了中古三大王朝夏商周。伏羲族的上古四千年彩陶史，上古四千年扩张史，上古四千年历法史，均被上古、中古之交（前2070前后）的"炎黄之战"终结，于是陶寺太极台被毁，神农归藏历弃用，伏羲太极图失传。上古的华夏新石器时代终结，中古的夏商周青铜时代开始。

伏羲族从公元前6000年的先仰韶期开始，用高温陶窑烧制彩陶，窑温越来越高（1050℃），远远高出了青铜熔点（850℃），于是又在烧陶过程中，提炼出了第二种人工材质——青铜。华夏区域目前发现的最早青铜刀，时间是公元前3000年的仰韶、龙山之交，地点是伏羲族祖地甘肃东乡林家。[1]

---

[1] 甘肃东乡林家青铜刀图片，见杜廼松《古代青铜器》21页，文物出版社2005。杜廼松《中国青铜器发展史》8页："我国青铜器的制作很可能起源于甘青地区。"紫禁城出版社1995。详见续著《青铜之道》。

青铜器的出现，导致龙山中期（前2500）以后，逐渐从新石器时代晚期过渡到铜石并用时代。伏羲族又从华夏新石器时代的领跑者，变成了华夏青铜时代的开创者，此即《山海经·大荒北经》记载的"蚩尤作兵"。

黄帝族在仰韶晚期向伏羲族学习彩陶和历法，龙山初期（前3000）向神农族学习青铜和作兵，龙山中期（前2500）从学生变成了敌人，龙山末期（前2070）从敌人变成了南下入主中原的征服者。

没有青铜武器，人数极少的游牧民族每年秋冬南下"打秋草"，只能在北方外围打了抢了就跑，不可能深入中原，更不可能征服广土众民的农耕民族。有了青铜武器，人数极少的游牧民族才有可能深入中原，才有可能征服人口众多的农耕民族。所以进入青铜时代以后，高纬度草原区域的游牧民族，南下征服中纬度大河流域的农耕民族，成为北半球同时发生的全球普遍事件，人类早期文化就此终结，人类早期文明就此开始。单一血缘族群的上古部落联盟终结，多种血缘族群的中古早期国家出现。

黄帝族祖地内蒙古东部赤峰市周边的"兴隆洼—红山—夏家店"区域，也在上古数千年间创造了独特文化，不断发展壮大，因此一方面向南扩张，到达河北、山西北部，处于东扩伏羲支族北面；另一方面又在同一纬度向西扩张，先到达内蒙古中部包头周边的"海生不浪"区域，再到达内蒙古中西部鄂尔多斯周边的"朱开沟"区域，然后再向南扩张，到达陕西、甘肃北部河套地区的"石峁"区域，处于西部伏羲祖族北面。

龙山晚期的黄帝族东部祖地夏家店下层，已经发现了同时期最大的青铜作坊。龙山晚期的黄帝族，把伏羲族发明的青铜武器发扬光大，崛起于中原以北。

龙山末期的"炎黄之战"，延续百余年之久。黄帝族的东部祖族和西部支族，从中原以北全线南下，最终征服了黄河上游甘青区域的伏羲祖族和黄河中游中原区域的东扩伏羲支族——神农族，入主中原。

陕西北部河套地区的榆林市神木县石峁，2012年发现了龙山末期（前2300—前2000）的最大城址，占地425万平方米，正是鄂尔多斯"朱开沟"区域的西扩黄帝支族所建。他们于龙山末期南下，征服了伏羲祖族的"共工氏"。这是"炎黄之战"的第二战场，黄河上游甘青区域"齐家下层文化"

的彩陶时代就此终结，"齐家上层文化"的玉器时代就此开始（约前2150）。

同一时期，黄帝族东部祖族从内蒙古东部赤峰市"夏家店"区域，挥师南下，在"冀中"的"涿鹿"、"阪泉"（河北涿州），击败了神农族的"蚩尤氏"，灭掉了黄河中游北岸神农族的山西陶寺（陶寺中期，约前2100）。陶寺晚期一处灰坑内的一位妇女（图2-31.1），生前下体被插入牛角，受到极度暴力摧残和极度侮辱而死。

随后黄帝族渡过黄河，灭掉了黄河中游南岸神农族的洛阳王湾三期（约前2070）。洛阳王湾三期灭亡之时的一处乱葬坑（图2-31.2）[1]，墓中尸骨多有青铜武器造成的伤痕。这是"炎黄之战"的第一战场，黄河中游"中原龙山文化"和黄河下游"山东龙山文化"的彩陶时代就此终结，洛阳偃师二里头的玉器时代就此开始（约前2000）。

黄帝族是南下入主中原的北方游牧民族，但是入主中原以后，为了瓦解中原土著神农族的抵抗意志，杜撰了其族久居中原的官方伪史，蒙蔽后

1 陶寺晚期灰坑内被虐杀妇女

2 洛阳王湾三期乱葬坑

图 2-31　炎黄之战（前 2000）：黄帝族南下征服神农族

[1]　图2-31.1，陶寺晚期灰坑（IHG8③），采自《山西襄汾陶寺城址2002年发掘报告》
　　　图版捌，《考古学报》2005年3期。图2-31.2，王湾三期乱葬坑（H79），采自《洛
　　　阳王湾》图版四，北京大学出版社2002。

人四千年。但是伪史马脚多多，真史铁证斑斑，早有少数识者根据残存文献的蛛丝马迹，抉发了历史真相，仅是影响甚微，因为四千年伪史历时太久，深入人心，积非成是，难以撼动。

比如现代史学大家吕思勉认为：

> 伏羲氏之后是神农氏，是农耕时代的酋长。……黄帝邑于涿鹿之阿，则在今河北涿县……为河北游牧民族。阪泉涿鹿之战，便是这个农耕民族为游牧民族所征服的事迹。[1]

现代炎黄史第一人王献唐的杰作《炎黄氏族文化考》，更是全面搜罗残存文献，有力论证了炎黄异族（撮引）：

> 黄河流域，炎帝所居在此，黄帝所争亦在此。邹衍以中国又名赤县神州。赤县，即赤帝之县。神州，犹神农之州。知中国古代为神农旧壤，黄帝一族非其土著矣。[2]

王献唐尽管力证神农族是中原土著，黄帝族非中原土著，但是由于残存文献真假参半，故其梳理上古史疏漏仍多。比如认为伏羲族的地域扩张，先从东向西扩张，再从西向东扩张。由于自相矛盾，漏洞过多，难以服人，导致其众多卓见隐没其中。而对黄帝族祖地究在何处，王氏语焉不详。

当代考古学大家苏秉琦，弥补了吕、黄仅据文献的不足，根据考古材料，明确指出黄帝族祖地是内蒙古赤峰市的"兴隆洼—红山—夏家店"区域[3]。但是这一卓见仍然影响甚微，因为"炎黄子孙"难以接受黄帝不是中原人。

遗传学、考古学、文献学的三重证据，共同证明黄帝族是中原以北的

---

[1] 吕思勉《中国政治思想史十讲》94页，天津古籍出版社2007。

[2] 王献唐《炎黄氏族文化考》15页，齐鲁书社1985。

[3] 苏秉琦《中国文明起源新探》，生活·读书·新知三联书店1999。详见续著《玉器之道》、《青铜之道》、《炎黄之战》。

游牧民族，祖地是"兴隆洼—红山—夏家店"区域。"炎黄之战"的历史真相，详见续著《炎黄之战》，本书仅言大略。

黄帝族南下征服中原，延续百余年之久，大约分为四大时期。

颛顼时期，击败了西部伏羲祖族的"共工氏"和中原神农族的"蚩尤氏"。

尧舜时期，进至汾水上游的山西临汾，伐灭汾水中游的山西陶寺中期大城。陶寺晚期小城，遂成尧都"平阳"。

大禹时期，进至汾水下游、黄河中游北岸的山西"夏县"，伐灭山西夏县东下冯。夏县遂成禹都"夏墟"。

夏后启时期，进至黄河中游南岸的河南洛阳，伐灭洛阳王湾三期，在洛阳登封王城岗、洛阳偃师二里头建立中原第一王朝"夏朝"，统治区域是"禹域九州"，统治中心是"中州"豫州。

中古以后的所有中国王朝，都像夏朝一样以中原为中心，因为只有中原可以统摄华夏区域的两支四族。

正是由于龙山末期黄帝族全线南下征服中原，所以甘青的齐家文化下层、山西的陶寺中期大城、河南的洛阳王湾三期，以及黄河全境广大区域的众多文化遗址，都在龙山末期同时灭亡，都从伏羲族的彩陶文化突变为黄帝族的玉器文化。

黄帝族伐灭陶寺中期大城的最大证据，就是陶寺中期大城被灭之时，陶寺中期的太极观象台竟被人为平毁（图2-32）。[1]

陶寺太极台是伏羲族四千年天文历法的顶峰，是天文观象台兼宗教祭祀台，是不可亵渎的最高圣地，平毁者不可能是伏羲族的内部叛乱者（不少学者持论如此），只可能是外族征服者。

正是因为中原的陶寺太极台被入主中原的黄帝族人为平毁，太极图才会在后龙山时代的中原失传。而在上古华夏"大九州"范围内，只要处于中原王朝统治区域"小九州"之外，太极图均未真正失传。

后龙山时代的伏羲族祖地甘肃、青海，齐家上层文化、辛店文化、四

---

[1] 图2-32，陶寺中期太极观象台遗址（ⅡFJT1），采自百度百科。

图 2-32　被黄帝族平毁的陶寺中期太极台遗址

坝文化等等，全都长期保存着顺时针太极纹。[1]

后龙山时代的大量神农族后裔，从中原南撤，避入四川盆地和长江以南，仍然长期传承着"伏羲太极龙图"（图2-24.1）、"伏羲先天八卦"（图5-1.1）。不过随着中原王朝的统治版图越来越大，持续进步、日益精密的中原历法，不断向中原四裔辐射，逐渐覆盖、替代了西南少数民族的早期历法。因此中古以后的西南少数民族，也逐渐遗忘了上古遗图的天文历法初义。

尾声　黄帝族平毁太极台：
盖天说取代浑天说、浑夕说

黄帝族伐灭陶寺中期大城之时，为何平毁陶寺太极台？

因为黄帝族与南蛮族、东夷族一样，全都接受了东扩伏羲支族带来的伏羲连山历，但在接受之时，又都知其然而不知其所以然。

东夷族一方面接受了东扩伏羲支族的伏羲连山历，另一方面又为伏羲连山历添加了错误的天文学解释"盖天说"。

---

[1]　参看《图谱》编号1429、1446、1447、1448、1449、1450、1451、1452、1453、1456、1460、1461、1463、1465等。

黄帝族、南蛮族一方面接受了东扩伏羲支族的伏羲连山历，另一方面又接受了东夷族的天文学解释"盖天说"（详见续著《玉器之道》）。

玉器三族从仰韶末期、龙山初期开始接受伏羲连山历和东夷族"盖天说"，经过龙山期一千年，都已内化为自身传统，形成了强大惯性。所以龙山末期南下入主中原的黄帝族，拒绝接受神农归藏历和"浑夕说"，平毁了陶寺太极台"浑夕之山"。所以夏朝历法不名《归藏》，而名《连山》。

上古伏羲族的天文历法，达到了空前绝后的高度。

中古以后入主中原的黄帝族，根据"盖天说"而制定历法[1]，发生了重大倒退。

因为"盖天说"实为半个"浑天说"，就是只接受看得见的上面半个"天球"——"天盖"，不接受看不见的下面半个"天球"。

然而多重天球尚且不符合天文真相，半个天球的"盖天说"更不符合天文真相。所以夏商周三代根据"盖天说"制定、颁布的历法，每年都与真实天象具有细微误差。每过五百年，细微误差就会累积到明显程度，此即《史记·天官书》所言："天运三十岁一小变，百年中变，五百载大变。"由于每过五百年，太阳历就会"节气不正"，太阴历就会"十五月亮不圆"，于是民众认定"天命已移"，不在夏而在商，不在商而在周，不在周而在秦，天命既移，民心随之而移，于是夏臣叛夏逃商，商臣叛商逃周，周臣叛周逃秦，夏商周三代不得不亡。此即《孟子》所言："五百年必有王者出！"

所谓"末代天子"都是暴君，通常不合史实，仅是"胜者为王"强加于"败者为寇"的罗织罪名，又是无关天道的人道罪名。而旧朝灭亡的主因不是人道，而是天道。粗陋的"盖天说"，以及"祖宗之（历）法不可变"，必然导致王朝中晚期的历法偏差越来越大。

汉代以后的历代王朝，不愿重蹈夏商周三代之覆辙，仅在意识形态领域，宣扬政治正确的"盖天说"，但在天文历法领域，始终暗用政治不正确的"浑天说"、"浑夕说"（宣夜说），所以中国历法不断精密，长期领先全球。

东汉末年的道家传人蔡邕（133—192），是当时最为博学之人，博学程

---

[1] 《隋书·天文志》："颛顼造浑仪，黄帝为盖天。"

度超过同一时期的儒学大师马融、郑玄、许慎、高诱等人，透彻了解三大天文理论的正确程度与其政治地位恰好相反，深知政治正确者可说不可用，政治不正确者可用不可说，但是趁着乱世，在其著作《表志》（圭表测影之志）中揭示了三者的真正关系：

> 言天体者有三家，一曰周髀，二曰宣夜，三曰浑天。
>
> 宣夜之学，绝无师法。
>
> 周髀数术具存，考验天象，多所违失，故史官不用。
>
> 惟浑天者，近得其情，今史官所用候台铜仪，则其法也。
>
> （《后汉书·天文志》注引）

蔡邕先对三大理论进行排序，盖天说（周髀说）排在第一，不是起源早，而是政治正确。宣夜说（浑夕说）排在第二，浑天说排在第三，不是起源晚，而是政治不正确。

蔡邕"政治正确"地排完顺序，开始冒险犯禁，"政治不正确"地揭露历史真相。

"宣夜之学，绝无师法"，一笔带过，因为神农归藏历的宣夜说，取消了天球假设，与黄帝族的盖天说毫无兼容余地。

"周髀数术具在，考验天象，多所违失，故史官不用"，批评黄帝族的盖天说"违失天象"，所以只是与天文、历法无关的政治口号和官方意识形态，天文历法官根本不用。

"惟浑天者，近得其情，今史官所用候台铜仪，则其法也"，揭露了天文历法官的瞒天过海：名义上采用政治正确的"盖天说"，实际上暗用政治不正确的"浑天说"。

但是蔡邕仅仅揭露了天文历法官的瞒天过海，没有揭露天文历法官的偷梁换柱。天文历法官暗用的"浑天说"，也不是有天球假设的"浑天说"，而是抛弃了天球假设的"浑夕说"。所以西汉落下闳、东汉张衡制作的都是浑仪，而非"浑天仪"。张衡撰写的是《浑仪注》，而非《浑天仪注》。

天文历法官之所以不得不瞒天过海和偷梁换柱，是因为"浑天说"的天球假设，与"盖天说"的天盖假设，尚有一半兼容余地，所以周朝太庙仍然供奉着伏羲连山历的"天球、河图"（《尚书·顾命》）。

天文历法官的瞒天过海和偷梁换柱，一直延续到明末清初西方传教士来华。西方传教士一方面对中国的"盖天说"居然有"浑天仪"非常意外，另一方面又对"浑天仪"竟然抛弃了天球假设更为震惊。

尽管蔡邕的《表志》仅仅揭露了一半真相，仍然泄露了不可泄露的最高政治机密，最终也像张衡的《浑仪注》一样亡佚，仅仅留下他人摘记的片言只语。

历朝历代尽管不允许任何人泄露最高政治机密，但是为了避免"盖天说"的历法偏差导致"天命再移"，只能继续维持"盖天说"可说不可用，"浑天说"、"浑夕说"可用不可说的尴尬局面。

皇帝统治臣民的最高政治境界是"民可使由之，不可使知之"（孔子）。

天文历法官的最高政治境界则是"君可使由之，不可使知之"，不仅必须巧妙欺骗民众，而且必须巧妙欺骗皇帝，既能表面上符合政治正确的"盖天说"，又能实际上暗用政治不正确的"浑天说"、"浑夕说"。

需要导致发明，天才发明家很快应运而生。蔡邕死后三十六年，天才王蕃（228—266）生于三国时代的吴国。

王蕃《浑天象说》：

> 幽平之后，周室遂卑，天子不能颁朔，鲁历不正，百有余年。以建申之月为建亥，而怪蛰虫不伏也。历纪废坏，道术浸乱，浑天之义，传之者寡，末世之儒，或不闻见，各以私意，为天作说；故有周髀、宣夜之论。宣夜绝无师法。周髀见行于世，考验天象，多所违失。（《开元占经》引）

前半认为"盖天说"（周髀说）产生于不知"浑天说"奥秘的"末世之儒"私意妄说，后半全承蔡邕之言。

王蕃未见考古材料，所言宣夜、周髀均有可商。"盖天说"并非"末世之儒"私意妄说，而是浑天秘法失传之后，不谙天文历法的后儒，误将意识形态"盖天说",视为实际使用的天文理论。

王蕃《浑天象说》又说:

> 《虞书》(即《尚书·尧典》)称"在璇玑玉衡,以齐七政",
> 则今浑天仪,日月五星是也。郑玄说"动运为机,持正为衡,皆
> 以玉为之。视其行度,观受禅是非也"。浑仪,羲和氏之旧器,
> 历代相传,谓之机衡,其所由来,有原统矣。而其器设在候台,
> 史官禁密,学者寡得闻见,穿凿之徒,不解机衡之意,见有七政
> 之言,因以为北斗七星,构造虚文,托之谶纬。史迁、班固,犹
> 尚疑之。郑玄有瞻雅高远之才,沈静精妙之思,超然独见,改正
> 其说,圣人复出,不易斯言也。(《宋书·天文志》)

可见王蕃认为尧舜时代已有浑仪(详见续著《玉器之道》),仅因"史
官禁密,学者寡得闻见",才导致了"末世之儒"、"穿凿之徒"的私意妄说。

但是王蕃同时深知,真相不仅不能让臣民知道,而且不能让皇帝知道,
否则就有可能导致"浑天说"、"浑夕说"从只可暗用不可明说,变成连暗
用也被禁止,于是设计了可以同时欺骗皇帝、忽悠天下、冒充"政治正确"
的新浑象。

其法见于王蕃《浑天象说》:

> 天之形状似鸟卵,天包地外,犹卵之裹黄,圆如弹丸,故曰
> 浑天。其术以为,天半覆地上,半在地下;其南北极,持其两端;
> 其天与日月星宿,斜而回转。(《晋书·天文志》)

王蕃的设计图,今已失传。北宋苏颂《新仪象法要》,画出了王蕃的
设计图(图2-33.1),不敢明说半个"天球"藏入了"地柜",只能说"南
极入柜中"。也不敢明说是"浑象球",只能用个通假字,说是"浑象毬"。

王蕃新浑象,外观上符合"天圆地方"的"盖天说",没有浑天说的
"天球",只有盖天说的"天盖",实际上把"天盖"以下的半个"浑象毬"

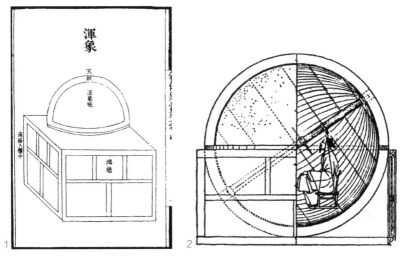

图 2-33　三国王蕃新浑象：1 外观假象，2 内部结构

（天球）藏入了"地柜"（图2-33.2）。[1]

　　王蕃的天才设计，终于让政治正确而不可真用的"盖天说"，与政治不正确而必须暗用的"浑天说"、"浑夕说"，彻底相安无事，一劳永逸地解决了几乎不可能解决的中国政治最大难题，于是取代了西汉落下闳、东汉张衡的旧浑仪，被历朝历代的天文历法官视若珍宝，一直沿用。但是新浑象仍有可能泄露天机，所以不能公开，只能秘藏于"秘府"，正如周朝把"天球、河图"秘藏于太庙。

　　唐代李淳风（602—670）撰写《隋书·天文志》，如此记载王蕃设计的"新浑象"：

　　　　南轴头入地，北轴头出于地上。

　　北宋苏颂（1020—1101）也按照王蕃的天才设计制作了新浑象，又专

[1]　图2-33.1，王蕃新浑象，采自北宋苏颂《新仪象法要》65页，胡维佳译注，辽宁教育出版社1997。图2-33.2，王蕃新浑象内部结构，采自陈久金、杨怡《中国古代天文与历法》24页图9，中国国际广播出版社2010。

撰《新仪象法要》一书，秘传王蕃首创的"秘法"，仅仅强调"新仪象"必须如此制作的"法要"，决不说破必须如此制作的政治玄机。

李约瑟《中国科学技术史》天学卷尽管详尽研究了王蕃、苏颂的"新仪象"，却像历朝历代的中国君臣民众一样被骗，因为西方人难以窥破"东方神秘主义"的政治玄机。[1]

新仪象的通俗名称"浑天仪"、"浑天象"，同样是欺骗皇帝、忽悠天下、冒充政治正确的假名称。新仪象的真正名称是"浑夕仪"、"浑夕象"，但是隐藏了"夕"字，只叫"浑仪"、"浑象"。

"道家出于史官"（《汉书·艺文志》），道家始祖老聃正是东周史官。执掌天文历法的历代史官，深知伏羲天道与黄帝人道的四千年紧张，但是无法公开言说。这一夏朝以后四千年中国政治的最高机密，仅在史官内部、道家内部秘传。道教内部尽管长期秘传从"浑天说"到"浑夕说"的最高结晶伏羲太极图，但已不明初义。

"儒家出于礼官"（《汉书·艺文志》），儒家始祖孔子"入太庙，每事问"（《论语·八佾》），问到"天球"，不可能得知真相，顶多被告知是"空心响器"。孔子向老聃问"礼"，问到"天球"，也不可能得知真相，顶多被告知是"空心礼器"。所以"知之为知之，不知为不知"的孔子，以及儒家《易传》和后世儒家，仅知、仅说政治正确的"天圆地方"。

由于西汉以后"罢黜百家，独尊儒术"两千年，道家列于罢黜之首，因此绝大多数中国民众和中国学者至今仍然以为，中国古代历法都以"天圆地方"的"盖天说"为天文学基础。

结语　炎黄同族，天下一家；阴阳互补，太极圆满

最后略做小结，分为九点。

第一，上古四千年伏羲史，都在中古汉字成熟以前，原本就是口传史。

---

[1]　李约瑟《中国科学技术史》天学卷第二册517页，科学出版社1975。

黄帝族入主中原的夏商周三代，汉字尽管已经成熟，但是伏羲族没有历史书写权，所以又在民间口传两千年，未能进入文字史。直到"炎黄"已经彻底融合的秦汉时代，才从民间口传进入《山海经》、《淮南子》、《遁甲开山图》、《龙鱼河图》等民间著作，成为"野史"，仍然没能进入"正史"。绝大多数"野史"，又因秦火汉黜而彻底亡佚。

《山海经》的"山经"，大量保存了伏羲族的口传地理知识，因为伏羲族的四千年扩张遍及华夏全境，所以华夏两支四族之中，唯有伏羲族详尽了解华夏全境的道里山川分布及其距离。

《山海经》的"海经"，尤其是"大荒四经"，大量保存了伏羲族的口传历法知识，可与百年考古的出土文物全面对位。

由于《山海经》多言怪力乱神，表面上充满荒谬性，而其天文理论主要是政治正确的"盖天说"，因而躲过了秦火汉黜，没有彻底亡佚。

伏羲族扩张抵达的华夏全境"大九州"，远远大于以中原为中心的夏商周统治版图"小九州"，接近甚至超过汉唐、明清的统治版图。所以伏羲族祖地甘肃天水，上古四千年一直是华夏全境的地理中心，秦汉以后也是中华帝国的实际地理中心。

但是中古以后四千年，由于"中原中心论"的政治地理方位，甘肃天水变成了"中国的西北"。其实只要还原"中国"的本义"中原"，就能明白甘肃天水仅是位于政治中心"中原"的西北，亦即夏商周统治版图"小九州"的西北。

西周、秦、汉、唐定都于陕西长安，并非定都于华夏全境的西北一隅，而是定都于华夏全境"大九州"的地理中心。战国末年邹衍根据伏羲族传诵数千年的口传史，提出了"小九州—大九州"，抉发了中原"小九州"原是"赤县神州"，亦即赤帝之县、神农之州，触犯了夏商周两千年形成的中原正统观念，于是其书最终亡佚。

第二，黄帝族执掌书写权的夏商周两千年，形成了极其强大、难以扭转的历史书写"正统"模式。

首部"正史"《史记》，尽管成书于西汉，当时"炎黄"早已彻底融合，仍然无法突破"正统"历史书写的强大惯性，所以不记上古四千年的伏羲史、"三皇史",仅记中古以后的黄帝史、"五帝史";历法史,同样不记伏羲连山历、神农归藏历和过渡阶段的"火历",仅记汉代以前的"古六历",即黄帝历、颛顼历、夏历、商历、周历、鲁历。

"黄帝历"和"颛顼历",都是黄帝族入主中原之前,接受并且改造过的伏羲连山历。所以"夏历"《连山》沿袭伏羲连山历的名称,直到"商历"《归藏》才采用神农归藏历的名称。黄帝族信奉游牧民族固有的萨满教,为伏羲六十四卦新增了原本没有的占卜功能,所以《连山》六十四卦既是夏历,又根据伏羲连山历的七山原理而占七,《归藏》六十四卦既是商历,又根据神农归藏历的八卦原理而占八,不过占卜之时都不变卦,因为天道永恒不变。

"周历"即西周历,"鲁历"即东周时代的西周历翻版。《周易》六十四卦不再具有历法功能,仅剩占卜功能,占卜之时必须变卦,亦即"七八不变六九变",因为人道永恒变迁。不过《周易》的卦辞、爻辞、筮法和《易传》的内容,仍然大量残存伏羲族、神农族的天文历法遗义。

第三,华夏八千年历法史,可以分为四大时期。

以"浑天说"为天文学基础的伏羲连山历,从甘肃大地湾一期,到山西陶寺太极台建立,沿用三千六百多年(前6000—前2362)。

以"浑夕说"(宣夜说)为天文学基础的神农归藏历,从山西陶寺太极台建立,到炎黄之战、陶寺灭亡、夏朝建立,沿用近三百年(前2361—前2070)。

以"盖天说"(周髀说)为天文学基础的夏商周"古六历",从夏朝到汉初,沿用两千年(前2070—前104)。

西汉"太初历"以后的所有中国历法,表面上用"盖天说",实际上以"浑天说"的名义暗用"浑夕说"(宣夜说),沿用两千年(前103至今)。

第四,黄帝族的"正史"从黄帝族的始祖轩辕氏开始,不从夏后启开始,非常合理。正如元朝的"正史"从成吉思汗开始,不从忽必烈开始,清朝的"正史"从努尔哈赤开始,不从顺治开始。夏朝以前的"五帝"轩辕氏、颛顼氏、唐尧氏、虞舜氏、大禹氏,相当于忽必烈之前的成吉思汗、窝阔台,相当于顺治之前的努尔哈赤、皇太极,全都不是中原人,仅是入主中原的子孙追述本族崛起史，记入了本朝"正史"。

尧、舜、禹确实都是仁义之君，正如康、雍、乾都是仁义之君。人数极少的游牧民族只能马上打天下，不能马上治天下，统治广土众民的农耕民族，不仁不义必定速亡。

大禹治水并非神话，而是史实，为入主中原的黄帝族，赢得了伏羲族、东夷族、南蛮族的民心，于是夏朝得以建立。

第五，黄帝族原本就是华夏民族的重要组成部分，祖地不在中原，而在"兴隆洼—红山—夏家店"区域，无损于黄帝族原有的文化成就，也无损于黄帝族为中华民族新添的文明贡献。黄帝族在新石器时代，就已创造了辉煌的上古玉器文化；入主中原以后，又以上古伏羲族的辉煌陶器文化为基础，创造了辉煌的中古青铜文化。

全球其他区域的游牧民族，在征服农耕民族以后，大都建立了严酷残忍的奴隶制度和种族隔离的种姓制度。但是入主中原的黄帝族仰慕伏羲族文化，一如入主中原的满族仰慕汉族文化，所以没有建立奴隶制度和种姓制度，而是竭力模糊族群，大力融合种姓，仅以"君子"、"小人"区分作为统治者的黄帝族和作为被统治者的神农族、东夷族、南蛮族，经过夏商周两千年，炎、黄两支彻底融合，从此炎黄同族。秦汉帝国又把华、夏两支四族的繁衍区域，全部纳入统治版图，从此华夏一家，"四海之内皆兄弟"，"君子"、"小人"不再用于区分族群，转而用于区分品德。

第六，上古华夏的两支四族，亦即伏羲族、黄帝族、东夷族、南蛮族，全都源于远古智人，所以炎黄原本就是同族，华夏原本就是一家。正如全球一切民族，全都源于远古智人，所以人类原本就是同族，天下原本就是一家。

华夏区域以及全球范围，从远古的野蛮无文到上古的创造文化，从上古的创造文化到中古的创造文明，不断发生族群分化和族群冲突，也不断发生族群同化和族群融合。

所以不能仅仅看到分化、冲突的消极一面，也应看到同化、融合的积极一面。分化和冲突，不仅每时每刻伴有同化和融合，也为不同族群的文化交流和人类共同的文明升级，提供了最大动力。

仰韶文化后期，伏羲族从黄河上游扩张到黄河中下游，与东夷族、南蛮族、黄帝族相遇而碰撞、交流，带来了新刺激、新元素，激发了新灵感、新创造，所以仰韶文化转型为龙山文化，伏羲连山历升级为神农归藏历。

龙山文化末期，黄帝族从中原以北扩张到中原，一方面征服了神农族、东夷族、南蛮族，导致了新碰撞、新交流，另一方面也带来了新刺激、新元素，激发了新灵感、新创造，所以上古的华夏文化转型为中古的夏商周文明。

第七，华夏八千年史，分为上古四千年史，中古至今四千年史。

伏羲族主导了上古四千年（前6000—前2000）的天道文化，成为道家的源头。

道家的"道本体论"，是伏羲族历法"天道"的哲学化。

道家的"气一元论"，是伏羲族天文理论"浑夕说"（宣夜说）的哲学化。

伏羲之道是老子之道的源头，老子之道是庄子之道的源头。伏、老、庄一脉相承，均属"三皇之道"。

黄帝族主导了中古至今四千年（前2000—2000）的人道文明，成为儒家的源头。

儒家的"天尊地卑，君尊臣卑"，是黄帝族政治"人道"的哲学化。

儒家的"天圆地方，君圣臣贤"，是黄帝族天文理论"盖天说"的哲学化。

黄帝尧舜之道是文武周公之道的源头，文武周公之道是孔孟荀韩之道的源头。黄、周、孔一脉相承，均属"五帝之道"和"三王之道"。

"伏羲—道家"的八千年华夏天道，"黄帝—儒家"的四千年中华人道，是华夏文化、中华文明的两大主干。华夏文化、中华文明走向未来，必须"天人合一"。过去如此，今后亦然。两者也都必须与时俱进，道家"天道"的难题是如何科学化，儒家"人道"的难题是如何现代化。

第八，历史研究的最终目的，永远都是为了未来。正如《老子》所言，"能知古始，是为道纪"的最终目的，就是"执今之道，以御今之有"。追溯华夏文化的源远流长，探索中华文明的本土起源，最终目的都是为了建设华夏新文化和中华新文明。

今日中国的五十六个民族，绝大多数是上古华夏两支四族的后裔，应该化解矛盾，求同存异，共同建设华夏新文化，共同创造中华新文明。只有超越传统道家天道的局限，超越传统儒家人道的局限，超越秦汉唐宋古典文明的局限，华夏新文化和中华新文明才有可能实现更高层面的"天人合一"，不仅造福中国，而且造福世界。

第九，伏羲太极图的"阴阳互补，太极圆满"告诉我们：天道永恒，天下万物均由天道所生。上古伏羲族参悟天道的最高结晶太极图，应该成为中华民族的共同精神信仰。从中可以领悟：个体的幸福，男女的情爱，夫妇的恩爱，民族的平等，世界的和平，人类的福祉，仰赖于每个人的探索天道，领悟天道，顺应天道，仰赖于全人类的求同存异，友爱互敬，共同合作。

2013年7月16日—8月15日初稿，2013年12月5日定稿

2023年5—6月修订

（上编《陶器之道，开天辟地》二章写于2013年5月7日至8月15日，是2013年8月18日深圳伏羲学讲座的讲稿。2013年11月汪跃云、王业云、刘朝飞根据讲座录音整理讲稿，2013年12月5日定稿。2023年5—6月修订。）

伏羲布卦，分卦值日

第三章

太阳历布卦：伏羲氏创制阴阳合历前半程

——伏羲连山历升级为神农归藏历（上）

内容提要 本章根据考古、文献双重证据，论证伏羲六十四卦卦序是一年太阳北归南藏、圭影南缩北伸的解析子集，伏羲太极图是伏羲六十四卦卦序的抽象全集，两者一体双生，植根天文，用于历法。运用图像思维的特殊逻辑，还原"伏羲布卦"前半程"太阳历布卦"，遵循"爻动原理"而创制逐一生成卦象对应天象、爻数对应日数的"伏羲初始卦序"，亦即神农归藏历的"分卦值日图"。

关键词 伏羲画卦；伏羲布卦；阴阳本质，象数二义；卦象对应天象，爻数对应日数；十二辟卦生成太极图；爻动原理生成六十四卦；分卦值日，一爻一日。

弁言　神农归藏历，终极图像历

本书上编《陶器之道，开天辟地》，综合遗传学、考古学、文献学三重证据，概述了"炎黄之战"以前上古四千年（前6000—前2000）伏羲—神农族两大历法的发展大纲：

先仰韶—仰韶期（前6000—前3000）的伏羲连山历，是连山纹配河图纹的太阳历。

龙山期（前3000—前2000）的神农归藏历，是六十四卦配太极图的阴阳合历。

本书中编《伏羲布卦，分卦值日》，还原神农归藏历的创制过程，展开伏羲六十四卦、伏羲太极图的天文历法内涵。

伏羲—神农族的语言，与全球智人的语言同步，发轫于十万年前，成熟于五万年前。

华夏区域的文字，发轫于"炎黄之战"以前四千年的大地湾一期，成熟于"炎黄之战"以后的夏商时期。

因此，伏羲—神农族的两大历法，都是文字体系成熟以前的上古图像历。由于夏商时期文字体系成熟以后，黄帝族的中古文字历取代了神农族的上古图像历，导致神农归藏历及其伏羲太极图、伏羲初始卦序失传，中国阴阳合历的源头就此不明。

由于神农族是晚期伏羲族，所以本书对于神农归藏历包含的太极图、六十四卦，不称"神农太极图"、"神农六十四卦"，而是尊重传统，称为"伏羲太极图"、"伏羲六十四卦"。伏羲、神农，伏羲氏、神农氏，均为族名。

伏羲"画卦"、"布卦"，所画所布均非"八卦"，均为"六十四卦"。"六十四卦"原为"六十四圭"，亦即六十四组圭表投影，每组六爻对应六日，一爻对应一日。所以"卦象"、"卦序"、"卦名"、"卦义"，原为"圭象"、"圭序"、"圭名"、"圭义"，亦即太阳处于特定天空位置的圭表投影之象、之序、之名、之义。夏商周三代把"伏羲六十四圭"移用于卜筮，"圭"旁加"卜"成"卦"，遮蔽了上古伏羲族的历法初义"圭测阴阳"，转变为中古黄帝族的卜筮新义"卦占吉凶"。"圭"变为"卦"，至今已有四千年，约定俗成已久，本文仍然尊重传统作"卦"，但是均作"圭"解。

一　伏羲画卦，一画开天

伏羲族的天文观测，远远早于甘肃天水大地湾一期（前6000），但是最初只能夜观星象、月相，无法全天候、不间断地进行天文观测，无法透彻理解全部宇宙的全部天象变化规律。于是大地湾一期的伏羲族，首先使用东西七山的天然坐标，观测太阳东升西落，把太阳的一年运行分为上半年六个月，下半年六个月；进而发明了圭表测影，不仅夜晚可以仰观天象，而且白昼可以俯察圭影，实现了不间断的全天候天文观测，从而创造了精密到一日的伏羲连山历。

"伏羲画卦"，与伏羲族早期历法"伏羲连山历"全程同步，始于伏羲族祖地甘肃天水大地湾一期（前6000）。

大地湾一期的所有陶器，均为圆形，口沿均有所谓"宽带纹"。

图 3-1　大地湾一期圭影盆（前6000）

大地湾一期圭影盆（图3-1）[1]，是伏羲族在大地湾一期（前6000）发明圭表测影的铁证，是华夏八千年史开天辟地的第一国宝，是陶寺中期圭表（图2-26.1）的源头。

俯视之，"宽带纹"即太阳黄道○。这是第一个中国象形文字，"伏羲画卦"所画华夏第一"道"。《老子》谓之"道"或"无"。"道"言圆周，亦即"独立而不改，周行而不殆"的太阳黄道。"无"言圆心，对应天心，亦即"北辰居其所，而众星拱之"的北极天枢。

侧视之，"宽带纹"即阳爻符━。这是第二个中国象形文字，"伏羲画卦"所画华夏第一"太一"。《老子》谓之"一"或"有"。阳爻的本质，正

---

[1]　图3-1，大地湾一期圭影盆（T3④：5），采自《秦安大地湾》下册图版十一，文物出版社2006。

是对应逐日位移的太阳。

太阳黄道○，生阳爻▬。伏羲族谓之"一画开天"。《老子》谓之"道生一"，"有生于无"。

○（道）与▬（太一），均为太阳"经天"、"周行"一"年"的轨道，属于天文，尚非历法。因为"年"是最大的历法单位，必须解析出较小历法单位"半年"、"月"、"节气"、"物候"等等；直到解析出最小历法单位"日"，才能制定历法。

伏羲连山历以东七山、西七山之七山六谷，为地面坐标。太阳每日升于东山，落于西山，东升西落的连线，上半年逐日北归，下半年逐日南藏，各经六山谷。于是大地湾一期的伏羲族首先从"一年"中解析出：六谷为"半年"，一谷为"一月"。

太阳黄道"宽带纹"上，刻有圭影符↓。这是第三个中国象形文字，"伏羲画卦（圭）"所画华夏第一圭。太阳每年南北过于山谷，每日东西经于天空，但是山谷、天空均无坐标，无法直接解析出最小历法单位"日"，于是大地湾一期的伏羲族发明了间接解析法：通过圭表测影，把"在天成象"的太阳归藏，转化为"在地成形"的圭表投影。上半年太阳逐日北归，导致正午圭影逐日南缩。下半年太阳逐日南藏，导致正午圭影逐日北伸。由于每日正午圭影的不同长短，严格对应太阳的南北位置，所以一条圭影对应"一日"。

大地湾一期的彩陶上，有大量连山纹、圭影纹、阴阳爻（图3-2）[1]。三种符号同源，都是太阳归藏和圭影伸缩的不同表达。只不过连山纹是图画体，类似于古埃及文字的圣书体；圭影纹是字符体，类似于古埃及文字的俗书体。阴阳爻则是伏羲族独创的历法体，全球独一无二。

大地湾二期的彩陶上，圭影符更多[2]。↓、↙是太阳在南、正午前后的左、右圭影，合为全形圭影↓。↗、↑是太阳在北、正午前后的左、右圭影，合为全形圭影↑，亦即后来夏商周明堂的"左个"、"右个"之"个"。

---

[1] 图3-2大地湾一期彩陶符，采自《秦安大地湾》上册46、47页。

[2] 本节大地湾二期彩陶符，采自《秦安大地湾》上册176页，《第二期刻划符号登记表》。

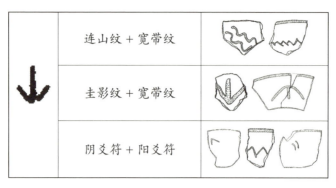

	连山纹＋宽带纹	
	圭影纹＋宽带纹	
	阴爻符＋阳爻符	

图 3-2　圭表测影：大地湾一期三种表达

Ł是二爻圭影，亦即"比"的初文，比较两日正午圭影的长短，用于计算天文，制定历法。半坡、姜寨、马家窑、柳湾等所有伏羲支族，均有大量圭影符。

含有表木的全形圭影↓，是"道枢纹"、"天枢纹"、"天帝纹"、"连山历公式"的基本要素。半坡、姜寨、大溪、马家窑、柳湾等所有伏羲支族无不承袭（图 3-3）[1]，用于标示四维，合为"八角星"、"八圭纹"，进而东传、南传、北传到东部玉器三族。

| 1 半坡人面鱼盆 | 2 半坡四鹿盆 | 3 姜寨五鱼盆 | 4 凌家滩四象八圭 |

图 3-3　1—3 陕西伏羲族四维圭影符，4 安徽东夷族四象八圭纹

不含表木的圭影符号 ∨、∧，则是阴爻之源。

太阳在南，正午以前圭影为↖，正午以后圭影为↗，合为谷形圭影 ∨。

太阳在北，正午以前圭影为↙，正午以后圭影为↘，合为山形圭影 ∧。

---

[1]　图 3-3 四图，已见图 2-16.2、3、5，图 2-6.1。

北半球只有赤道与北回归线（北纬23.5°）之间的地区，才会半年是谷形圭影∨，半年是山形圭影∧。伏羲族祖地所在的甘肃天水大地湾，处于北纬35°，北回归线以北，全年都是谷形圭影∨，所以大地湾一期的圭影盆（图3-1），所画圭影是下箭头↓。

由于伏羲连山历以七连山为坐标体系，以连山纹为历法符号的基本要素，所以阴爻符不取谷形圭影∨，而取山形圭影∧。这是第四个中国象形文字，"伏羲画卦"所画华夏第一阴爻。"阴爻"之"阴"，即"圭影"之"影"，音、义均近；阴爻的本质，正是对应逐日伸缩的圭影。

阴爻符不取谷形圭影∨，而取山形圭影∧，另有两大原因。

其一，圆形陶器口沿，画有太阳黄道○。圆形陶器口沿下的侧壁，画满一圈∧，类似太阳的光芒，于是产生了∧的三种内涵。

∧首先是连山纹，意为太阳○升于山顶∧。

∧然后是山形圭影，意为日照○产生山形圭影∧。

∧最后是阴爻符，即把山形圭影∧作为阴爻符∧。

其二，当时文字体系尚未成熟，无法写上卦名标示卦象上下，于是用山形圭影确定卦象上下，以免误识为卦象颠倒的另外一卦。如果选取谷形圭影∨，既无上述三种内涵，又与卦象上下相反。

谷形圭影∨、山形圭影∧相叠，即为太阳交午纹"乂"。两个太阳交午纹"乂"相叠，即为一个卦画的专名"爻"。"乂"、"爻"均属习见的伏羲族彩陶纹、刻划符（图1-24.2、图1-30）。

每日太阳所在的纬度不同，每日正午的圭影长短随之不同，所以抽象两者为阳爻▬、阴爻∧，并把"一爻"作为"伏羲连山历"最小历法单位"一日"的象形计量符号。

综上所论，大地湾一期"伏羲画卦"之初，产生了四个最早的中国象形文字：○（道），▬（阳），↓（圭），∧（阴），全都植根于天文、历法。又产生了伏羲六十四卦的两种基本卦画：阳爻▬，阴爻∧，全都对应"一爻一日"。

"伏羲画卦"的目的，是把太阳历的计算器，从阴阳山构成的"百揆纹"（图1-4，图2-15.2），升级为阴阳爻构成的"伏羲六十四卦"。

伏羲族"仰观天象于天，俯察圭影于地"，贯穿伏羲连山历始终，所以"伏羲画卦"始于八千年前的大地湾一期（前6000），延续了漫长的三千五百年。直到四千五百年前的龙山中期（前2500），甘肃、青海才大量出现阳爻▬、阴爻∧构成的六爻卦，山形阴爻∧也在同一时期转化为横断阴爻▬▬（图2-10、图2-11）。"伏羲画卦"至此完成，此后才有"伏羲布卦"。

"伏羲画卦"创制的六十四卦符号体系，仅有阴爻、阳爻两种符号，产生了不可移易的"阴阳本质"：

阳爻，标示太阳"在天成象"的北归南藏位置。

阴爻，标示圭影"在地成形"的南缩北伸长短。

"伏羲画卦"创制的六十四卦符号体系，仅有卦象、爻数两大要素，产生了不可移易的"象数二义"：

天文要素，卦象标示太阳位置、圭影长短。

历法要素，爻数计算太阳历的全年日数。

从大地湾一期（前6000）到龙山中期（前2500），三千五百年间，"阴阳本质"、"象数二义"从未改变。龙山中期以后的"伏羲布卦"，以此作为不可动摇的前提，仅把"阴阳本质"、"象数二义"予以系统化的整体升级，即把仅有太阳历功能的初级图像历"伏羲连山历"，升级为具有阴阳合历功能的终极图像历"神农归藏历"。

二　伏羲布卦，分卦值日

"伏羲布卦"并非漫长的历时性事件，而是短暂的一次性事件，时间虽难确定，但有上限下限：

上限是龙山中期（前2500）"伏羲画卦"完成，下限是龙山晚期（前2200）陶寺太极台建成，陶寺肥遗盘问世，神农归藏历诞生。

"伏羲画卦"，仅是从初级太阳历计算器，升级为终极太阳历计算器，并非历法升级。

"伏羲布卦"，则是把终极太阳历计算器，升级为阴阳合历计算器，同时把太阳历"伏羲连山历"升级为阴阳合历"神农归藏历"。

"伏羲布卦"创制的阴阳合历"神农归藏历",必须囊括太阳历、太阴历一切内涵,因此分为太阳历"布卦"和太阴历"布卦"两部分。本章先言太阳历"布卦",亦即遵循"伏羲画卦"三千五百年确立的"阴阳本质"、"象数二义",把"伏羲连山历"已经包含的太阳历一切天文、历法内涵,全部移入六十四卦符号体系,使之升级为六十四卦意义体系。下章再言太阴历"布卦",即把"伏羲画卦"三千五百年期间,伏羲族探索太阴历所得一切天文、历法内涵,全部融入六十四卦意义体系,完成太阳历向阴阳合历的历法升级。

"伏羲布卦"前半程的太阳历"布卦",分为六步。

"伏羲布卦"第一步,把"伏羲画卦"所得阴阳全集六十四卦,分为阴阳爻比例不同的七大合集、六大分阶;亦即把连山历的"七山六谷",升级为象数化的"七集六阶"。卦名要到"伏羲布卦"完成之后才有,此时仅有卦象,尚无卦名。

六阴合集1卦:䷁。上下对称,没有对卦,对应太阳抵达南回归线的冬至;太阳位置最南,正午圭影最长。

一阳五阴合集6卦3对:↓䷗䷖↑,↓䷂䷏↑,↓䷆䷓↑。右卦阳爻上动,对应上半年太阳北归、圭影南缩;左卦阳爻下动,对应下半年太阳南藏、圭影北伸。

二阳四阴合集15卦。12卦6对:↓䷚䷖↑,↓䷗䷏↑,↓䷂䷓↑,↓䷇䷏↑,↓䷂䷓↑,↓䷆䷏↑。另外3卦:䷗、䷎、䷣,上下对称,没有对卦,爻动方向不明。

三阳三阴合集20卦10对:↓䷫䷗↑,↓䷓䷋↑,↓䷿䷼↑,↓䷽䷶↑,↓䷾䷕↑;↓䷜䷝↑,↓䷰䷐↑,↓䷹䷑↑,↓䷟䷃↑,↓䷳䷞↑。

四阳二阴合集15卦。12卦6对:↓䷈䷠↑,↓䷇䷏↑,↓䷤䷎↑,↓䷶䷚↑;↓䷰䷐↑,↓䷹䷑↑。另外3卦:䷝、䷗、䷛,上下对称,没有对卦,爻动方向不明。

五阳一阴合集6卦3对:↓䷪䷍↑,↓䷄䷈↑,↓䷙䷠↑。

六阳合集1卦：☰。上下对称，没有对卦，对应太阳抵达北回归线的夏至；太阳位置最北，正午圭影最短。

七大合集64卦，有56卦28对，卦象构成左右对称的上动、下动，分别对应上半年太阳北归、圭影南缩和下半年太阳南藏、圭影北伸的六大分阶。仅有8卦上下对称，没有对卦，爻动方向不明。

"伏羲布卦"第二步，把第一步所得"七集六阶"，排成"两仪山"，画出"七集六阶图"；即把连山历的"河图两仪山"，升级为归藏历的"象数两仪山"。

伏羲族彩陶纹样的"东西两仪山"，共有三大发展阶段。

第一阶段是仰韶中期以前的"阴阳两仪山"，最早出现于黄河上游的伏羲族祖地甘肃天水大地湾。仰韶中期以后，东传到黄河中游的东扩伏羲支族之地。

第二阶段是仰韶中晚期的"河图两仪山"，出现于黄河中下游的东扩伏羲支族之地。

以上两大阶段，都是按照连山历的"七山六谷"原理，把东七山、西七山简约为东一山、西一山。并且随着时间推移，天文要素、历法要素，渐增渐细（图3-4）。[1]

1　河南洛阳伊川土门　　　　　2　　　　　　3　江苏邳县大墩子1857、1870

图3-4　伏羲连山历之七山六谷图：河图两仪山

河南洛阳伊川土门的"河图两仪山"（图3-4.1），已把"两仪"解析为"四象"二十四山，即太阳历"四时二十四节气"。江苏邳县大墩子1857（图3-4.2）、1870（图3-4.3），已经形成了"太极生两仪，两仪生四象，四象

---

[1]　图3-4三图，已见图1-29，图1-15.8，图1-31.2。

生八卦"的观念体系。"伏羲画卦"即将完成,六十四卦符号体系即将问世。

"伏羲布卦"第二步所得"七集六阶图"(图3-5)[1],是第三阶段的"象数两仪山"。此时仍无卦名,为便辨识,图中加上了"伏羲布卦"完成之后才有的卦名。

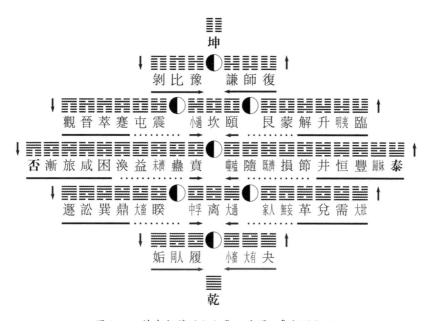

图 3-5　神农归藏历之七集六阶图:象数两仪山

神农归藏历把伏羲六十四卦分为"七集六阶",对应伏羲连山历之"七山六谷",并且升级为象数。每一卦象,均有源于"六谷"、标示"六阶"的"六爻"。每集卦象,阴阳爻比例相同,予以横排,对应太阳北归南藏的六阶纬度。因为太阳处于相近纬度,日照的入射角度相近,正午的圭影长短相近,故以同阶合集标示之,再以爻位变动区别之。

第一步所得标有阳爻上动↑的28卦,对应上半年太阳北归、圭影南缩,暂列中轴线之右的阳仪,留待最后布定。

第一步所得标有阳爻下动↓的28卦,对应下半年太阳南藏、圭影北

---

[1]　图3-5,张远山原创并命名。

伸，暂列中轴线之左的阴仪，留待最后布定。

第一步所得爻动不明的8卦，暂列中轴线。坤䷁、乾䷀2卦已经定位冬至、夏至，其余6卦留待最后布定。

"伏羲布卦"第三步，辨析"七集六阶图"阳仪山、阴仪山的爻动变化，得出以下"爻动直观"。

六阴合集1卦：冬至坤䷁。定位中轴线正北，阳仪山之始，阴仪山之终。

一阳五阴合集6卦，左右3对——

右阳仪3卦：复䷗↗师䷆↗谦䷎。前卦一阳爻，上动一位，生成后卦。

左阴仪3卦：剥䷖↘比䷇↘豫䷏。前卦一阳爻，下动一位，生成后卦。

二阳四阴合集15卦，左右6对，中间3卦——

右阳仪6卦：临䷒↗明夷䷣↗升䷭↗解䷧…蒙䷃↗艮䷳。前卦二阳爻，逐一上动一位，逐一生成后卦；但在虚线之处，阳爻出现跳跃。

左阴仪6卦：观䷓↘晋䷢↘萃䷬↘蹇䷦…屯䷂↘震䷲。前卦二阳爻，逐一下动一位，逐一生成后卦；但在虚线之处，阳爻出现跳跃。

中间3卦：小过䷽，坎䷜，颐䷚。上下对称，爻动方向不明。

三阳三阴合集20卦，左右10对——

右阳仪10卦：泰䷊↗归妹䷵↗丰䷶↗恒䷟↗井䷯…节䷻↗损䷨…既济䷾↗随䷐↗噬嗑䷔。前卦三阳爻，逐一上动一位，逐一生成后卦；但在虚线之处，阳爻出现跳跃。

左阴仪10卦：否䷋↘渐䷴↘旅䷷↘咸䷞↘困䷮…涣䷺↘益䷩…未济䷿↘蛊䷑↘贲䷕。前卦三阳爻，逐一下动一位，逐一生成后卦；但在虚线之处，阳爻出现跳跃。

四阳二阴合集15卦，左右6对，中间3卦——

右阳仪6卦：大壮䷡↗需䷄↗兑䷹↗革䷰…家人䷤↗无妄䷘。前卦四阳爻，逐一上动一位，逐一生成后卦；但在虚线之处，阳爻出现跳跃。

左阴仪6卦：遁䷠↘讼䷅↘巽䷸↘鼎䷱…睽䷥↘大畜䷙。前卦四阳爻，逐一下动一位，逐一生成后卦；但在虚线之处，阳爻出现跳跃。

中间3卦：中孚䷼，离䷝，大过䷛。上下对称，爻动方向不明。

五阳一阴合集6卦，3对——

右阳仪3卦：夬☱↗大有☲↗小畜☴。前卦一阳爻，上动一位，生成后卦。

左阴仪3卦：姤☴↘同人☲↘履☱。前卦一阳爻，下动一位，生成后卦。

六阳合集1卦：夏至乾☰。定位中轴线正南，阳仪山之终，阴仪山之始。

以上"爻动直观"，初步显现了"爻动规律"：阳仪同阶后卦的大多数卦象，由前卦阳爻逐一上动一位生成；阴仪同阶后卦的大多数卦象，由前卦阳爻逐一下动一位生成；仅有极少数卦象，爻动跳跃或爻动不明。

根据初步显现的"爻动规律"，把连山历"河图两仪山"之"河图"（图3-4外圈）初步象数化，升级为初级版"太极"。亦即提取"七集六阶图"的四正四卦，画出龙山中期的甘肃、青海四耳历法盆（图3-6.1、2），成为"太极四正图"（图3-6.3）。[1]

1	2	3
甘肃永登四耳盆911	青海柳湾四耳盆1118	太极四正图

图3-6 马家窑文化四耳历法盆＝太极四正图

必须说明：图3-6.3仅是甘肃、青海四耳历法盆内涵相加的逻辑结果，但是当时尚未出现"太极图"。

理解甘肃、青海两件四耳历法盆的内涵同异，首先必须厘清两大天文层次、两大历法层次、两大气候层次，以及六大层次的相互关系。

---

[1] 图3-6三图，即图2-9三图，本章是在"伏羲布卦"背景下重释三图。

地球环绕太阳公转，是以冬至为终始循环点的一个太阳回归年，四等分即为太阳历"四时"，十二等分即为太阳历"十二月"，二十四等分即为太阳历"二十四节气"，七十二等分即为太阳历"七十二物候"。均属地球公转周期的等分，而与地球是否自转、地轴是否倾角无关。

地球围绕地轴自转，地轴又有倾角，于是产生了太阴历"四季"和地球气候，因为地轴倾角导致了地球同一纬度的全年日照入射角度变化和气候变化。如果地轴没有倾角，地球同一纬度的全年日照入射角度和气候即无变化。由于地轴与天球形成23.5°倾角，以天球1°对应历法1日，理论上气候滞后天文23.5日，但是太阳照射的热量，被陆地、海洋先吸收，再释放，因此实际上气候滞后天文3节气45日。甘肃、青海四耳历法盆的内涵同异，即在太阳历"四时"、太阴历"四季"、气候滞后天文的繁复因果关系。

太阳历"四时"的天文根源是地球公转，太阴历"四季"的天文根源是地球自转。太阴历对应的月球，从属于地球引力场，所以月球的自转周期同于地球的自转周期，月球永远以同一面朝向地球，由于月球脱离了地球，于是随着日照角度不同而产生了不同月相。所以天文层面的太阳运行周期，历法层面的太阳历周期，对应地球公转；天文层面的月相，历法层面的太阴历朔望月，对应地球自转。

大地湾二期（前4500）尚在使用连山历的伏羲族，已经透彻领悟了地球公转、地球自转、地轴倾角等天文要义（图1-13）。"伏羲画卦"三千五百年，伏羲族通过圭表测影，观测天文，编制历法，进一步透彻领悟了所有不同层次的繁复因果关系，并在龙山中期以后"伏羲布卦"之时，将之全部融入"神农归藏历"，因此龙山中期伏羲族祖地甘肃、青海的马家窑文化，出现了此前没有的四耳历法盆，用于标示太阳历"四正四象"。

甘肃永登历法盆（图3-6.1）的外缘四耳，标示太阳历"四时"起计点"二分二至"；内圆十字对准"四正"的顺时针1°，标示太阳历"四时"从二分二至后一日起计的"四正四象"。圆周另有两圈爻符，内圈"太阳符"■标示太阳历，外圈"太阴符"∧∧（☷）标示太阴历。全图标示神农归藏历以伏羲六十四卦"分卦值日"阴阳合历，而强调其太阳历本质。

青海柳湾历法盆（图3-6.2）的外缘四耳，同样标示太阳历"四时"起计点"二分二至"。圆周八组阳爻，把太阳历"四时"等分为"八节"，"四维"即为太阴历"四季"起计点"二启二闭"。内圆三个倾斜十字，标示对应太阴历"四季"长度的"四维四象"；圆心之外各有三线，标示太阴历每季三月；三个十字合为三十日，标示太阴历每月三十日；倾斜标示气候滞后于天文，"冬至后三十日极寒，夏至后三十日极温"（《易纬·稽览图》）。全图标示神农归藏历以伏羲六十四卦"分卦值日"阴阳合历，而强调其太阴历表象。

"太极四正图"（图3-6.3）是连山历"河图"的初步象数化，亦即提取"七集六阶图"的"四正卦"，对应"四时"太阳的北归南藏和"四时"圭影的南缩北伸，定位"太极四正"：正北坤卦☷，定位冬至。正南乾卦☰，定位夏至。正东泰卦䷊，定位春分。正西否卦䷋，定位秋分。定位太阳历"四时"的外圈4卦，至此布定。展开太阳历"四时"的内圈60卦，有待布定。

"伏羲布卦"第四步，提取"七集六阶图"（图3-5）左右两端的首卦，画出对应东七山之六谷、西七山之六谷的伏羲十二辟卦方图，亦即连山归藏原理图（图3-7.1）。再把伏羲十二辟卦按顺时针画成圆图，以其卦象合成十二辟卦太极图（图3-7.2）——

阳仪六辟卦，逐卦增一阳爻，生成太极阳鱼。

阴仪六辟卦，逐卦增一阴爻，生成太极阴鱼。

卦象合成太极图，必须卦象冲圆心，因为圆心对应"天心"北极天枢。如果卦象背圆心，一是卦象不能对应天象，二是卦象不能合成太极图。

十二辟卦之卦象合成的太极图，尚缺阴阳鱼眼。阴阳鱼眼来自龙山晚期建成的山西襄汾陶寺太极台"浑夕之山"（图3-7.3）[1]。所以陶寺太极台的建成时间（前2200），必为"伏羲布卦"完成、"神农归藏历"诞生的下限。

陶寺太极台设定的观测点，是太极图之阴阳鱼眼的原型。太极图的阴阳鱼眼，源于观测天文的人眼。补入源于太极台观测点的阴阳鱼眼之后，再

---

[1] 图3-7.1，连山归藏原理图，图3-7.2，伏羲十二辟卦太极图，张远山原创并命名。图3-7.3，采自陈久金《试论陶寺祭祀遗址揭示的五行历》，《自然科学史研究》2007年3期。

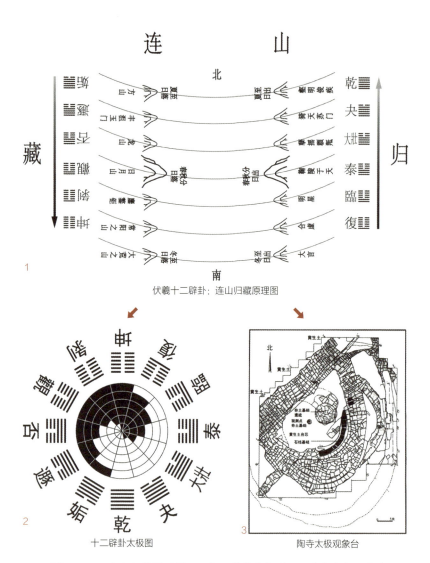

图 3-7　1 连山归藏原理图，2 十二辟卦太极图，3 陶寺太极观象台

　　根据太阳北归南藏是逐日微移，而非分阶跳跃，把十二辟卦之卦象合成的十二分阶圆润化，伏羲太极图就此完型、定型，无法增减、更改任何细节。

　　陶寺太极台的测墙，是伏羲族圭表测影三千多年的最高结晶，墙缝用于观测日出方位，墙体用于观测日照投影。因此十二辟卦的卦象，实为太极台测墙投于太极台地面的十二大圭影。十二辟卦的卦象集合，首先植根天文，酷似于陶寺太极台的地面形状，亦即一年圭影的标准尺度；其次用于历法，生成了伏羲太极图。

要而言之，四者关系如下。

其一，陶寺太极台是观测太阳北归南藏和圭影南缩北伸的天文观象台。

其二，伏羲十二辟卦是标示太阳北归南藏和圭影南缩北伸的分阶合集。

其三，伏羲太极图是太阳北归南藏和圭影南缩北伸的抽象全集。

其四，伏羲六十四卦是太阳北归南藏和圭影南缩北伸的解析子集。

"伏羲布卦"第五步，综合前面四步，把"伏羲画卦"确立三千五百年之久的"阴阳本质"（阳爻对应太阳北归南藏，阴爻对应圭影南缩北伸）、"象数二义"（卦象对应天象，爻数对应日数），从天文、历法两个层面予以系统化，设定为"布卦"必须遵循的"爻动原理"。

"爻动原理"的天文设定是——

> 阳爻的动向、增减，对应太阳的北归南藏。
> 阴爻的动向、增减，对应圭影的南缩北伸。

阳爻动向，对应太阳的位移方向——

> 阳仪32卦，阳爻上动，对应上半年太阳逐日北归。
> 阴仪32卦，阳爻下动，对应下半年太阳逐日南藏。

阴爻动向，对应圭影的位移方向——

> 阳仪32卦，阴爻下动，对应上半年圭影逐日南缩。
> 阴仪32卦，阴爻上动，对应下半年圭影逐日北伸。

阳爻增减，对应太阳北归南藏的六阶远近——

> 上半年阳仪32卦，阳爻逐阶渐增，对应太阳北归逐阶渐近。
> 下半年阴仪32卦，阳爻逐阶渐减，对应太阳南藏逐阶渐远。

阴爻增减，对应圭影南缩北伸的六阶长短——

上半年阳仪32卦，阴爻逐阶渐减，对应圭影南缩逐阶渐短。
下半年阴仪32卦，阴爻逐阶渐增，对应圭影北伸逐阶渐长。

"爻动原理"的历法设定是——

分卦值日，一爻一日。

无论是对应太阳一日位移的阳爻，还是对应圭影一日伸缩的阴爻，一爻全都对应历法一日。每卦六爻，对应天球圆周六度，计为历法六日。

落实"爻动原理"，需要三项具体细则。

其一，根据"七集六阶图"（图3-5）、"太极四正图"（图3-6.3）、"连山归藏原理图"（图3-7.1）、"十二辟卦太极图"（图3-7.2），设定六十四卦的分布四公式。

1.太极公式：

太极图＝上半年阳鱼＋下半年阴鱼

2.两仪公式：

两仪64卦＝上半年阳仪32卦＋下半年阴仪32卦

3.四象公式：

双圈64卦＝（内圈15卦90爻/日＋外圈1卦/日）×4

4.七集六阶公式：

阴阳64卦＝六阴1卦＋一阳五阴6卦＋二阳四阴15卦＋三阳三阴20卦＋四阳二阴15卦＋五阳一阴6卦＋六阳1卦

公式1、2、4，均属"卦象对应天象"的天文设定，下文再予展开。唯有公式3"四象公式"，属于"爻数对应日数"的历法设定，亦即"分卦值日法"，此处先予说明。

伏羲族把太阳一年经天周行的天球经度（亦为圆周度数），设为

360°[1]，并以60卦360爻对应之。1爻对应天球经度1°，历法计为1日。此即《易传·系辞》所言乾坤之策"凡三百有六十，当期之日"[2]，《淮南子·天文训》所言"日行一度，十五日为一节，以生二十四时之变"。

太阳回归年的实际周期是365.242190日，神农族计为365.25日，这是天文层面的"岁实"。天文层面的太阳归藏，每日实际经过的天球经度略小于1°，所以历法层面设为1爻对应1°、计为1日，实有细微偏差。这一细微偏差，既非天文观测的偏差，亦非天文计算的偏差，而是成文历法的需要，因为天文岁实可以有小数，成文历法不能有小数，最小历法单位是1日。

为了校正1爻对应1°、计为1日的细微偏差，"伏羲布卦"之时，把伏羲六十四卦分为内圈60卦、外圈4卦，顺时针围于伏羲太极图。

内圈60卦，对应天球经度。1爻对应天球经度1°，计1日。1卦6爻对应天球经度6°，计6日。60卦360爻对应天球经度360°，计360日。5卦30爻计1月30日，15卦90爻计1时3月90日。阳仪30卦180爻，计上半年2时6月180日。阴仪30卦180爻，计下半年2时6月180日。

外圈4卦，定位天文节点"二分二至"，校正内圈积累的细微偏差。内圈每15卦90爻计1时3月90日，积累偏差1日有余，均以外圈1卦计1日校正。内圈60卦360爻计12月360日，1年积累偏差5日有余，4年又积累余数近1日，均以外圈4卦校正，通例是整卦计为1日，变例是下卦、上卦各计1日。

---

[1] 神农族史诗《黑暗传》183页："六十四卦分造化，剥极而复判天人。天有三百六十度，循环往复运期神。"胡崇峻整理，长江文艺出版社2002。彝族古籍《土鲁窦吉》278页："青天的境界，三百六十度；就这样形成，一年三百六十日。"王子国译，贵州民族出版社1998。或说中国自古以来把天球经度设为365.25°，实为误将四分历等同于天文。天文是历法的基础，必须严格区分天文、历法，不能混淆。天球经度和圆周度数只有设为360°，才能等分产生四时、八节、二十四节气、七十二物候等历法单位，进而计算历数。365.25°无法等分产生以上历法单位，也无法计算历数。由于天球观念从属于只可暗用不可明言的"浑天说"，与官方意识形态"盖天说"冲突，所以古代历书仅言四分历之365.25°/日，不敢明言天文之天球经度360°。唯有力主"浑天说"的扬雄，在其《难盖天八事》中，明言"周天三百六十度"。参看北宋《棋经》："三百六十，以象周天之数。"

[2] 《易传·系辞》："乾之策二百一十有六，坤之策百四十有四，凡三百六十，当期之日。"清人江永《河洛精蕴》卷六："周天实止三百六十度，因太阳一日不满一度，而生五日有奇之零数。圣人言'三百六十策当期之日'者，犹云'当期之度'云尔。"

太阳历平年365日，内圈所计偏差5日余，以外圈4卦校正：春分泰卦䷊、夏至乾卦䷀、秋分否卦䷋，整卦计1日；"归余于终"，冬至坤卦䷁的上卦、下卦，各计1日。上半年182日，下半年183日。

太阳历闰年366日，内圈所计偏差近6日，以外圈4卦校正：另外3卦不变；"归闰于中"，夏至乾卦䷀的上卦、下卦，各计1日。上、下半年均为183日。

计毕内圈15卦90爻、1时3月90日，即遇外圈1卦，增计1日（春分泰卦䷊、秋分否卦䷋）或2日（冬至坤卦䷁、夏至乾卦䷀）校正偏差。这样既合天文真实，又便历法使用。

其二，根据"七集六阶图"、"十二辟卦图"，设定爻动"十二分阶"。

十二辟卦，辟训开辟，亦即开辟太阳北归南藏、圭影南缩北伸的十二分阶。

阳仪六辟卦：复䷗↗临䷒↗泰䷊↗大壮䷡↗夬䷪↗乾䷀（此时尚无卦名），开辟上半年太阳北归、圭影南缩的爻动六阶。专名"六消卦"，意为"阳消阴"，阳爻主动渐增，逐阶消去一阴。

阴仪六辟卦：姤䷫↗遁䷠↗否䷋↗观䷓↗剥䷖↗坤䷁（此时尚无卦名），开辟下半年圭影北伸、太阳南藏的爻动六阶。专名"六息卦"，意为"阴息阳"，阴爻主动渐增，逐阶息去一阳。

阳仪六消卦、阴仪六息卦的专名合一，十二辟卦又统称"十二消息卦"，卦义统称"阴阳消息"或"与时消息"。

其三，根据"七集六阶图"初步显现的"爻动规律"，设定逐一生成六十四卦的"爻动定律"及其"补充规则"。

"七集六阶图"初步显现的"爻动规律"：阳仪同阶后卦的大多数卦象，由前卦之阳爻逐一上动一位生成；阴仪同阶后卦的大多数卦象，由前卦之阳爻逐一下动一位生成；极少数卦象，爻动跳跃或爻动不明。

初步显现的"爻动规律"不太圆满，原因是阳仪、阴仪均以阳爻为主动爻，阴爻均为被动爻。完善的"爻动定律"必须兼顾阳爻、阴爻的互动，所以修正以后，设定如下：

上半年阳仪32卦，阳爻主动，逐一上动一位，逐阶渐增一阳，逐一生成后卦，对应太阳逐日北归渐近；阴爻被动，逐一下动一位，逐阶渐减一阴，对应正午圭影逐日南缩渐短。

下半年阴仪32卦，阴爻主动，逐一上动一位，逐阶渐增一阴，逐一生成后卦，对应正午圭影逐日北伸渐长；阳爻被动，逐一下动一位，逐阶渐减一阳，对应太阳逐日南藏渐远。

"卦象对应天象"的天文设定，"爻数对应日数"的历法设定，共同规定了每一卦象只可出现一次，不可重复出现。因此进而设定"爻动定律"的两条"补充规则"。

一、避让规则：

凡是下一逻辑卦象遇到十二辟卦，必须避让。此卦即为同阶卦象之末卦，下接高一阶的辟卦。

二、跳跃规则：

凡是下一逻辑卦象已见于前，必须跳过。但是同阶之内的前后两个卦象，不可违反"爻动定律"，必须以跳过的逻辑卦象为逻辑桥梁。

以上"伏羲布卦"前五步，把"伏羲画卦"确立三千五百年的"阴阳本质"、"象数二义"系统化，设定为卦象对应天象、爻数对应日数的"爻动原理"及其"爻动定律"、"补充规则"。

"伏羲布卦"第六步，遵循"爻动原理"及其"爻动定律"、"补充规则"，逐一生成了伏羲六十四卦，布定了卦象对应天象、爻数对应日数的双圈卦序。

伏羲六十四卦双圈卦序，卦象冲圆心、天心、北极天枢，围于伏羲太极图，成为"伏羲初始卦序太极图"，亦即神农归藏历"分卦值日图"（图3-8）。[1]

---

[1] 图3-8.1、2，伏羲初始卦序太极图（天盘图顺时针旋转、地盘图逆时针旋转）：神农归藏历分卦值日图，张远山原创并命名。

1

顺时针旋转的天盘图

2

逆时针旋转的地盘图

图3-8 伏羲初始卦序太极图:神农归藏历分卦值日图(张远山复原)

由于"天左旋，地右旋"，所以伏羲初始卦序太极图分为顺时针旋转的天盘图（图3-8.1）和逆时针旋转的地盘图（图3-8.2），前者与北半球的人类直观相反，后者与北半球的人类直观相同：冬至坤卦䷁之时，太阳位于南回归线上空；夏至乾卦䷀之时，太阳位于北回归线上空；春分泰卦䷊、秋分否卦䷋之时，太阳位于赤道上空。

三　伏羲象数的文献钩沉

展开"伏羲布卦"第六步之前，本节首先钩沉历史文献，对"伏羲布卦"前五步涉及的"阴阳象数"、"爻动原理"，进行系统论证。

神农归藏历分卦值日图（图3-8），尽管在"炎黄之战"以后失传于中原，却被中原以外的神农族后裔羌族、彝族长期传承，但是由于历史过于久远，上古源头逐渐失传，上古初义逐渐模糊。

神农族后裔彝族的古籍《宇宙人文论》，记载了"伏羲十二辟卦"（括弧内的卦名、卦象由我补入）：

天一气（复䷗），天二气（临䷒），天三气（泰䷊），天四气（大壮䷡），天五气（夬䷪），天六气（乾䷀）。

地一气（姤䷫），地二气（遁䷠），地三气（否䷋），地四气（观䷓），地五气（剥䷖），地六气（坤䷁）。[1]

另一部彝族古籍《土鲁窦吉》（意为"宇宙生化"），记载了神农归藏历分卦值日图（图3-8）的爻动原理和内外双圈：

内亦设三层，外亦设三层；六层满之后，分阴阳两方。先从阳开始，后以阴告终。阳气往上升，阴气往下降；阳气往下沉，•••••

---

[1]　彝族古籍《宇宙人文论》138页。

阴气往上升。……苍天三十层，天三干开始；大地三十层，地四支告终。[1]

所言"内亦设三层，外亦设三层；六层满"，是"伏羲画卦"创制符号体系。

所言"之后"，是"伏羲布卦"创制意义体系："分阴阳两方"，即阴阳两仪。"先从阳开始，后以阴告终。阳气往上升，阴气往下降；阳气往下沉，阴气往上升"，即爻动原理。"苍天三十层，大地三十层"，即内圈60卦。"天三干开始"，即以十天干"甲乙丙丁"为太阳历日名。"地四支告终"，即以十二地支"子丑寅卯"为太阳历月名。所有遗义，无不合于神农归藏历。

中原民间，通过夏商周三代口耳相传，仍然残存神农归藏历分卦值日图的大量遗义。

春秋战国时期，炎黄二族已经融为一体，所以春秋末期道家祖师老聃所著《老子》，率先把伏羲历法之道提炼为道家哲学之道，亦即"负阴（☷）抱阳（☰），冲气为和"的泰道（䷊）。

战国中期，《山海经》、《庄子》等书率先追述上古伏羲—神农史。与此同时，中原文献开始探索"伏羲画卦"、"伏羲布卦"的历法初义。

《易传·系辞》上下两篇，首先抉发了"伏羲画卦"源于"圭表测影"。

《系辞》上篇曰：

> 在天成象，在地成形，变化见矣。是故刚柔相摩，八卦（圭）相荡。鼓之以雷霆，润之以风雨，日月运行，一寒一暑。……天生神物，圣人则之。天地变化，圣人效之。天垂象，见吉凶，圣人象之。

《系辞》下篇曰：

---

[1] 彝族古籍《土鲁窦吉》第一卷118、119页，其中脱漏专言阴仪爻动的"阳气往下沉，阴气往上升"二句，当为彝族传唱者仅知"阳气上升，阴气下降"的普通常识，以为二句错误而误删，原因与《史记·律书》不言"阴仪爻动定律"相同。今据第二卷283页补入。

古者庖羲氏之王天下也，仰则观象于天，俯则观法于地……

于是始作八卦（圭），以通神明之德，以类万物之情。

《系辞》上篇、下篇出自不同作者，所以从不同角度，分别抉发了"伏羲画卦"的历法初义：

伏羲氏仰观太阳归藏于天，俯察圭影伸缩于地，仿效天垂圭影之象，始画六十四卦（圭）之符。

只不过《易传·系辞》囿于"伏羲画八卦，文王叠为六十四卦"的《周易》谬说，不得不仅言八卦（圭），不言六十四卦（圭）。

《易传·系辞》上下两篇，进而抉发了"伏羲布卦"的"爻动原理"。

《系辞》上篇曰：

动静有常，刚柔断矣。……变化者，进退之象也；刚柔者，昼夜之象也；六爻之动，三极之道也。……爻者，言乎变者也。……易有太极，是生两仪，两仪生四象，四象生八卦（圭）。……是故法象莫大乎天地，变通莫大乎四时。

意为"伏羲布卦"之时，遵循"爻动原理"，所以"动静有常"。

主动爻为"刚"，被动爻为"柔"。

主动爻、被动爻的"进退之象"，对应太阳北归南藏、圭影南缩北伸的"变化"。

"六爻之动"，对应以北极三垣（紫微垣、太微垣、天市垣）为"天心"的天象旋转。

太极图及其两仪、四象、六十四卦，效法在天成象的太阳北归南藏、在地成形的圭影南缩北伸，所以"变"化"通"达，终始循环，合于太阳历"四时"。

《系辞》下篇曰：

古者庖羲氏之王天下也，仰则观象于天，俯则观法于地，于是始作八卦。……变通配四时，阴阳之义配日月。……爻也者，效天象之动也。……刚柔相推，变在其中矣。……寒暑相推，而岁成焉。[1]

意为"伏羲氏"仰观太阳北归南藏的天象，俯察圭影南缩北伸的法则，创制了六十四卦。

卦象变通而终始循环，首先与太阳历"四时"相配，其次与太阴历"四季"相配。

卦象之爻动，仿效天象之变动。主动爻、被动爻"刚柔相推"，天象、圭影的变动寓于其中。阳仪32卦从寒推暑，阴仪32卦从暑推寒，合为爻数对应日数的一岁四时太阳历、一年四季太阴历。

总体而言，《易传·系辞》抉发"伏羲画卦"、"伏羲布卦"的历法初义，极其精准，仅是不知上古三千五百年的漫长历程和具体细节。

战国秦汉的其他文献，也抉发了神农归藏历分卦值日图（图3-8）的大量遗义。

比如战国中期的《庄子·则阳》：

容成氏曰：除日无岁，无内无外。

这是托名于伏羲族父系初祖"容成氏"，隐晦抉发了伏羲六十四卦分为内外双圈，用于计日成岁。

战国晚期的《吕览·十二月纪》，每月五题，隐晦抉发了每月五卦。

西汉初期淮南王刘安（前179—前122）的九位门客"九师"所撰《淮南道训》，注释《易传·系辞》"旁行而不流"曰：

---

[1] 今本《易传·系辞》："易者，象也。象也者，像也。……爻也者，效天下之动……圣人有以见天下之赜，而拟诸其形容，象其物宜，是故谓之象。圣人有以见天下之动，而观其会通，以行其典礼。……言天下之至赜，而不可恶也。言天下之至动，而不可乱也。"根据"易者，象也。象也者，像也"，"象其物宜，是故谓之象"等句，可知"天下"原文当作"天象"。"天下之动"无法"观"而"效"之，"天象之动"方能"观"而"效"之。

旁行周合六十四卦，月主五卦，爻主一日；岁既，周而复始也。[1]

明确抉发了每月五卦，一爻一日。六十四卦计算一岁，周而复始（其他精义详见下文）。

西汉中期司马迁（前145—前90）的《史记·律书》，抉发了阳仪的爻动定律：

日冬至，则一阴下藏，一阳上舒。

但是囿于"阳气上升，阴气下降"的普通常识，未言阴仪的爻动定律"日夏至，则一阴上舒，一阳下藏"。

西汉晚期的孟喜（约前90—前40），抉发了"内外双圈"和"十二辟卦"，排出了第一种内圈60卦、外圈4卦的双圈卦序，但是卦象不能对应天象，"阴阳之变错乱"（唐僧一行）。

东汉晚期的虞翻（164—233）之"卦变说"，抉发了"七集六阶"的爻位变动。

东汉《易纬·乾凿度》，抉发了内圈"分卦值日法"：

以卦用事，一卦六爻，一爻一日。

《汉书·京房传》"梁人焦延寿……分六十四卦，更值日用事，以风雨

---

[1] 刘歆《七略》："《淮南九师道训》，除复重，定著十二篇。淮南王聘善为易者九人，从之采获故也，中署曰淮南九师书（《太平御览》卷六百九）。"见于马国翰《玉函山房辑佚书》正编，此据王仁俊《玉函山房辑佚书》续编之校正。《汉书·艺文志》著录《淮南道训》二篇，颜师古注："淮南王安聘明易者九人，号九师说。"又称"九师易"、"九家易"。《文选》李善注任昉《齐竟陵文宣王行状》"九师之易"，引《七略》曰："《易传·淮南九师道训》者，淮南王安所造也。"明人王应麟《汉书艺文志考证》亦引《七略》曰："《九师道训》者，淮南王安所造。"其书宋后亡佚，清人马国翰《玉函山房辑佚书》辑有《淮南九师道训》一卷。清人黄奭《黄氏逸书考》辑有《九家易集注》一卷。清人王谟《汉魏遗书钞》辑有《九家易解》一卷。

寒温为候，各有占验。"仅言"分卦值日"，未言"值日之法"。三国魏人孟康注《汉书·京房传》，明确抉发了内外双圈的"分卦值日之法"：

> 分卦值日之法，一爻主一日，六十卦为三百六十日。余四卦……是二至二分用事之日，又是四时。

尽管三国魏人王弼（226—249）排斥"伏羲象数易"，维护"周孔义理易"，提倡"得意忘象"，但是《晋书·律历志》仍言："观象设卦，扐闰成爻，历数之原，存乎此也。"然而唐代却把王弼的周孔义理易设为官学，导致伏羲象数易之书亡佚殆尽。直到五代道士陈抟公布得自神农族后裔彝族的"易四图"，亦即伏羲龙图、伏羲太极图、数字河图、数字洛书（合称"龙图三变"），"伏羲象数易"才被再次激活。

陈抟第四代弟子北宋邵雍（1011—1077），研究得自神农族后裔彝族的"先天八卦图"，发现了潜在于伏羲六十四卦的二进制，排出了"先天六十四卦"单圈卦序，多被视为伏羲初始卦序，其实不合阴阳本质、象数二义、爻动原理，卦象不能对应天象，爻数不能对应日数（详见第五章第五节）。

本章以充分吸收两千多年"伏羲象数义"重要成果为基础，根据考古、文献双重证据，运用上古图像思维的特殊逻辑，在邵雍之后一千年，首次重新探索伏羲初始卦序，亦即神农归藏历分卦值日图（图3-8）。下节逐卦阐释我于2010年10月10日复原的伏羲初始卦序，为何如此布卦，为何如此排序。

四　阳仪32卦密合太极阳鱼，分卦值日上半年太阳历

"伏羲布卦"完成之前，伏羲六十四卦没有卦名。

"伏羲布卦"完成之后，才综合每卦的卦象、卦位及其对应的节气、物候等等，创制了六十四卦的卦名。由于当时语言体系已经成熟，文字体系

尚未成熟，所以卦名仅是有音无字的口诀。

文字体系成熟以后的夏商周，根据世代相传的卦名口诀，凭音记字，写成了读音相近的不同之字，所以《连山》、《归藏》、《周易》六十四卦的卦名，既承袭了"伏羲布卦"之后所定的初始卦名，又有小异。

已知卦名四大版本，分别是汲冢《归藏》、王家台《归藏》、马王堆帛书《易经》、传世本《周易》，其六十四卦之卦名大同小异。

目前通行的卦名，由传世本《周易》写定，未必全合伏羲卦名初义，未必都能释出合于伏羲初始卦序的历法内涵。因此下文仅对遵循"爻动原理"而逐一生成的卦象予以详释，作为推导卦序的根本内证，但对从属于卦象的卦名仅予浅释，作为推导卦序的辅助内证。

阳仪32卦（内圈30，外圈2），以内圈首卦"复"予以总命名，谓之"阳复"；又称"阳消阴"。

1复䷗：一阳辟卦，开辟上半年阳仪爻动，太阳北归进入一阶，圭影南缩退为五阶。卦象由六阴辟卦64坤䷁，下生一阳生成；对应太极阳鱼之尾，共同标示太阳在南回归线折返北归。坤卦六阴仅仅标示冬至太阳最南、圭影最长，并非冬至没有太阳，所以坤卦对应阴鱼之阳眼；冬至后一日，阳眼兑现为阳爻。一阳生于极南（初位），北行始复六阳，谓之"一阳来复"（《周易·复卦》孔颖达疏）；"来"字严扣北半球，因为北半球视为"来"，南半球视为"往"。卦名"复"，乃言阳仪始，阳复起。此即《史记·律书》所言："日冬至，则一阴下藏，一阳上舒。……气始于冬至，周而'复'生。"《孝经援神契》所言："冬至阳气始萌。"《淮南道训》所言"阳当复升"，"阳者起复"。——初爻计为太阳历第1日，太阳历第1节气"冬至"始。（本书按照现代习惯，太阳历用阿拉伯数字，太阴历用中文数字。）

2师䷆：一阳第2卦。卦象由前卦一阳（初位），上动一位（二位）生成。卦名"师"，言其师法复卦，继续北行"复阳"（《庄子·齐物论》）。《淮南道训》："师出以律。"即言师卦一阳上动一位，是伏羲初始卦序的爻动规律。

3谦䷎：一阳末卦。卦象由前卦一阳（二位），上动一位（三位）生成。卦名"谦"，乃言一阳虽进二位，仍居下卦而谦恭。——第三爻计为第15

日，第1节气"冬至"终。第四爻计为第16日，第2节气"小寒"始；阳弱而谦，寒气小至。

一阳告终，开辟二阳。太阳北归，进至二阶；圭影南缩，退至四阶。

4临☷：二阳辟卦。卦象由一阳辟卦1复☷，下增一阳生成。卦名"临"，乃言"小寒"之后，严冬虽在，春气已临大地。——下卦三爻言地气，上卦三爻言天气（下同）。

5明夷☷：二阳第2卦。卦象由前卦第一阳（二位），上动一位（三位）生成。卦名"明夷"，明，大明省称；大明，日球古名；乃言阳气仍伏地中。——上爻计为第30日，第2节气"小寒"终，第1月5卦终。

6升☷：二阳第3卦。卦象由前卦第二阳（初位），上动一位（二位）生成。卦名"升"，乃言二阳升至地表，即将升为天气。——初爻计为第31日，第3节气"大寒"始；阴气满天，寒气大至。

由于陆地、海洋先吸收阴气，再释放阴气，因此北半球气候之极寒，滞后于太阳之极南，所以冬至之后为"三九"，"冬至"节气较冷，"小寒"节气更冷，"大寒"节气最冷；伏羲太极图、伏羲初始卦序与之对应，阴鱼之首越过太极图中轴线，嵌入阳鱼之尾，标示"冬至后三十日极寒"（《易纬·稽览图》，参看图3-6.2三个倾斜十字）。

7解☷：二阳第4卦。卦象由前卦第一阳（三位），第二轮上动一位（四位）生成；地气一阳，首次升为天气。卦名"解"，乃言一阳浮出地表，导致雪融冰解。"三九"之后，陆地、海洋释放阴气殆尽。

8小过☷：二阳第5卦。卦象由前卦第二阳（二位），第二轮上动一位（三位）生成。卦名"小过"，乃言阳气浮出地表，阳复小过于前。——第三爻计为第45日，太阳历第3节气"大寒"终，太阴历旧年第四季"冬季"终。第四爻计为第46日，太阳历第4节气"立春"始，太阴历新年第一季"春季"始。神农归藏历是太阳历为本质、太阴历为表象的阴阳合历：太阳历第1月"子月"永远始于太阳历节气"冬至"，太阴历第一月"正月"每十九年始于太阳历节气"立春"，两者相差3节气、7.5卦、45爻/日（详见第四章）。

9蹇☷：二阳第6卦。卦象由前卦第一阳（四位），第三轮上动一位（五位）生成。卦名"蹇"，乃言阳复受挫。白昼稍暖，夜晚仍寒。乍暖还寒，春寒料峭，俗称"倒春寒"。——此卦对应的阴鱼头顶，抵达反S线的阴气最大值，此后阳气逐渐逼退阴气。

10 萃☷：二阳第7卦。卦象由前卦第二阳（三位），第三轮上动一位（四位）生成；二阳均从地气升为天气。卦名"萃"，乃言幼芽出地，春草繁萃。——上爻计为第60日，第4节气"立春"终，第2月5卦终。

11 晋☷：二阳第8卦。卦象由前卦第一阳（五位），第四轮上动一位（上位）生成。卦名"晋"，训进，乃言阳爻首次进至天顶。——初爻计为第61日，第5节气"雨水"始；阳气进天，春雨霏霏。

下一逻辑卦象是四阴辟卦观☷，按照避让规则避之。凡遇辟卦，开辟高阶；二阳告终，开辟三阳。太阳北归，进至三阶；圭影南缩，退至三阶——

12 泰☷：三阳辟卦，定位外圈正东，标示天文节点"日春分"。《淮南道训》注泰卦曰："乾升坤降，各得其正。"又注《易传·系辞》"原始返终"曰："（阴阳）交合，泰时，春也。（阴阳）分离，否时，秋也。"又曰："天地交则泰，不交则否。天地交而万物生也。"证明泰卦位于外圈正东，标示春分。

卦象由二阳辟卦4临☷，下增一阳生成；下卦三阳，上卦三阴，对应太阳北归到达赤道上空，阴阳平分，昼夜等长。卦名"泰"，乃言下卦地气三阳上行，上卦天气三阴下行，天地之气相交，春之阳气生物，万物和美通泰。谓之"天地交，泰"（《象传·泰卦》），"天地/交泰"为误读。谓之"三阳开泰"，"三羊开泰"为谐音。

13 归妹☳：三阳第2卦。卦象由前卦第一阳（三位），上动一位（四位）生成；地之阳气，天之阴气，初次相交。阳仪以阳爻为主动爻，卦名多取男性视角。卦名"归妹"，乃言阳春三月，万物春情勃发而相交，家畜牝牡相诱而相交，男女宜于嫁娶而相交。卦名至简，以一寓万，"其称名也小，其取类也大"（《易传·系辞》）。

14 丰☳：三阳第3卦。卦象由前卦第二阳（二位），上动一位（三位）生成。卦名"丰"，乃言阴阳相交，万物复苏，春气生物，草木丰茂。——第三爻计为第75日，第5节气"雨水"终。第四爻计为第76日，第6节气"惊蛰"始；阳复物丰，惊醒冬眠蛰伏的百虫。

15 恒☳：三阳第4卦。卦象由前卦第三阳（初位），上动一位（二位）

生成。卦名"恒"，乃言阳复持之以恒，渐趋上风。

16井☳☵：三阳第5卦。卦象由前卦第一阳（四位），第二轮上动一位（五位）生成。卦名"井"，乃言阴阳相交，蒸云化雨，春雨下降，井水上涨。——上爻计为第90日，第6节气"惊蛰"终，第3月5卦终。太阳历第1时终，阳仪内圈前半15卦终。

外圈正东的泰卦，至此整卦计为第91日，校正此前内圈15卦积累的偏差。——泰卦的爻动序位是12，值日序位是16。

17困☱☵：三阳第6卦。卦象由前卦第二阳（三位），第二轮上动一位（四位）生成。下卦坎☵为水，上卦兑☱为泽；春雨猛，春潮大，河水溢，井水满，春汛水患初至。卦名"困"，乃言困于水患。——初爻计为第92日，第7节气"春分"始；阴阳平分，春暖花开。

18咸☱☶：三阳第7卦。卦象由前卦第三阳（二位），第二轮上动一位（三位）生成。下卦艮☶为山，上卦兑☱为泽；山上为泽，山洪大至，下灌平地，春汛水患大至。卦名"咸"，训皆；其义承上，乃言天下皆困水患。

19旅☲☶：三阳第8卦。卦象由前卦第一阳（五位），第三轮上动一位（上位）生成；三阳之复，一阳上至天顶。卦名"旅"，乃言阴阳和美，宜于旅行。——第三爻计为第106日，第7节气"春分"终。第四爻计为第107日，第8节气"清明"始；春光清朗明媚，郊游踏青扫墓。

20渐☴☶：三阳第9卦。卦象由前卦第二阳（四位），第三轮上动一位（五位）生成；三阳之复，二阳上至天顶。卦名"渐"，乃言阳气渐强，禾苗渐长。

下一逻辑卦象是三阴辟卦否☷☰，按照避让规则避之。凡遇辟卦，开辟高阶；三阳告终，开辟四阳。太阳北归，进至四阶；圭影南缩，退至二阶。

21大壮☳☰：四阳辟卦。卦象由三阴辟卦12泰☷☰，下增一阳生成；阳复数月，阳爻数超过阴爻数，阳气满地，溢出至天。卦名"大壮"，乃言阳气壮大，禾苗壮大。——上爻计为第121日，第8节气"清明"终，第4月5卦终。

22需☵☰：四阳第2卦。卦象由前卦第一阳（四位），上动一位（五位）生成。卦名"需"，从雨从而，乃言秧苗需雨。——初爻计为第122日，第9节气"谷雨"始；春雨润物，插秧种谷。

23 兑☱：四阳第3卦。卦象由前卦第二阳（三位），上动一位（四位）生成。卦名"兑"，通锐，乃言禾芒渐锐。

24 革☲：四阳第4卦。卦象由前卦第三阳（二位），上动一位（三位）生成。卦名"革"，乃言阳复变革至此，动物换革脱毛，人类去革换衣，气候变革季节。——第三爻计为第136日，太阳历第9节气"谷雨"终，太阴历第一季"春季"终。第四爻计为第137日，太阳历第10节气"立夏"始，太阴历第二季"夏季"始。

25 大过☱：四阳第5卦。卦象由前卦第四阳（初位），上动一位（二位）生成。卦名"大过"，乃言卦象颇似8小过☶，然而阴阳比例相反，阳气业已大过阴气。——伏羲初始卦序，8小过，25大过，由小至大，合于逻辑。《周易》重排卦序，28大过，62小过，由大至小，不合逻辑。

26 鼎☲：四阳第6卦。卦象由前卦第一阳（五位），第二轮上动一位（上位）生成；四阳之复，一阳升至天顶。卦名"鼎"，一言卦象似鼎；二言下卦巽☴为风，上卦离☲为火，风助火势，烧陶为鼎，煮食于鼎；三言阳气已如烧制陶鼎的高温陶窑[1]。——上爻计为第151日，第10节气"立夏"终，第5月5卦终。

27 巽☴：四阳第7卦。卦象由前卦第二阳（四位），第二轮上动一位（五位）生成；四阳之复，二阳升至天顶。卦名"巽"，训风；乃言上下卦均为二阳居上，一阴居下，阳气大占上风，暖风吹拂天地。巽卦位于巳位（太阳历巳月，归藏历四月），此即《淮南道训》所言："巽位在巳"。——初爻计为第152日，第11节气"小满"始；二阳升天，五谷小满。

28 讼☲：四阳第8卦。卦象由前卦第三阳（三位），第二轮上动一位（四位）生成；四阳之复，三阳上升满天。卦名"讼"，乃言天气三阳上行，地气二阴下行，一阳上行被阴阻隔，天地之气争讼。

下一逻辑卦象是二阴辟卦遁☶，按照避让规则避之。凡遇辟卦，开辟高阶；四阳告终，开辟五阳。太阳北归，进至五阶；圭影南缩，退至一阶。

29 小畜☴：五阳领衔卦，卦象又增一阳（五阳辟卦压后，详下）。卦

---

[1]　先有上古伏羲族之陶鼎，后有中古黄帝族之青铜鼎。

名"小畜"，兼言人类小有积蓄，家畜生育小崽。——第三爻计为第166日，第11节气"小满"终。第四爻计为第167日，第12节气"芒种"始；阳光发芒，禾穗抽芒，种地农忙。

30大有☰☰：五阳第2卦。卦象由前卦第一阳（上位），上动一位生成；上无可上，天地之气循环，转至地底（初位）。卦名"大有"，乃言"小畜"之后，大为富有。

31夬☰☰：五阳辟卦。卦象由前卦第一阳（上位），上动一位生成；上无可上，天地之气循环，转至地底（初位）。卦名"夬"，训诀，乃言此卦诀别阳仪。——上爻计为第181日，第12节气"芒种"终，第6月5卦终。太阳历第2时终，阳仪内圈后半15卦终。阳仪内圈30卦终，阳鱼反S线下交圆周。

五阳辟卦为夬☰☰，第一阳（五位）上动一位（上位）为大有☰☰，第二阳（四位）上动一位（五位）为小畜☰☰，然而这是普通卦位的普通卦序，由于五阳3卦必须对应太阳在北回归线的折返，所以只能布为辟卦压后的逆序。逆序并不违背爻动定律，卦象生成均为第一阳（上位）上动一位，上无可上而转至地底（初位），对应于太阳折返。此有两大内证：一是五阳3卦唯有布为逆序，与之对应的阳鱼之首，才能与阴鱼之尾无缝衔接；二是"伏羲布卦"之后根据卦序所定的卦名，只有先"小畜"，再"大有"，后"夬"，才能诀别阳仪。

五阳告终，开辟六阳。太阳北归，进至六阶；圭影南缩，退至最短。

32乾☰☰：六阳辟卦，定位外圈正南，标示天文节点"日夏至"。卦象由五阳辟卦31夬☰☰，下增一阳生成；六爻皆阳，复尽最后一阳，达于阳复之极，对应太阳北归至极，抵达北回归线上空；北半球日照最强，圭影最短；白昼最长，黑夜最短。此即《淮南道训》所言："阳爻聚于午（正南）也。""谓阳起子，运行至四月，六爻成乾。巽位在巳，故言乾成于巽。"卦名"乾"，马王堆帛书《易经》作"键"，均训健，乃言"天行/健"（《象传·乾卦》），"天/行健"为误读[1]。太阳"经天周行"轨道，"独立而不改，

---

[1] 内证见于《象传·剥卦》："君子尚消息盈虚，天行也。"外证见于《庄子》多篇所言"天行"。

周行而不殆"（《老子》），终始循环，永恒不变，是为强健。——整卦计为第182日，校正此前内圈15卦积累的偏差。太阳历每4年1闰日，乾卦增计1日，下卦计为第182日，校正此前内圈15卦积累的偏差；上卦计为第183日，校正4年积累的总偏差。

五　阴仪32卦密合太极阴鱼，
分卦值日下半年太阳历

阴仪32卦（内圈30，外圈2），以内圈末卦"剥"予以总命名，谓之"阴剥"；又称"阴息阳"。

33姤☰☴：一阴辟卦，开辟下半年阴仪爻动，圭影北伸进入一阶，太阳南藏退为五阶。卦象由六阳辟卦32乾☰☰，下生一阴生成；对应于太极阴鱼之尾，共同标示夏至之后太阳在北回归线折返南藏。乾卦六阳仅仅标示夏至太阳最北、圭影最短，并非夏至没有圭影，所以乾卦对应阳鱼之阴眼；夏至后一日，阴眼兑现为阴爻。一阴生于极南（初位），北行始剥六阳，谓之"复极必剥"。阴仪以阴爻为主动爻，卦名多取女性视角。卦名"姤"，从女从后；女，扣阴仪；后，扣阴仪后于阳仪；乃言阴仪始，阴剥起，后半年始于此卦。此即《史记·天官书集解》所言："夏至日，阴气至。"《孝经援神契》所言："夏至阴气始动。"《淮南道训》所言："姤时阴升"，"阴者起姤"，"（夏至）五月，阴气始生地中。"——初爻计为第183日，第13节气"夏至"始。

34同人☰☲：一阴第2卦。卦象由前卦一阴（初位），上动一位（二位）生成。卦名"同人"，或言伏羲族人"同"为母系初祖女娲氏后"人"。

35履☰☱：一阴末卦。卦象由前卦一阴（二位），上动一位（三位）生成。卦名"履"，乃言一阴逐位上动，履阶而上。——第三爻计为第197日，第13节气"夏至"终；第四爻计为第198日，第14节气"小暑"始；一阴下伏，暑气小至。

一阴告终，开辟二阴。圭影北伸，进至二阶；太阳南藏，退至四阶。

36 遁䷠：二阴辟卦。卦象由一阴辟卦33姤䷫，下增一阴生成。卦名"遁"，乃言太阳南遁，又遁一阳。

37 无妄䷘：二阴第2卦。阴仪第一次使用跳跃规则，卦象生成过程是：36遁䷠第一阴（二位）上动一位（三位），是28讼䷅，已见于前，按照跳跃规则跳过；继以第二阴（初位）上动一位（二位），成此卦象。卦名"无妄"，乃言爻动首次出现跳跃，但以跳过的卦象为逻辑桥梁，实无妄动。——上爻计为第212日，第14节气"小暑"终，第7月5卦终。

38 家人䷤：二阴第3卦。卦象由前卦第一阴（三位），第二轮上动一位（四位）生成；地气一阴，首次升为天气。卦名"家人"，其义不详，或言烈日当空，气候酷热，不宜出门，宜居家中。——初爻计为第213日，第15节气"大暑"始；暑气大至，居家避暑。

由于陆地、海洋先吸收阳气，再释放阳气，因此北半球气候之极热，滞后于太阳之极北，所以夏至之后为"三伏"，"夏至"节气较热，"小暑"节气更热，"大暑"节气最热；伏羲太极图、伏羲初始卦序与之对应，阳鱼之首越过太极图中轴线，嵌入阴鱼之尾，标示"夏至后三十日极温"（《易纬·稽览图》，参看图3-6.2三个倾斜十字）。因此太极双鱼的头顶连线，兼为地轴倾斜线和气候滞后线。

39 中孚䷼：二阴第4卦。卦象由前卦第二阴（二位），第二轮上动一位（三位）生成。卦名"中孚"，中，乃言二阴居中，驱散天地暑气；孚，训信，乃言天道"有情有信"（《庄子·大宗师》），阴极必阳，阳极必阴。"三伏"之后，陆地、海洋释放阳气殆尽。

40 睽䷥：二阴第5卦。卦象由前卦第一阴（四位），第三轮上动一位（五位）生成。卦名"睽"，训违、别，乃言告别夏季。——第三爻计为第227日，太阳历第15节气"大暑"终，太阴历第二季"夏季"终。第四爻计为第228日，太阳历第16节气"立秋"始，太阴历第三季"秋季"始。

41 大畜䷙：二阴第6卦。卦象由前卦第二阴（三位），第三轮上动一位（四位）生成；二阴均从地气升为天气。卦象略似28小畜䷈，而多一阴，卦名、卦义承之。"小畜"兼言人类小有积蓄，家畜生育小崽；"大畜"兼言人类大有积畜，家畜长成大崽。——此卦对应的阳鱼头顶，抵达反S线的阳气最大值，此后阴气逐渐逼退阳气。

42 离䷝：二阴第7卦。阴仪第一次背离爻动方向，变成下动，原因是四阳二阴合集15卦，四阳已布8卦，二阴已布6卦，至此仅剩此卦，却非前卦阴爻上动生成，而是前卦阴爻下动生成。下动是后队改前队，卦象生成过程是：41大畜䷙第二阴（四位）下动一位（三位），是40睽䷥，已见于前，按照跳跃规则跳过；假如继以40睽䷥第一阴下动一位，是39中孚䷼，也见于前，而且不能成此仅剩的二阴卦象；所以继以40睽䷥第二阴（三位）下动一位（二位），成此卦象。卦名"离"，乃言爻动首次背离上动。——上爻计为第242日，第16节气"立秋"终，第8月5卦终。

二阴告终，开辟三阴。圭影北伸，进至三阶；太阳南藏，退至三阶。

43 否䷋：三阴辟卦，定位外圈正西，标示天文节点"日秋分"。《淮南道训》注《易传·系辞》"原始返终"曰："（阴阳）交合，泰时，春也。（阴阳）分离，否时，秋也。"又曰："天地交则泰，不交则否。"证明否卦位于外圈正西，标示秋分。

卦象由二阴辟卦36遁䷠，下增一阴生成；下卦三阴，上卦三阳，对应太阳南藏到达赤道上空，阴阳平分，昼夜等长。卦名"否"，从不从和（省禾），训不和；乃言下卦地气三阴下行，上卦天气三阳上行，天地之气不交，秋之阴气杀物，万物不通不和。谓之"天地不交，否"（《象传·否卦》）。

44 涣䷺：三阴第2卦。阴仪第二次使用跳跃规则，卦象生成过程是：43否䷋第一阴（三位）上动一位（四位），是20渐䷴，已见于前，按照跳跃规则跳过；继以第二阴（二位）上动一位（三位），成此卦象。卦名"涣"，乃言剥去三阳之后，阳气趋于涣散。——初爻计为第243日，第17节气"处暑"始；阳气涣散，暑气伏处。

45 益䷩：三阴第3卦。卦象由前卦第三阴（初位），上动一位（二位）生成。卦名"益"，训增，乃言阴爻增（阳爻减）。

46 噬嗑䷔：三阴第4卦。卦象由前卦第一阴（四位），第二轮上动一位（五位）生成。卦名"噬嗑"，乃言三阴主动上噬、上嗑，导致三阳被动下移，亦即太阳南藏下移。——第三爻计为第257日，第17节气"处暑"终。第四爻计为第258日，第18节气"白露"始；阴气噬嗑，"白露为霜"（《诗经》）。

47贲☲☶：三阴第5卦。卦象由前卦第二阴（三位），第二轮上动一位（四位）生成。卦名"贲"，训奔，乃言太阳南藏出奔，渐行渐远。

48损☶☱：三阴第6卦。卦象由前卦第三阴（二位），第二轮上动一位（三位）生成。卦名"损"，训减，乃言阳爻减（阴爻增）。——上爻计为第272日，第18节气"白露"终，第9月5卦终。太阳历第3时终，阴仪内圈前半15卦终。

外圈正西的否卦，至此整卦计为第273日，校正此前内圈15卦积累的偏差。——否卦的爻动序位是43，值日序位是48。

49节☵☱：三阴第7卦。卦象由前卦第一阴（五位），第三轮上动一位（上位）生成；三阴之剥，一阴进至天顶。卦名"节"，乃言阴胜阳的节点，即太阳历9月底10月初、太阴历八月十五的秋收节，后称"中秋节"。此后阳气收敛，天地肃杀，必须节俭，以备秋冬青黄不接。——初爻计为第274日，第19节气"秋分"始；阴阳平分，秋高气爽。

50既济☵☲：三阴第8卦。阴仪第二次背离爻动方向，变成下动，原因是三阳三阴合集20卦，三阳已布9卦，三阴已布7卦，至此所剩4卦，均非前卦阴爻上动生成，此卦实为前卦一阴下动一位生成。下动是后队改前队，卦象由前卦第三阴（三位），下动一位（二位）生成。卦名"既济"，既，完成；济，渡河；乃言太阳渡过天河赤道，到达南半球上空；卦象为三个微形泰卦☷☰，阴阳交通的生物之气，涣散于天地之间。——六爻计为第280日至第285日，正当"秋分"否☶☰之后的太阳历10月"小阳春"，俗称"秋老虎"。[1]

51随☱☳：三阴第9卦。卦象由前卦第二阴（四位），下动一位（三位）生成。阴仪第一次阴爻下动，是二阴末卦40离，没有波及高阶另起的三阴各卦。阴仪第二次阴爻下动，始于三阴倒数第四卦，波及同阶后三卦。卦名"随"，专扣追随前卦而阴爻下动。——第三爻计为第288日，第19节气"秋分"终。第四爻计为第289日，第20节气"寒露"始；阴进阳退，寒气凝露。

---

[1] "秋老虎"之"老虎"，源于对应秋季的西方白虎七宿，是伏羲族创制的二十八宿四象之一。

52 蛊䷏：三阴第10卦。阴仪出现了唯一的爻动特例，卦象并非前卦一爻下动生成，而是前卦六爻上下翻转。卦名"蛊"，训惑，乃言布卦的"伏羲氏"，对此爻动特例大为困惑（参看第四章第九节）。

53 未济䷿：三阴第11卦。卦象由前卦第二阴（四位），下动一位（三位）生成。卦名"未济"，乃言阳气"既济"之后，进一步涣散为"未济"，卦象为三个微形否卦䷋，阴阳不通的杀物之气，弥漫于天地之间。"秋老虎"大减虎威，"小阳春"至此告终。——上爻计为第303日，第20节气"寒露"终，第10月5卦终。

三阴告终，开辟四阴。圭影北伸，进至四阶；太阳南藏，退至二阶。

54 观䷓：四阴辟卦。卦象由三阴辟卦43否䷋，下增一阴生成；阴剥数月，阴爻数超过阳爻数，阴气满地，溢出至天。卦名"观"，或言趋近阴剥之极，已可远"观"来年阳"复"。参看《老子》："致虚极，守静笃；万物并作，吾以'观'其'复'。"——初爻计为第304日，第21节气"霜降"始；阴气肃杀，夜寒霜降。

55 艮䷳：四阴第2卦。阴仪第三次使用跳跃规则，卦象生成过程是：54 观䷓第一阴（四位）上动一位（五位），是11晋䷢，已见于前，按照跳跃规则跳过；继以第二阴（三位）上动一位（四位），成此卦象。卦名"艮"，古作"㫔"，乃言山上出日，引申出"艮为山"。

56 蒙䷃：四阴第3卦。卦象由前卦第三阴（二位），上动一位（三位）生成。卦名"蒙"，乃言冰霜蒙覆大地。——第三爻计为第318日，太阳历第21节气"霜降"终，太阴历第三季"秋季"终。第四爻计为第319日，太阳历第22节气"立冬"始，太阴历第四季"冬季"始。

57 颐䷚：四阴第4卦。卦象由前卦第四阴（初位），上动一位（二位）生成；二阳藏于天顶地底，四阴充塞天地之间。卦名"颐"，训养；乃言天地万物，生于阳动，养于阴静。

58 屯䷂：四阴第5卦。卦象由前卦第一阴（五位），第二轮上动一位（上位）生成；四阴之剥，一阴上至天顶。卦名"屯"，训囷藏，乃言一阳囷于地底，一阳藏于天中。天藏太阳，地藏阳气，人藏食物，天地人无不冬藏。——上爻计为第333日，第22节气"立冬"终，第11月5卦终。

59震☳☳：四阴第6卦。卦象由前卦第二阴（四位），第二轮上动一位（五位）生成；四阴之剥，二阴上至天顶。上卦下卦均为二阴压制一阳，隆冬之象。卦名"震"，马王堆帛书《易经》作"辰"，通娠，乃言阳气孕于地底。——初爻计为第334日，第23节气"小雪"始；阳弱孕地，阴强小雪。

60坎☵☵：四阴第7卦。阴仪第三次背离爻动方向，变成下动，原因是二阳四阴合集15卦，二阳已布8卦，四阴已布6卦，至此仅剩此卦，却非前卦阴爻上动生成，而是前卦阴爻下动生成。下动是后队改前队，卦象生成过程是：59震☳☳第四阴（二位）下动一位（初位），是7解☵☳，已见于前，按照跳跃规则跳过；继以第三阴（四位）下动一位（三位），是8小过☶☳，也见于前，仍然跳过；假如继以8小过☶☳第二阴（五位）下动一位（四位），是9蹇☵☶，也见于前，而且不能成此仅剩的四阴卦象；所以继以7解☵☳第二阴（五位）下动一位（四位），成此卦象。卦名"坎"，训沟，乃言地中沟坎，可以积水，引申出"坎为水"；三爻坎☵，形同"水"字横置。水性寒冷，冰天雪地。

四阴告终，开辟五阴。圭影北伸，进至五阶；太阳南藏，退至一阶。

61豫☳☷：五阴领衔卦，卦象又增一阴（五阴辟卦压后，详下）。卦名"豫"，训预，乃言阴剥将终，预伏重新阳复。参看《老子》："豫兮，若冬涉川。"——第三爻计为第348日，第23节气"小雪"终。第四爻计为第349日，第24节气"大雪"始；阴气满地，大雪纷飞。

62比☵☷：五阴第2卦。卦象由前卦第一阴（上位），上动一位生成；上无可上，天地之气循环，转至地底（初位）。卦名"比"，乃言比邻最长圭影（参看本章第一节大地湾二期"比"字ㄈ），比邻阴剥之终。上卦坎☵为水，下卦坤☷为冰，水下有冰，滴水成冰之象。

63剥☶☷：五阴辟卦。卦象由前卦第一阴（上位），上动一位生成；上无可上，天地之气循环，转至地底（初位）。卦名"剥"，乃言六阳即将剥尽。——上爻计为第363日，第24节气"大雪"终，第12月5卦终。太阳历第4时终，阴仪内圈后半15卦终。阴仪内圈30卦终，阴鱼反S线上交圆周。

五阴辟卦为剥☶☷，第一阴（五位）上动一位（上位）为比☵☷，第二阴

（四位）上动一位（五位）为豫☷☳，然而这是普通卦位的普通卦序，由于五阴3卦必须对应太阳在南回归线的折返，所以只能布为辟卦压后的逆序。逆序并不违背爻动定律，卦象生成均为第一阴（上位）上动一位，上无可上而转至地底（初位），对应于太阳折返。此有两大内证：一是五阴3卦唯有布为逆序，与之对应的阴鱼之首，才能与阳鱼之尾无缝衔接。二是"伏羲布卦"之后根据卦序所定的卦名，只有先"豫"，再"比"，后"剥"，才能剥尽六阳。

五阴告终，开辟六阴。圭影北伸，进至六阶；太阳南藏，退至最南。

64 坤☷☷：六阴辟卦，定位外圈正北，标示天文节点"日冬至"。卦象由五阴辟卦63剥☷☶，下增一阴生成；六爻皆阴，剥尽最后一阳，达于阴剥之极，对应太阳南藏至极，抵达南回归线上空；北半球圭影最长，日照最弱；黑夜最长，白昼最短。此即《淮南道训》所言："阴爻群于子（正北）也。"《孝经援神契》所言："斗指子为冬至，至有三义：一者阴极之至，二者阳气始至，三者日行南至。"卦名"坤"，土为表木之象形，表木后世变为社木、华表；申训伸，乃言冬至圭影，北伸达至最长。——整卦计2日，下卦计第364日，校正此前内圈15卦积累的偏差；上卦计第365日，校正此前63卦积累的全年总偏差。太阳历每4年1闰日，加于外圈正南夏至"乾"；阴仪各卦各爻，随之延后1日，外圈正北冬至"坤"亦然，下卦计为第365日，上卦计为第366日。

太阳顺时针"周行"天球一周（从北极天枢下视，实为地球逆时针环绕太阳一周），圭表投影从冬至最长到夏至最短，再从夏至最短回到冬至最长。"伏羲布卦"如影随形，如响应声，上应"在天成象"的太阳北归南藏，下应"在地成形"的圭影南缩北伸，逐一生成伏羲六十四卦，与一体双生的伏羲太极图处处密合。

"伏羲布卦"前半程"太阳历布卦"，至此告终。

终，从纟从冬。

"终"之"纟"，训结绳，源于上古伏羲族结绳纪历。

《老子》曰："（上古伏羲族）小国寡民……使民复结绳而用之。"

《易传·系辞》曰："上古（伏羲族）结绳而治，后世（黄帝族）圣人易之以书契。"

"终"之"冬"，训冬至，即上古伏羲族的太阳历终始循环点。

容成氏曰："除日无岁，无内无外。"

《老子》曰，"大曰逝，逝曰远，远曰反（返）"，"反（返）者道之动"，"独立而不改，周行而不殆"。

《庄子》曰，"道无终始"，"返复终始"，"始卒若环"，"有情有信"。

神农族史诗《黑暗传》曰：

六十四卦分造化，剥极而复判天人。

天有三百六十度，循环往复运期神。[1]

冬至后一日，太阳在南回归线折返，进入下一年北归阳复，南藏阴剥。剥极必复，复极必剥。天道无往不复，终始循环无尽。

"伏羲布卦"前半程"太阳历布卦"所得神农归藏历"分卦值日图"（图3-8），其象数二义，可以简约概括为：

圆周的伏羲初始卦序，是解析天象、析一为多的历数。

中间的伏羲太极图，是总摄卦序、熔多为一的天象。

伏羲初始卦序与伏羲太极图一体双生，处处密合。

"伏羲布卦"前半程"太阳历布卦"的繁复步骤，可以简约概括为：

首先把"七集六阶图"（图3-5）分阶横列的伏羲六十四卦，按照"连山归藏原理图"（图3-7.1）的爻动原理、阴阳两仪、十二分阶，逐一生成；然后布于"太极四正图"（图3-6.3）的太阳轨道圆周，最终获得了神农归藏历的"分卦值日图"（图3-8）。

"七集六阶"、"六十四卦"是一堆砖头。

"十二分阶"、"阴阳两仪"是建筑图纸。

"爻动原理"是建筑法则，"分卦值日"是终极建筑。

砖头砌入墙体之中，建筑矗立天地之间。

---

[1] 神农族史诗《黑暗传》183页。

六　伏羲卦序爻动全貌

本节集中展示伏羲初始卦序（图3-8）的爻动全貌，略作辨析。

正常爻动58卦：46卦主动爻上动，以↗标示（阴仪3卦上动跳跃，以↗↗标示）。12卦主动爻进阶，以→标示。

异常爻动6卦：5卦主动爻下动，以↘标示（阴仪2卦下动跳跃，以↘↘标示）。1卦六爻翻转，以↓标示。

阳仪32卦，爻动32次——

一阳3卦：1复䷗↗2师䷆↗3谦䷎→

二阳8卦：4临䷒↗5明夷䷣↗6升䷭↗7解䷧↗8小过䷽↗9蹇䷦↗10萃䷬↗11晋䷢→

三阳9卦：12泰䷊（外圈第1，值日序位16）↗13归妹䷵↗14丰䷶↗15恒䷟↗16井䷯↗17困䷮↗18咸䷞↗19旅䷶↗20渐䷴→

四阳8卦：21大壮䷡↗22需䷄↗23兑䷹↗24革䷰↗25大过䷛↗26鼎䷱↗27巽䷸↗28讼䷅→

五阳3卦：29小畜䷙↗30大有䷍↗31夬䷪→

六阳1卦：32乾䷀（外圈第2，值日序位32）→

阴仪32卦，爻动32次——

一阴3卦：33姤䷫↗34同人䷌↗35履䷉→

二阴7卦：36遁䷠↗↗37无妄䷘↗38家人䷤↗39中孚䷼↗40睽䷥↗41大畜䷙↘↘42离䷝→

三阴11卦：43否䷋（外圈第3，值日序位48）↗↗44涣䷺↗45益䷩↗46噬嗑䷔↗47贲䷕↗48损䷨↗49节䷻↘50既济䷾↘51随䷐↓52蛊䷑↘53未济䷿→

四阴7卦：54观䷓↗↗55艮䷳↗56蒙䷃↗57颐䷚↗58屯䷂↗59震

≣↘↘60坎≣→

五阴3卦：61豫≣↗62比≣↗63剥≣→

六阴1卦：64坤≣（外圈第4，值日序位64）→

外圈4卦的爻动序位、值日序位，略有小异——

爻动序位12泰、32乾、43否、64坤。泰卦是三阳首卦，否卦是三阴首卦。这一爻动序位，"布卦"之后不再使用。

值日序位16泰、32乾、48否、64坤。泰卦位于外圈正东，值日序位在井卦之后、困卦之前，所以从爻动序位12泰变成了值日序位16泰。否卦位于外圈正西，值日序位在损卦之后、节卦之前，所以从爻动序位43否变成了值日序位48否。

伏羲初始卦序的值日序位，见表3-1（仅标8的倍数卦）。[1]

表3-1　伏羲六十四卦分卦值日表（张远山原创）

太阳历	太阴历	内圈60卦，每月5卦	外圈4卦	值日
子月	十一	复≣，师≣，谦≣；临≣，明夷≣		上半年复至乾
丑月	十二	升≣，解≣，8小过≣，蹇≣，萃≣		
寅月	正月	晋≣；归妹≣，丰≣，恒≣，井≣	16泰≣	
卯月	二月	困≣，咸≣，旅≣，渐≣；大壮≣		
辰月	三月	需≣，兑≣，24革≣，大过≣，鼎≣		
巳月	四月	巽≣，讼≣；小畜≣，大有≣，夬≣	32乾≣	
午月	五月	姤≣，同人≣，履≣；遁≣，无妄≣		下半年姤至坤
未月	六月	家人≣，中孚≣，40睽≣，大畜≣，离≣		
申月	七月	涣≣，益≣，噬嗑≣，贲≣，损≣	48否≣	
酉月	八月	节≣，既济≣，随≣，蛊≣，未济≣		
戌月	九月	观≣，艮≣，56蒙≣，颐≣，屯≣		
亥月	十月	震≣，坎≣；豫≣，比≣，剥≣	64坤≣	

---

[1]　表3-1，表3-2，表3-3，张远山原创并命名。

再列两个统计表，以观伏羲初始卦序的爻动规律性和卦象对称性。

表3-2 伏羲初始卦序爻动方式（张远山原创）

阴阳循环 64	进阶 12	上动 46	下动 5	翻转 1
阳仪爻动 32	6	26	0	0
阴仪爻动 32	6	20	5	1

表3-2显示，伏羲初始卦序的爻动方式，具有规律性。阳仪爻动32次，全部遵循爻动定律，无一例外。阴仪爻动32次，26次遵循爻动定律；由于卦象不可重复，6次爻动异常（5次下动，1次翻转），5次爻动跳跃。

表3-3 伏羲初始卦序阴阳分布（张远山原创）

阳仪 32	一阳 3	二阳 8	三阳 9	四阳 8	五阳 3	六阳 1
阴仪 32	一阴 3	二阴 7	三阴 11	四阴 7	五阴 3	六阴 1

表3-3显示，伏羲初始卦序的卦象分布，具有对称性。

阳仪以"春分"泰䷊所在的三阳9卦为中心，二阳、四阳各8卦对称分布，一阳、五阳各3卦对称分布，终以六阳1卦"夏至"乾䷀。

阴仪以"秋分"否䷋所在的三阴11卦为中心，二阴、四阴各7卦对称分布，一阴、五阴各3卦对称分布，终以六阴1卦"冬至"坤䷁。

伏羲初始卦序的爻动方式之所以具有规律性，卦象分布之所以具有对称性，乃因"伏羲布卦"把"爻动原理"贯彻始终，具有逻辑唯一性，符合天道必然性。

南宋朱元昇《三易备考》记载："《连山》二篇，自复至乾为阳仪，自姤至坤为阴仪。"[1]朱元昇《三易备遗》又记载："《归藏》首坤乾，终比剥，循伏羲六十四卦、三百八十四爻之序。"[2]证明夏历《连山》、商历《归藏》

---

[1] 马国翰《玉函山房辑佚书》辑本《连山易》注引。

[2] 四库本《三易备遗》。参看施维、邱小波主编《周易图释大典》500页，中国工人出版社1994。

无不承袭伏羲初始卦序，兼存"圭测阴阳"的伏羲族历法古义和"卦占吉凶"的黄帝族卜筮新义。仅有重编卦序的《周易》，不存伏羲族历法古义，仅剩黄帝族卜筮新义。

"伏羲布卦"创制的伏羲初始卦序，首先决定了每一卦的卦象、卦位，然后决定了每一卦的卦义、卦名。每一卦的卦象、卦位、卦义、卦名，植根于伏羲初始卦序的意义体系。脱离了伏羲初始卦序的意义体系，无法透彻理解卦象、卦位、卦义、卦名的初始意义和根本意义。

伏羲初始卦序，对应于一年的太阳北归南藏、圭影南缩北伸。一日的太阳归藏、圭影伸缩难以单独显现意义，全年的太阳归藏、圭影伸缩才能显现比较意义和规律意义，因此伏羲初始卦序的意义体系，植根于天象和圭影的意义体系。脱离了天象和圭影的意义体系，无法透彻理解卦象体系的初始意义和根本意义。

伏羲初始卦序既极度形象，又极度抽象。中古以后所言"易有三义，一曰简易，二曰变易，三曰不易"（郑玄），无不植根于上古"伏羲布卦"，亦即《周髀算经》所言"伏羲作历度"。

其一，仅用阳爻、阴爻两种符号，是为"简易"。

其二，逐一爻动，逐一渐变，逐一生成，逐一对应"在天成象"的太阳北归南藏，逐一对应"在地成形"的圭影南缩北伸，是为"变易"。

其三，遵循"独立不改，周行不殆"的天文之道，创制"分卦值日，一爻一日"的阴阳合历，是为"不易"。

三义合一，通天彻地，是为"大道至简"。

2013年8月26日—2014年5月7日（十一稿）

2023年5—6月修订

第四章

太阴历布卦：伏羲氏创制阴阳合历后半程

——伏羲连山历升级为神农归藏历（下）

内容提要　本章根据考古、文献双重证据，论证伏羲六十四卦专为阴阳合历而创制。运用图像思维的特殊逻辑，还原"伏羲布卦"后半程"太阴历布卦"，创制神农归藏历分卦值日图的三大副图，把太阳历升级为正月建寅、十九年七闰的阴阳合历，完成历法升级。随后提炼出"无极而太极"的"太极原理"，把"浑天说"升级为"浑夕说"（宣夜说），完成天文升级。

关键词　日月为易；易有四义；太阳历本质；太阴历表象；正月建寅；十九年七闰；历法升级；无极而太极；天文升级。

上章根据考古证据和文献证据，运用图像思维的特殊逻辑，推导、论证、复原了"伏羲布卦"前半程的"太阳历布卦"：把"伏羲画卦"三千五百年确立的"阴阳本质"、"象数二义"予以系统化，提炼为"爻动原理"；把伏羲连山历的太阳历天文、历法内涵予以象数化，融入卦序未定的六十四卦符号体系，升级为卦序确定的六十四卦意义体系；布出卦象对应天象、爻数对应日数的伏羲初始卦序，亦即神农归藏历"分卦值日图"（图3-8.1），以下简称"主图"。

本章接续上章，仍然根据考古、文献双重证据，运用图像思维的特殊逻辑，推导、论证、复原"伏羲布卦"后半程的"太阴历布卦"：把"伏羲画卦"三千五百年间探索太阴历、阴阳合历的天文、历法成果予以象数化，融入六十四卦意义体系，创制主图"分卦值日图"的三大副图"分名值月图"、"分卦值节图"、"分卦值季图"，把太阳历换算为太阴历；开创了此后四千年华夏全境一切阴阳合历的共同特征：太阳历本质隐藏于内，太阴历表象突显于外。

一　从人面鱼到太极图：太阴历早期探索

从先仰韶期、大地湾一期（前6000）"伏羲画卦"创立太阳历"伏羲连山历"，到龙山中晚期、陶寺中期（前2500—前2200）"伏羲布卦"升级为阴阳合历"神农归藏历"，相距漫漫三千多年。在此期间，伏羲族持续观测月相，首先弄清了月亮的运行规律和精确周期，进而弄清了月亮与地球、太阳的天文关系，最后弄清了太阴历与太阳历的历法关系，成为"伏羲布卦"后半程"太阴历布卦"的坚实基础。

伏羲族探索月相变化的最强考古证据，是仰韶中期（前4500）的大量人面衔鱼盆。其中一件的纹样，被西安半坡博物馆标于门楣，又经媒体大量报导，学者热烈讨论，教科书传播普及，变得极其著名，致使很多人误以为仅此一件。其实东扩伏羲支族多有人面衔鱼盆，半坡出土了多件，北首岭、姜寨等遗址也有多件。

陆思贤《神话考古》认为，不同的人面鱼，实为不同的月相图，分别是新月、上弦、望月、下弦、晦朔（图4-1.1—5），堪称卓见。

人面鱼之人面，均非普通人面，而是神面，即日月之神，故有日月之形。人面头顶的山形冠，均非普通帽子，而是首见于大地湾的连山历标志"阴阳山"，均标刻度，亦即爻数，类似于半坡、姜寨、马家窑、柳湾的刻划符号。汉代大量出现的伏羲女娲像，伏羲头顶均有山形冠，正是连山历的标志。

陆思贤所言"上弦月"（图4-1.2），正是最著名的半坡人面鱼。其额部的阴阳分界线，全同于逆时针旋转的"连山历河图"阳鱼之尾、阴鱼之首（图4-1.7）。

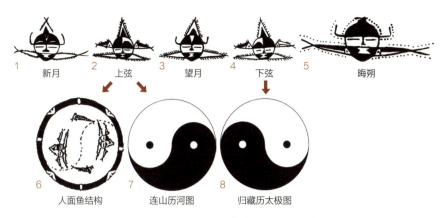

图 4-1　人面鱼的月相内涵和太极结构

（图中标注：1 新月　2 上弦　3 望月　4 下弦　5 晦朔　6 人面鱼结构　7 连山历河图　8 归藏历太极图）

陆思贤所言"下弦月"（图4-1.4），则是另一件半坡人面鱼。其额部的阴阳分界线，全同于顺时针旋转的"归藏历太极图"阳鱼之尾、阴鱼之首（4-1.8）。

由于"河图—太极图"的阳鱼之尾、阴鱼之首，均对应于太阳历终始循环点"冬至"，因此人面鱼并非单纯探索月相变化，而是试图把朔望月之周期，整合入太阳回归年之周期，亦即探索阴阳合历之可能性。只是仰韶中期属于探索初期，阴阳双鱼还在人面的双耳位置，尚未游入人面。所以"连山历河图"尚未出现，"归藏历太极图"更未出现（详上第二章第五节），人面鱼仅是前者的雏形，后者的远祖。

人面鱼出现一千五百年之后的仰韶末期（前3000），阴阳双鱼游入人面，成为以二十八山为地面坐标而逆时针旋转的"连山历河图"，所以同一时期大量出现了"河图生两仪"的双耳历法盆。

人面鱼出现两千年之后的龙山中期（前2500），"连山历河图"的阴阳双鱼改变了旋转方向，成为以二十八宿为天空坐标而顺时针旋转的"归藏历太极图"，所以同一时期大量出现了"太极生两仪，两仪生四象"的四耳历法盆。

蒋书庆《破译天书：远古彩陶花纹揭秘》认为，人面鱼之结构，符合太极图之结构（图4-1.6），亦为卓见，但其边纹没有摆正。人面鱼的太极结构，其实是逆时针旋转的连山历河图（图4-1.7），不是顺时针旋转的归藏历太极图（图4–1.8）[1]，因为仰韶时期的北首岭、姜寨、半坡出现人面鱼之时，"伏羲布卦"尚未开始，连山历河图尚未升级为归藏历太极图。

"伏羲画卦"持续三千五百年，其间不断积累的太阴历、阴阳合历知识，虽未融入伏羲连山历，但已融入连山历河图，后被归藏历太极图继承，所以"河图—太极图"均有太阳历、太阴历、阴阳合历三重内涵。

其一，太阳历内涵。

"河图—太极图"是太阳回归年的太阳位移、圭影变化之全集。

阳鱼对应冬至到夏至的上半年，太阳逐日北归，圭影南缩变短，气候由寒变暖。

阴鱼对应夏至到冬至的下半年，太阳逐日南藏，圭影北伸变长，气候由暖变寒。

其二，太阴历内涵。

"河图—太极图"兼为月亮朔望月的月亮位移、月相变化之全集。

阳鱼对应朔日（初一）到望日（十五）的上半月，月相由亏至盈。

阴鱼对应望日（十五）到晦日（三十）的下半月，月相由盈至亏。

其三，阴阳合历内涵。

"河图—太极图"是阴阳合历的标志，阳鱼对应太阳历，阴鱼对应太阴历。

阳鱼标示日落，阴眼标示夜晚不见的太阳。

阴鱼标示月升，阳眼标示悬于夜空的月亮。

双鱼互动，标示日月循环，昼夜交替。

除此之外，"河图—太极图"还能标示太阳、地球、月亮互动导致的日食、月食。

月亮运行到地球内侧（日→月→地），遮住射向地球的阳光，"河图—太极图"即为日食图：阳鱼标示太阳未被月亮遮住的部分，阴鱼标示太阳

---

[1] 图4–1.1—5，采自陆思贤《神话考古》123页，文物出版社1995。又见陆思贤、李迪《天文考古通论》69页，紫禁城出版社2000。图4–1.6，采自蒋书庆《破译天书：远古彩陶花纹揭秘》397页，上海文化出版社2001。

被月亮遮住的部分。

月亮运行到地球外侧（日→地→月），地球遮住射向月亮的阳光，"河图—太极图"即为月食图：阳鱼标示月亮被阳光照到的部分，阴鱼标示月亮被地球遮住的部分。

上古伏羲族凝聚于"河图—太极图"的天文知识，中古以后多有传承抉发，仅因"太极图"失传，一律称为"河图"。

比如汉代纬书《河图》佚文：

> 地有四游，冬至地上行，北而西三万里。夏至地中行，南而东三万里。春秋二分，是其中矣。地常动移，而人不知，譬若闭舟而行，不觉舟之运矣。（《尚书考灵曜》略同）

所言"北而西"、"南而东"，均为黄帝族承袭的逆时针"连山历河图"。《河图》佚文又曰：

> 地恒动不止，譬人在大舟上，闭牖而坐，舟行而人不觉。[1]

证明上古伏羲族不仅明白太阳、月亮恒动，而且明白"地常动移"、"恒动不止"。

其他相关文献，还有很多——

> 日照月，月光乃生。（《周髀算经》）
> 日月合于晦朔，天之常也。日食，月掩日光。（王充《论衡·说日》）
> 日蚀，月往蔽之。（刘向《五经通义》）
> 月有形无光，日照之，乃有光。日似弹丸，月亦似弹丸，日照处则明，不照处则暗。（《尔雅·释天》注引京房《京氏易传》）

---

[1] 安居香山、中村璋八《纬书集成》1216、1217页，河北人民出版社1994。

月，光生于日之所照，魄生于日之所蔽；当日则光盈，就日则光尽。（张衡《灵宪》）

月本无光，犹银丸，日耀之，乃光耳。光之初生，日在其傍，故光侧，而所见才如钩；日渐远，则斜照，而光稍满。（沈括《梦溪笔谈》）

诸多文献证明，上古伏羲族不仅明白太阳发光，月亮不发光而反射阳光，而且明白日、月、地都是球形，三者互动是日食、月食的原因。所以中国拥有全球最早、最为完整的日食、月食连续记录，包括哈雷彗星等众多星辰的连续记录，成为现代天文学不可或缺的上古天象精确实录。

由于这些天文知识不能与中古黄帝族的"盖天说"兼容，只能与上古伏羲族的"浑天说"兼容，所以不可能产生于中古黄帝族，只可能产生于上古伏羲族。而其中古以后被持续剿灭，变得零散不成系统，正是独尊"盖天说"的庙堂意识形态不允许其存在所致（详上第二章，参看第五章）。

二　从囵囵纹到日月易：日月为易

所谓"易有三义：一曰简易，二曰变易，三曰不易"（《周易》郑玄注），源于"伏羲布卦"前半程的"太阳历布卦"，仅及太阳历，未及太阴历。

"伏羲布卦"后半程的"太阴历布卦"，涉及了"易"之第四义："日月为易"。此义同样始于"伏羲画卦"的连山历时期，也有漫长的酝酿期，分为三大阶段。

第一阶段，仰韶晚期、大地湾四期（前3500—前2900）的"大庭氏"时期，出现了"日月为易"的第一前身："一日一易"的日囵纹（图4-2.1）。

"勿"是标示太阳历1时3月的三条圭影，拟形为太阳鸟的三趾爪，外有太阳黄道"〇"，合为"囵"。这是标示观象方法：圭表测影。

"勿"上的宽带纹，俯视即"日"道，侧视即阳爻符"━"，三者合为

图 4-2　囫囵纹：1 日囫纹，2 月囵纹

"易"，即"阳"（陽）之初文。这是标示天文表象：太阳北归南藏，圭影南缩北伸。

日囫纹之间，是标示地轴倾斜的倾斜倒影山。这是标示天文根源：太阳北归南藏，圭影南缩北伸，源于地轴倾斜。

四对倾斜倒影山之上的陶器口沿，各画三阳爻（侧视为三点），合为太阳历 4 时 12 月。这是历法设置。

整个纹样，无一多余点画，精准至极；观象方法，天文表象，天文根源，历法设置，囊括无遗。

第二阶段，龙山初期（前 3000）的"伯皇氏"时期，出现了"日月为易"的第二前身："一月一易"的月囵纹（图 4-2.2）[1]。其首为鸟，两条长尾弯曲如钩，合为新月之形，标示月亮的盈亏圆缺。

日囫纹的三趾爪，后来演变为象征太阳的三足"乌"，即雄"凤"。月囵纹的二尾翼，后来演变为象征月亮的二足"鸟"，即雌"凰"。"凰"与"伯皇氏"同时，并非巧合。早在先仰韶期的陕西宝鸡北首岭（前 5200），伏羲族已经画出华夏第一龙凤图（图 1-23），其时龙、凤相对，均属太阳历，东七宿之"龙"标示冬至到夏至的太阳历上半年，西七宿之"凤"标示夏至到冬至的太阳历下半年。两千七百年后的龙山中期（前 2500），日囫纹、月囵纹把凤鸟分出雌雄，雄凤标示太阳历，雌凰标示太阴历。后世所言"雄为凤，雌为凰"，源于上古伏羲族的阴阳合历。

---

[1]　图 4-2.1，大地湾四期日囫纹，采自《图谱》编号 93。图 4-2.2，兰州雁儿湾月囵纹，采自《图谱》56 页。

第三阶段，龙山中期（前2500）的"华胥氏"时期，"华胥氏"之子"伏羲氏"布卦之前，太阳历之"囦"（易）与太阴历之"囧"合而为一，出现了阴阳合历的日月为易纹（图4–3）[1]，当然仍非一蹴而就，也有渐进过程。

1	2	3	4
囦囧纹	凤凰纹	日月易	凤凰易

图 4–3　日月为易纹

其一，龙山中期，甘肃岷县蒩地坪的编号130（图4–3.1），日囦纹、月囧纹合为"囦囧纹"。

双"勿"向上，兼为大火星纹，共绕北极天枢旋转，因为当时正在使用连山历向归藏历过渡的"火历"。

双"勿"之间，夹有一"仑"。"仑"纹见于伏羲族的无数陶器，后来变成黄帝族青铜上的卷云纹。黄帝族又根据卷云纹，造字为"侌"，即"阴"（陰）之初文。尽管大地湾一期"伏羲画卦"之初，即已确立阳爻对应太阳归藏、阴爻对应圭影伸缩的"阴阳本质"，但在黄帝族完成汉字体系之时，已把伏羲六十四卦移用于卜筮，因此"阴爻"之"阴"，读音虽近圭影之"影"，字形却已远离圭影，字义变成了"云层遮住阳光为阴"。最后的残迹，就是"侌"字源于卷云纹，卷云纹又远承"昆仑"之"仑"。

"囦囧纹"的特殊形式"勿仑纹"，实为"昆仑纹"。"昆"下之"比"，首见于大地湾二期（第三章第一节），初义是比较两日正午圭影的长短。"囦"、"易"与"昆"的区别仅仅在于，前者下部是太阳在北的向下圭影

[1]　图4–3.1囦囧纹、2凤凰纹、3日月易，采自《图谱》编号130（甘肃岷县蒩地坪）、125（甘肃天水杨家坪）、208（甘肃兰州红山大坪）。图4–3.4凤凰易，兰州西坡坬双鸟太极图，采自吴山《中国新石器时代陶器装饰艺术》41页，文物出版社1982。

"勿"，后者下部是太阳在南的向上圭影"比"。

"囫囵"与"勿仑"、"昆仑"的区别，仅是有无方框"口"，亦即伏羲连山历之天文台"昆仑台"的外形。伏羲支族的扩张辟地，把伏羲连山历传遍华夏全境，连山历的方形天文台"昆仑台"也随之遍布华夏全境。东扩伏羲支族半坡、姜寨等地，均有四方"昆仑台"。黄帝族祖地红山文化区域的辽宁建平牛河梁（前3500），辽宁喀喇沁左旗东山嘴（前3500），也有四方"昆仑台"。

《山海经》如实记载了遍布华夏全境的"昆仑之丘"，一再强调昆仑之丘上的昆仑台，都是"台四方"[1]。四方之台，必非自然山丘，必为人工建筑——天文台（详见续著《玉器之道》）。

其二，甘肃天水杨家坪的编号125（图4-3.2），"囫囵纹"拟形为双鸟，演变为"凤凰纹"：右为标示阳仪的雄凤，左为标示阴仪的雌凰，凤、凰共衔标示阴阳合历的"阴阳两仪纹"。

其三，甘肃兰州红山大坪的编号208（图4-3.3），把左右横置的"凤凰纹"，变为上下竖置的"日月易"：上为太阳历之"囫"，下为太阴历之"囵"，合为华夏第一"易"字；天文内涵是"日月"周期整合为一，历法内涵是"阴阳"二历整合为一。圆心短斜线标示地轴倾斜。

其四，甘肃兰州西坡坬的"双鸟太极图"（图4-3.4），把"日月易"变为"凤凰易"，预示着"伏羲布卦"即将开始，伏羲太极图即将出现，阴阳合历"神农归藏历"即将诞生。

战国秦汉的伏羲象数易，不仅大量抉发了伏羲六十四卦"分卦值日"的太阳历古义（详见上章），而且大量抉发了"日月为易"的阴阳合历古义，今举四证。

其一，《易传·系辞》：

---

[1] 《海外北经》："共工之台，台在其东，台四方。"《海外南经》："昆仑虚在其东，虚四方。一曰在歧舌东，为虚四方。"《海内北经》："帝尧台、帝喾台、帝丹朱台、帝舜台，各二台，台四方，在昆仑东北。"诸帝之台，均为陵墓，形制仿效昆仑台。各二台，一台葬己，一台陪葬（类似车马坑，二里头已有车马坑）。

广大配天地，变通配四时，阴阳之义配日月。……日往则月来，月往则日来，日月相推，而明生焉。寒往则暑来，暑往则寒来，寒暑相推，而岁成焉。

其二，《史记·天官书》：

仰则观象于天，俯则法类于地。天则有日月，地则有阴阳。

其三，许慎《说文解字》引易纬《秘书》：

日月为易，像阴阳也。

其四，魏伯阳《周易参同契》：

日月为易，刚柔相当；土旺四季，罗络始终。

因此"伏羲象数易"之"易"，共有四义：

第一简易，第二变易，第三不易，第四日月为易。

前三义是"神农归藏历"的太阳历本质，第四义是"神农归藏历"的太阴历表象。

前三义简洁而抽象，天文、历法内涵极其隐晦，第四义坐实于日月，天文、历法内涵极其明显，因此坚信伏羲六十四卦的创制初义仅为卜筮者，多奉"易有三义"为"治易"三大法宝，多斥"日月为易"为后人附会。

然而考古、文献的系统证据链之互证，证明"日月为易"并非后人附会，而是早于中古黄帝族卜筮新义的上古伏羲族历法初义。

"日月为易"的阴阳合历，天文本质是把月亮环绕地球旋转（从属于地球自转）的朔望月周期29.5日，整合入地球环绕太阳旋转（地球公转）的回归年周期365.25日，亦即求得两者的最小公倍数。

天文岁实可有小数，历法设置不可有小数，因为最小历法单位是1日。

因此太阳历设置12月，小月30日，大月31日；平年12月365日，闰年多1日为12月366日。太阴历设置小月29日，大月30日；平年12月354日，闰年多1月为13月384日。两者的最小公倍数是19年6940日，求得过程如下。

太阴历平年，6朔望小月×29日+6朔望大月×30日＝354日，比太阳历平年、闰年各少11日、12日，所以必须设置太阴历闰月，使之趋近太阳历。

太阴历闰年，6朔望小月×29日+7朔望大月×30日＝384日，比太阳历平年、闰年各多19日、18日，所以太阴历闰月不能每年设置，只能"三年一闰，五年再闰"，"十九年七闰"。

不含闰日的太阳历十九平年常数：19年×12太阳月（365日）＝228太阳月（6935日）

不含闰月的太阴历十九平年常数：19年×12朔望月（354日）＝228朔望月（6726日）

两种十九平年常数之差：6935日–6726日＝209日。所以太阴历只要设置7个朔望闰月，亦即6个朔望大月180日，1个朔望小月29日（6×30+1×29＝209），即可消除常数之差。

含太阴历闰月、不含太阳历闰日的阴阳合历十九年常数：228太阳月＝235朔望月＝6935日。还必须每四年再计入太阳历1闰日，亦即把一个朔望小月改为朔望大月；总共计入太阳历十九年的5闰日，即可消除太阳历、太阴历的历数之差。

阴阳合历十九年总日数：

太阴历常数6726日＋7闰月209日＋太阳历5闰日＝6940日

钮卫星、江晓原《中华文化通志·科学技术·天学志》认为：

中国人掌握19年7闰周期，较西方为早（从公元前589年起）。从现有的巴比伦星历表来看，巴比伦人使用这一周期始于公元前500—400年间。而中国从汉代确立的"无中气之月置闰"法则更为先进。[1]

公元前433年，希腊天文学家默冬提出阴阳合历的十九年总日数6940日，史称"默冬周期"，比龙山中晚期"伏羲布卦"创制"十九年七闰"的阴阳合历"神农归藏历"，晚了两千年。

"伏羲布卦"前半程，排出卦象对应天象、爻数对应日数的伏羲六十四卦初始卦序，创制了"日月为易"的阴阳合历"神农归藏历"主图（图3-8.1），既可以"分卦值日"太阳历，也可以"分卦值日"太阴历。

太阴历平年354日＝59卦×6爻＝354爻／日
太阴历闰年384日＝64卦×6爻＝384爻／日

太阴历闰年的总日数，等于伏羲六十四卦的总爻数，并非巧合，因为伏羲六十四卦正是专为阴阳合历创制的历法计算尺。

三 太阳历计算图："十二地支"分名值月

"伏羲布卦"前半程已经创制的神农归藏历主图（图3-8.1），是阴阳合历的总计算尺。

"伏羲布卦"后半程即将创制的神农归藏历副图，则是阴阳合历的辅助计算尺。因为编制阴阳合历，必须先计算太阳历，再换算为太阴历，分别需要专用的辅助计算尺。

首先，创制配合主图计算太阳历的辅助计算尺。

伏羲连山历是单纯的太阳历，只需要一套日名、月名，即数字日名和

---

[1] 钮卫星、江晓原《中华文化通志·科学技术·天学志》278页，上海人民出版社1998。

数字月名。

神农归藏历则是兼有太阳历、太阴历的阴阳合历，先计算太阳历，后换算为太阴历。这是不能搞混的两道程序，所以需要两套日名、月名。

由于阴阳合历的太阳历本质隐藏于内，太阴历表象显现于外，为了方便民众使用阴阳合历，原先用于太阳历的数字日名、数字月名，必须移用于太阴历，所以伏羲族另外创制了神农归藏历的太阳历日名、太阳历月名。

神农归藏历的太阳历日名，即十天干"甲乙丙丁戊己庚辛壬癸"。

神农归藏历的太阳历月名，即十二地支"子丑寅卯辰巳午未申酉戌亥"。

蔡邕《明堂月令论》言及"干"、"支"的初义："作甲乙以名日，谓之干。作子丑以名月，谓之支。"[1]

"干"、"支"的初义，全都源于大地湾一期"伏羲画卦"之初的圭表测影。

十天干之首"甲"的初文"│"，是伏羲族的常见刻划符号，亦即表木的符号。

表木对应"在天成象"的天文，因以树干制作，故称"天干"。

圭影对应"在地成形"的历法，其形如同树枝，故称"地支"。

所以十天干是用十进制记录太阳归藏，记录为"仰则观象于天"的天文数据。

十二地支是把十天干记录的天文数据十二等分，计算为"俯则观法于地"的十二月太阳历。

十天干的天文层次，高于十二地支的历法层次。

十天干之末"癸"的初文"×"，也是伏羲族的常见刻划符号，其形同于交午纹"乂"，实为"十"旋转45°。十天干其他各字，也都各有天文来历，本书暂不详考。

十二地支的字形，全都源于二十八宿特定星宿的连线，郑文光《中国天文学源流》早已作出终极考证。本书不引全部，仅引历代"四正"涉及的"子"、

---

[1] 古籍多言"黄帝命大挠作甲子"，实属讹说。《路史·后记一》注引陈鸣《历书序》则言："伏羲推策作甲子。""伏羲"为族群名，"大挠"为个人名。

"丑"、"寅"、"亥"为例，即知其为甲骨文 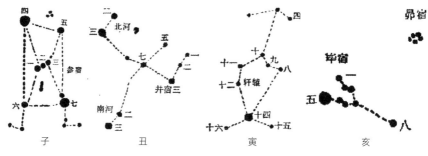、、、 之源（图4-4）。[1]

图4-4　十二地支＝星宿连线（郑文光）

至迟在仰韶、龙山之交（前3000），伏羲族已把逆时针旋转的二十八山地面坐标，投射为顺时针旋转的二十八宿天空坐标。

至迟在龙山中晚期（前2500—前2200）"伏羲布卦"创制阴阳合历"神农归藏历"之时，伏羲族已把二十八宿十二等分，作为太阳每年环绕北极天枢旋转的十二区间。每一区间若干星宿的连线，即为十二地支的字形，用作神农归藏历的太阳历十二月名。

"伏羲布卦"第七步（接续上章前半程六步），创制了神农归藏历分卦值日图（图3-8.1）的第一副图：十二地支分名值月图（图4-5）[2]。这是太阳历计算尺，亦即太阳历本质图。

十二辟卦居于内圈，十二地支围于外圈，两者逐一对应。遂有一疑：十二辟卦的卦名，为何不能用作太阳历的十二月名？

原因之一，十二辟卦之坤䷁、乾䷀、泰䷊、否䷋，是主图外圈的四正卦，卦象严格对应天文节点"日冬至"、"日夏至"、"日春分"、"日秋分"，只能值一日（或二日），不能值一月。

原因之二，"十二辟卦方图"（图3-7.1）提取自"七集六阶图"（图3-5），

[1]　图4-4，采自郑文光《中国天文学源流》之《十二支的诞生》122、125、126、132页，科学出版社1979。

[2]　图4-5，十二地支分名值月图：太阳历计算尺，张远山原创并命名。

天文功能是标示太阳北归南藏、圭影南缩北伸的十二分阶，每阶长度不等，每集卦数不等，少则1卦、6卦，多者15卦、20卦。所以在主图中是不均位分布，不能十二等分太阳历，只能"分卦值阶"，不能"分名值月"。

十二地支源于二十八宿的十二区间，每支长度相等，既有天文功能，也有历法功能。

图4-5　十二地支分名值月图：
太阳历计算尺（张远山原创）

天文功能是十二等分二十八宿，十二等分太阳一年周行的区间，十二等分天球360°，每支各占30°。"子"定位天球正北360°/0°，"午"定位天球正南180°，"卯"定位天球正东90°，"酉"定位天球正西270°，所以伏羲族把天球、地球的南北经线称为"子午线"，不称"坤乾线"；把天球、地球的东西纬线称为"卯酉线"，不称"泰否线"。延续至今，四千余年不变。

历法功能是十二等分太阳历，"分名值月"太阳历十二月，每月5卦30爻/日。

"十二辟卦太极图"（图3-7.2）尽管在"伏羲布卦"前半程，用于标示爻动十二分阶，产生于主图（图3-8.1）之前；但在主图产生之后，标于"十二地支分名值月图"内圈，亦非可有可无的摆设，只是不再标示爻动十二分阶，而与十二地支逐一对应，产生了新的历法功能——

每卦分为下卦、上卦，分别对应太阳历每月二节气；下卦对应上半月一节气十五日，上卦对应下半月一节气十五日；三爻分别对应一节气三物候，一爻对应一物候五日。合计二十四节气、七十二物候、三百六十日（图4-6）。[1]

---

[1]　图4-6，伏羲十二辟卦功能图，张远山原创。

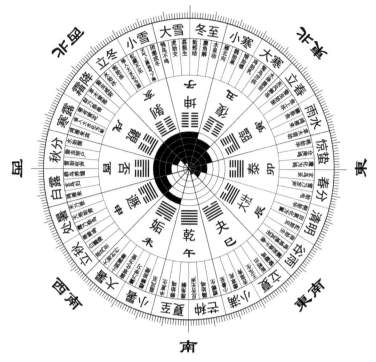

图4-6　伏羲十二辟卦功能图（张远山原创）

第一副图（图4-5）是配合主图的太阳历计算尺，用于第一道程序——
把主图十二等分，计算十二月太阳历，使用天干日名、地支月名，"定
四时成岁"。太阳历"一岁"第1月"子月"，永远始于太阳历节气"冬至"。

第二副图（图4-7）是配合主图的阴阳历换算尺，用于第二道程序——
把主图配第一副图计算所得之十二月太阳历，换算为十二月或十三月
太阴历，使用数字日名、数字月名，"定四季成年"。太阴历"一年"第一
月"正月"，每十九年始于太阳历节气"立春"。

两道程序，《尚书·尧典》合称"期三百有六旬有六日，以（太阴历）
闰月定（太阳历）四时成岁"，《周礼·春官·太史》合称"正岁、年以序
事"，《左传·文公六年》合称"闰以正时，时以作事"。

太阴历"一年"，第一月不称"一月"，而称"正月"，意为正位太阳
历节气。太阴历"正月朔日"必在太阳第3月"寅月"，故称"正月建寅"。

从太阳历换算而来的太阴历，每年"正月朔日"（大年初一）前后略有移动，直到第十九年消除太阳历、太阴历的历数之差，完成阴阳合历的"十九年天道循环"，第二十年进入下一循环。

所以阴阳合历的专名"正朔"，包含双重含义。

首先是阴阳合历起计点"朔旦冬至"，即朔望月朔日（初一）与冬至后一日重合，每十九年重合一次。

其次是"新年立春"，即正月朔日与冬至后四十六日立春重合，也是每十九年重合一次。

两种重合不在同一年，前一"正朔"（朔旦冬至）才是太阳历本质，因为这是阴阳合历的天文计算，不可人为改变；后一"正朔"（新年立春）仅是太阴历表象，因为这是阴阳合历的历法设置，可以人为改变（商历、周历、秦历均予改变）。

由于太阳历本质隐藏在太阴历表象背后，太阳历月名"十二地支"也隐藏在太阴历月名"十二数字"背后，因此"炎黄之战"以后神农族后裔的不同支族，有些始终传承"十二地支"，有些逐渐遗忘"十二地支"。

神农族后裔彝族，传承了太阳历月名"十二地支"，其阴阳合历始终"正月建寅"（彝族正月建寅图，见第五章之图5-1.2），延续至今，四千年不变。

神农族后裔羌族，遗忘了太阳历月名"十二地支"，但是明白编制阴阳合历必须先计算太阳历，再换算为太阴历，两道程序不能搞混，于是另创了一套等价于"十二地支"的太阳历月名，即十二生肖"鼠牛虎兔龙蛇马羊猴鸡狗猪"。"十二生肖"第3月"虎月"，等价于"十二地支"第3月"寅月"，所以羌族阴阳合历"正月建虎"等价于"正月建寅"，延续至今，四千年不变。

中古羌族的"十二生肖"，逐一对应于上古伏羲族的"十二地支"，考古证据见于甘肃天水放马滩出土的战国秦简《日书》甲种《亡盗》。甘肃天水是上古伏羲族祖地，也是中古以后神农族后裔羌族之地。"炎黄之战"以后，羌族遗忘了"十二地支"，另创了功能等价的"十二生肖"，用于编制羌族阴阳合历的第一道程序。"炎黄之战"以后两千年，战国秦简抉发了两者是功能等价的两套太阳历月名。此后四百年，东汉王充《论衡·物势》

也记载了"十二地支"、"十二生肖"逐一对应，但已受到黄帝族"五行说"影响，不再明白两者是功能等价的两套太阳历月名。

"炎黄之战"以后，黄帝族建立夏朝，夏历《连山》承袭神农归藏历，仍然"正月建寅"。此后商灭夏，周灭商，秦灭周，把阴阳合历的太阴历表象"正月朔日"逐代前移一个月，仅是重定可以人为改变的历法设置"正月朔日"，并非重定不能人为改变的天文计算"朔旦冬至"。

商历"正月建丑"，周历"正月建子"，秦历"正月建亥"，把阴阳合历的太阴历表象"正月朔日"逐代前移一个月，以此证明"天命已移"。同时颁布新历，校正前朝死守"祖宗之（历）法不可变"而长期积累的历法岁差（参看第二章结语）。

"炎黄之战"以后两千年，汉武帝颁布太初历，恢复神农归藏历"正月建寅"，延续至今，两千年不变。

西汉太初历尽管恢复了"神农归藏历"的"正月建寅"，然而无法恢复"神农归藏历"主图、副图及其初始卦序、历法初义。因为经过夏商周两千年，均已失传。

综上所述，华夏全境的一切阴阳合历，无不承袭神农归藏历，均有太阳历、太阴历两套月名，都是先计算太阳历，后换算为太阴历。下为华夏全境一切阴阳合历所有层次和正朔变迁的总表（表4-1）。

表4-1　中国阴阳合历正朔总表（张远山原创）

伏羲十二辟卦	䷁	䷗	䷒	䷊	䷡	䷪	䷀	䷫	䷠	䷋	䷓	䷖
对应天象历数	坤	复	临	泰	大壮	夬	乾	姤	遯	否	观	剥
太阳历地支月名	子	丑	寅	卯	辰	巳	午	未	申	酉	戌	亥
太阳历生肖月名	鼠	牛	虎	兔	龙	蛇	马	羊	猴	鸡	狗	猪
太阴历数字月名	十一	十二	正	二	三	四	五	六	七	八	九	十
汉前历代正朔（炎）			神农									
汉前历代正朔（黄）			夏正									
汉前历代正朔（黄）		商正										
汉前历代正朔（黄）	周正											
汉前历代正朔（黄）												秦正
汉前历代正朔（炎黄合一）			汉正									

表4-1可证，华夏全境一切阴阳合历的太阴历表象之下，均有双重隐藏。

其一，太阴历月名"十二数字"背后，隐藏着太阳历月名"十二地支"。这是太阳历本质隐藏在太阴历表象之后，两者均属历法范畴。

其二，太阳历月名"十二地支"、"十二生肖"背后，又隐藏着爻动分阶"伏羲十二辟卦"。这是伏羲卦象隐藏在太阳历本质背后，并非全属历法范畴，而是兼及天文范畴，因为伏羲卦象兼含"卦象对应天象"的天文层次和"爻数对应日数"的历法层次。所以神农归藏历主图、副图及其初始卦序、历法初义的失传，同时导致了中国阴阳合历的天文基础不明，历法源头不明，创制原理不明。

四　太阴历换算图："先天八卦"分卦值节

主图（图3-8.1）的第二副图，是用于第二道程序的阴阳历换算尺，只要提取主图"四正"、"四维"的八个六爻卦，就能把始于主图"四正"的太阳历"四时"，换算为始于主图"四维"的太阴历"四季"。但是六爻卦的功能是"值日"，再用于"值节"容易搞混。而第一副图（图4-5）已用十二辟卦的二十四个三爻卦标示二十四节气，三爻卦的阴阳全集正是天造地设的八个子集，正可标示二十四节气中的八大节气，于是伏羲族命名三爻全集为"八节卦"，用于"分卦值节"。

"八节卦"，又称"八经卦"。"经"有二义，一是太阳历"四时八节"为阴阳合历之"经"，二是"日月为易"、"日月经天"的天球经度。北宋邵雍不知其为"八节卦"，根据陈抟所传"先天图"（太极图）而称为"伏羲先天八卦"，约定俗成千年，为便指称，本书从之。

"伏羲布卦"第八步，创制了神农归藏历分卦值日图（图3-8.1）的第二副图：先天八卦分卦值节图（图4-7）[1]。这是太阳历计算尺，亦即阴阳历换算尺。

---

[1]　图4-7，先天八卦分卦值节图：太阴历计算尺，张远山原创并命名。

图 4-7　先天八卦分卦值节图:
太阴历换算尺 (张远山原创)

展开先天八卦分卦值节图的卦象、卦序、卦位、卦义及其天文历法功能之前,先作两点说明。

其一,"伏羲画卦"创制的是六爻卦,并非三爻卦。因为六爻卦之"七集六阶",是伏羲连山历之"七山六谷"的象数化,具有"卦象对应天象、爻数对应日数"的"象数二义"。三爻卦没有直接的天文来历和历法来历,其"象数二义"均从六爻卦派生。

《汉书·律历志》曰:"伏戏始画八卦,以定八节之位。""始画八卦"云云,是盲从西周谎言"伏羲始画八卦,文王始画六十四卦"。伏羲氏是先画值日全年的六十四卦 (六爻卦),再解析出值节全年的八经卦 (三爻卦)。先有六爻卦,后有三爻卦,证据确凿,逻辑自洽。旧说伏羲先画三爻卦,文王后画六爻卦,史证为零,逻辑荒谬。

其二,"伏羲画卦"创制的六爻卦符号体系,经过"伏羲布卦"前半程,成为遵循爻动原理而逐一生成的意义体系,其卦象、卦序具有逻辑唯一性。解析自六爻卦的三爻卦符号体系,也必须经过"伏羲布卦"后半程,成为遵循爻动原理而逐一生成的意义体系,但其卦象、卦序不具有逻辑唯一性,而有两种"理想卦序"。

理想卦序 A 型——

阳仪 4 节卦:1 震 ☳ ↗ 2 兑 ☱ ↗ 3 离 ☲ ↗ 4 乾 ☰ →
阴仪 4 节卦:5 巽 ☴ ↗ 6 艮 ☶ ↗ 7 坎 ☵ ↗ 8 坤 ☷ →

理想卦序 B 型——

阳仪 4 节卦:1 震 ☳ ↗ 2 离 ☲ ↗ 3 兑 ☱ ↗ 4 乾 ☰ →

阴仪4节卦：5巽☴↗6坎☵↗7艮☶↗8坤☷→

两种理想卦序，阳仪、阴仪的首尾2卦皆同，仅是中间2卦换位，而且全都符合爻动原理。

阳仪中间2卦——

A型是2兑☱第一阳（二位）上动一位（三位），生成3离☲。

B型是2离☲第一阳（三位）上动一位，上无可上，天地之气循环，转至初位（一位），生成3兑☱。

阴仪中间2卦——

A型是6艮☶第一阴（二位）上动一位（三位），生成7坎☵。

B型是6坎☵第一阴（三位）上动一位，上无可上，天地之气循环，转至初位（一位），生成7艮☶。

既然两种理想卦序全都符合爻动原理，为何伏羲先天八卦的卦序是B型？

因为副图从属于主图，无须另行布卦。伏羲先天八卦的卦象、卦序，全都提取自主图四正、四维六爻卦的上卦。

或问：为何提取上卦，而非下卦？

答曰：主图和第一副图计算太阳历，永远始于"冬至"。第二副图换算为太阴历，每十九年始于"立春"，移后了45°、3节气、7.5卦、45爻／日，所以第二副图的八个三爻卦，始于主图之8的倍数卦第四爻。比如1复☷初爻是冬至后一日、太阳历第1日，8小过☶第三爻是第45日，"立春"节气始于第四爻、第46日。参看《淮南子·天文训》："日冬至四十六日而立春，四十六日而春分，四十六日而立夏，四十六日而夏至，四十六日而立秋，四十六日而秋分，四十六日而立冬。"（《管子·轻重己》略同。）

提取主图（图3-8.1）"值日卦序"四正四维六爻卦的上卦，即得第二副图（图4-7）五个三爻卦的卦象、卦序——

东北"立春"8小过䷽，提取上卦，定为1震☳。

东南"立夏"24革䷰，提取上卦，定为3兑☱。

正南"夏至"32乾䷀，提取上卦，定为4乾☰。

西北"立冬"56蒙䷃，提取上卦，定为7艮☶。

正北"冬至"64坤䷁，提取上卦，定为8坤☷。

另外三个三爻卦，不能直接提取自主图，因为"八节卦"同样不能重复出现，必须遵循避让规则。即：

正东"春分"16泰䷊的上卦坤☷，已经定为8坤☷，必须避让；由于3兑☱同于理想卦序B型，因此参照理想卦序B型，定为2离☲。

西南"立秋"40睽䷥的上卦离☲，已经定为2离☲，必须避让；继续参照理想卦序B型，定为5巽☴。

正西"秋分"48否䷋的上卦乾☰，已经定为4乾☰，必须避让；继续参照理想卦序B型，定为6坎☵（8的倍数卦，参看表3-1伏羲六十四卦分卦值日表）。

第二副图"先天八卦分卦值节图"的卦象、卦序，全都提取自主图，所以仍然符合主图的爻动原理，承袭了主图的"阴阳象数"。

其一，主图六十四卦分布四公式的开方，即为先天八卦图的分布四公式。

1.太极公式：

先天八卦图＝上半年阳鱼（春夏阳仪4节卦卦象集合）＋下半年阴鱼（秋冬阴仪4节卦卦象集合）

2.两仪公式：

两仪8节卦＝春夏阳仪4节卦＋秋冬阴仪4节卦

3.四象公式：

四象8节卦＝太阳历每时2节卦（永远始于冬至）×4＝太阴历每季2节卦（每十九年始于立春）×4

4.四集三阶公式：

阴阳 8 节卦＝三阴 1 节卦＋一阳二阴 3 节卦＋二阳一阴 3 节卦＋三阳 1 节卦

其二，主图两仪的首尾六爻卦——

1 复䷗，32 乾䷪；33 姤䷫，64 坤䷁。

变成了先天八卦两仪的首尾三爻卦——

1 震☳，4 乾☰；5 巽☴，8 坤☷。

尽管爻数减少了三爻，功能从"分卦值日"变成了"分卦值节"，但是卦象仍然酷似，"象数"基因不变。

其三，先天八卦分卦值节图的卦象集合，仍然酷似太极图，"太极"基因不变。

卦象集合的分界线，是四象八圭纹"米"（图 2-6.2）。这一图像原本隐于主图，现在提取出来，用于阴阳历换算：把始于太极图"四正"即"十"的太阳历，换算为始于太极图"四维"即"乂"的太阴历。

先天八卦分卦值节图（图4-7）用于阴阳历换算，是编制阴阳合历的关键副图，内涵丰富，层次繁多，至少有三大口诀（图4-8）[1]，每种口诀均含卦名。

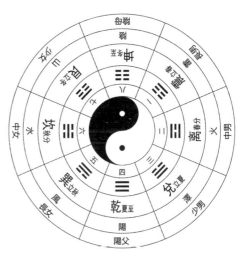

图 4-8　先天八卦三大口诀图
（张远山原创）

---

[1]　图4-8，先天八卦三大口诀图，张远山原创并命名。

一是先天八卦分卦值节图的节气口诀：

一震立春，二离春分，三兑立夏，四乾夏至；
五巽立秋，六坎秋分，七艮立冬，八坤冬至。

二是先天八卦分卦值节图的属性口诀：

一震为雷，二离为火，三兑为泽，四乾阳极；
五巽为风，六坎为水，七艮为山，八坤阴极。

三是先天八卦分卦值节图的比喻口诀：

一震长男，二离中男，三兑少男，四乾阳父；
五巽长女，六坎中女，七艮少女，八坤阴母。

　　先天八卦分卦值节图的三大口诀，均为历法口诀，仅是各有侧重。节气口诀，侧重八节；属性口诀，侧重物候；比喻口诀，侧重阴阳，阳卦均喻为男，阴卦均喻为女，正如主图阳仪卦名多取男性视角，阴仪卦名多取女性视角。
　　三大口诀互相对应，又都对应主图四正四维的卦象、太极图四正四维的细节，也可简化合一，变成七言八句。

一震立春雷长男，二离春分火中男；
三兑立夏泽少男，四乾夏至阳之父。
五巽立秋风长女，六坎秋分水中女；
七艮立冬山少女，八坤冬至阴之母。

　　以下综合阐释先天八卦分卦值节图的卦象、卦序、卦位、卦义，以及其中错综繁复的太阳历内涵、太阴历内涵、阴阳合历内涵，兼及三大口诀的历法功能。

先天八卦分卦值节图（图4-7），用于换算阴阳历——

每卦各占45°，定位"八方"，分值太阳历"四时八节"。

四正"四节"，为太阳历"四时"起计点。

四维"四节"，为太阴历"四季"起计点。

每卦三爻，值太阳历一节、三节气、主图7.5卦45爻/日。每爻值太阳历一节气、主图2.5卦15爻/日。

八卦二十四爻，分值太阳历二十四节气——

1震☳，定位东北45°，标示阴阳合历"八节"第一"立春"，谓之"小启"；一阳北归，阳气小启，气候渐暖。

三爻分值太阳历三节气：4立春，5雨水，6惊蛰。

春雷初现，属性为"雷"。

太阴历第一季春季始，阳仪第一卦，比喻"长男"。

2离☲，定位正东90°，标示阴阳合历"八节"第二"春分"；二阳包阴，阳气胜阴，气候更暖。

三爻分值太阳历三节气：7春分，8清明，9谷雨。

大火昏见，属性为"火"。

太阴历春季中气，阳仪第二卦，比喻"中男"。

3兑☱，定位东南135°，标示阴阳合历"八节"第三"立夏"，谓之"大启"；二阳北归，阳气大启，气候渐热。

三爻分值太阳历三节气：10立夏，11小满，12芒种。

雨水润泽，属性为"泽"。

太阴历第二季夏季始，阳仪第三卦，比喻"少男"。

4乾☰，定位正南180°，标示阴阳合历"八节"第四"夏至"；三阳全满，阳气至极，气候炎热。

三爻分值太阳历三节气：13夏至，14小暑，15大暑。

太阳抵达北回归线，属性为"阳"。

太阴历夏季中气，阳仪第四卦，比喻"阳父"。

5巽☴，定位西南225°，标示阴阳合历"八节"第五"立秋"，谓之"小闭"；一阴北伸，阳气小闭，气候渐凉。

三爻分值太阳历三节气：16立秋，17处暑，18白露。

秋风乍起，属性为"风"。

太阴历第三季秋季始，阴仪第一卦，比喻"长女"。

6坎☵，定位正西270°，标示阴阳合历"八节"第六"秋分"；二阴包阳，阴气胜阳，气候更凉。

三爻分值太阳历三节气：19秋分，20寒露，21霜降。

水性阴凉，属性为"水"。

太阴历秋季中气，阴仪第二卦，比喻"中女"。

7艮☶，定位西北315°，标示阴阳合历"八节"第七"立冬"，谓之"大闭"；二阴北伸，阳气大闭，气候渐寒。

三爻分值太阳历三节气：22立冬，23小雪，24大雪。

伏羲族祖地在中原西北的多山地区，归藏历前身是连山历，特予双重纪念，属性为"山"。

太阴历第四季冬季始，阴仪第三卦，比喻"少女"。

8坤☷，定位正北360°，标示阴阳合历"八节"第八"冬至"；三阴全满，阴气至极，气候寒冷。

三爻分值太阳历三节气：1冬至，2小寒，3大寒。

太阳抵达南回归线，属性为"阴"。

太阴历冬季中气，阴仪第四卦，比喻"阴母"。

《易传·系辞》如此概括"先天八卦"：

> 阖户谓之坤，辟户谓之乾；一阖一辟谓之变，往来不穷谓之
> 通。见乃谓之象，形乃谓之器；制而用之，谓之法；利用出入，
> 民咸用之，谓之神。

"辟户谓之乾"，乃言阴阳合历的太阴历上半年，始于阳气小启的"一
震立春"，先经阴阳平分的"二离春分"，再经阳气大启的"三兑立夏"，
终于阳气至极的"四乾夏至"。"辟"、"启"义同，合词"启辟"。

"阖户谓之坤"，乃言阴阳合历的太阴历下半年，始于阳气小闭的"五
巽立秋"，先经阴阳平分的"六坎秋分"，再经阳气大闭的"七艮立冬"，
终于阴气至极的"八坤冬至"。"阖"、"闭"义同，合词"闭阖"。

"一阖一辟谓之变，往来不穷谓之通"，乃言阴阳合历的太阴历上半年
"辟"阳，阴阳合历的太阴历下半年"阖"阳，阴阳辟阖渐变，循环不穷而通。

"见乃谓之象"，乃言"仰则观象于天"的天象。

"形乃谓之器"，乃言"对应天象的卦象"是历法计算器。

"制而用之，谓之法"，乃言创制六十四卦用于阴阳合历，"法"即"俯
则观法于地"的历法。

"利用出入，民咸用之，谓之神"，乃言"伏羲布卦"创制的阴阳合历
"神农归藏历"，既合日之出入归藏，又合月之盈亏晦朔，利国利民，民众
用之，均称神奇。

如此清晰精准的历法阐释，却因离题万里的卜筮化解释和玄学化发挥，
两千多年未显真义。

"炎黄之战"以后，中原古籍和神农族后裔彝族，均曾著录先天八卦分
卦值节图（图4-7）的口诀。

彝族古籍《宇宙人文论》，记载了先天八卦分卦值节图的两种口诀。

一是先天八卦分卦值节图的比喻口诀，又称"乾坤六子"、"父母六子"：

乾坤子女，如人子女。

一震长男，五巽长女；

二离中男，六坎中女；

三兑少男，七艮少女；

四乾为父，八坤为母。

八卦分居，宇宙八方。[1]

这是把先天八卦分为四对，成对取卦，都是先取阳卦，后取阴卦。明言始于"一震长男"，亦即"正月建寅"，乃是彝族阴阳合历（承于神农归藏历）的太阴历表象。

二是先天八卦分卦值节图的卦名口诀：

乾坤，离坎；兑艮，震巽。[2]

也把先天八卦分为四对，成对取卦，也是先取阳卦，后取阴卦。

先取"四正"两对，4乾、8坤，2离、6坎，用于第一道程序计算太阳历。

再取"四维"两对，3兑、7艮，1震、5巽，用于第二道程序换算为太阴历。

另有运用先天八卦分卦值节图换算阴阳历的八字要诀：

阳居四正，阴居四角。[3]

即把始于"四正"的太阳历，换算为始于"四角"的太阴历。

彝族古籍《土鲁窦吉》，同样记载了运用先天八卦分卦值节图换算阴阳历的要诀：

---

[1] 彝族古籍《宇宙人文论》41页。原译不佳，已予重译。

[2] 彝族古籍《宇宙人文论》38页，参看注二："彝语八卦的概念：哎（乾）、哺（坤）；且（离）、舍（坎）。亨（兑）、哈（艮）；鲁（震），朵（巽）。"

[3] 彝族古籍《宇宙人文论》38页。同页"宇宙四角起变化"，亦言四正太阳历换算为四维太阴历。

两罡一煞……八罡合，生四煞。[1]

罡，从四从正，初义是太阳历四正；后世释为北斗七星斗柄，因为北斗七星的斗柄，同样也有指示太阳历四正的功能，见于《鹖冠子·环流》：

> 斗柄东指，天下皆春。
> 斗柄南指，天下皆夏。
> 斗柄西指，天下皆秋。
> 斗柄北指，天下皆冬。

太阴历四季的"春夏秋冬"，并非始于四正，而是始于四维。而且始于四维的太阴历四季，是从始于四正的太阳历四时换算而来，因为太阳环绕北极天枢运行（地轴倾斜导致的错觉），月亮却不环绕北极天枢运行，而是环绕地球运行，所以北斗七星的斗柄仅是太阳历四时的指针，并非太阴历四季的指针。

《淮南子·天文训》：

> 帝张四维，运之以斗；
> 月徙一辰，复反其所。
> 正月指寅，十二月指丑；
> 一岁而匝，终而复始。

证明斗柄是太阳历"四正"的指针，太阴历"四维"则是换算而来。假如斗柄可作太阴历的指针，必须表述为"正月指子，十二月指亥"，不能表述为"正月指寅，十二月指丑"。

煞，训阴，初义是"在地成形"的圭影，后来转喻太阴历。所以彝族"两罡一煞"、"八罡合，生四煞"，均言阴阳历换算，即以四正四维的太阳

---

[1] 彝族古籍《土鲁窦吉》（意为"宇宙生化"）118页。

历"八节"为"八罡",换算为四维的太阴历四季"四煞"。

彝族古籍记载的两种"伏羲先天八卦"口诀,全都准确无误。两种彝族古籍记载的两种阴阳历换算要诀,也都准确无误。因为在被中原王朝"王化"之前,彝族长期使用六十四卦"分卦值日"的神农归藏历,长期使用先天八卦"分卦值节"换算阴阳历。而且彝族不仅有正确的先天八卦口诀,还有正确的先天八卦图(见第五章图5-1.1)。

东周以后的中原文献,如马王堆帛书《易之义》、《易传·说卦》、郑玄《六艺论》记载的"伏羲先天八卦"口诀,全都有正有误(详下第五章)。因为中原王朝已用文字历取代了图像历,换算阴阳历的先天八卦图早已失传。

五 太阴历表象图:"一年四象"分卦值季

第一、第二副图的历法功能,是用于编制阴阳合历的两道程序。

第三副图的历法功能,则是隐去阴阳合历的太阳历本质,突显阴阳合历的太阴历表象;只要隐藏"八节卦"即"先天八卦图"的"四正"三爻卦,突显"四维"三爻卦,就能达到目的。但是三爻卦的功能是"值节",再用于"值季"容易搞混,而二爻卦的阴阳全集正是天造地设的四个子集,于是伏羲族命名二爻全集为"四季卦",用于"分卦值季"。

"伏羲布卦"第九步,创制了神农归藏历分卦值日图(图3-8.1)的第三副图:一年四象分卦值季图(图4-9)[1]。这是太阴历表象图。

"伏羲布卦"前半程,自始至终突显太阳历"四正四象",既突显于甘肃、青海四耳历法盆(图3-6.1、2)的外缘四耳,又突显于主图(图3-8.1)的外圈四正卦;而太阴历"四维四象",既隐藏于青海四耳历法盆的内圆,又隐藏于主图的内圈。

"伏羲布卦"后半程,经过第一副图计算太阳历,第二副图换算为太

---

[1]　图4-9,一年四象分卦值季图:太阴历表象图,张远山原创并命名。

阴历，于是第三副图"一年四象分卦值季图"隐藏了太阳历"四正四象"，突显了太阴历"四维四象"。

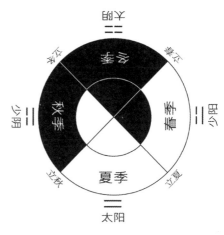

图4-9 一年四象分卦值季图：
太阴历表象图（张远山原创）

"一年四象分卦值季图"（图4-9）的卦象、卦序，提取自"先天八卦分卦值节图"（图4-7）。以下综合阐释取卦过程，以及卦象、卦序、卦位、卦名、卦义的历法功能。

四季卦，用于隐藏太阳历本质，突显太阴历表象——

每卦各占90°，卦象集合的分界线，定位太阴历"一年"的"四维四象"，分值太阴历"四季"。

每卦二爻，值太阴历一季、三个朔望月、六节气、主图15卦90爻/日。每爻值太阳历三节气、主图7.5卦45爻/日。

四卦八爻，分值八节。每爻值一节（三节气）。

1春少阳**☳**，卦象提取自先天八卦分卦值节图之1震**☳**立春、2离**☲**春分的相同下二爻；一阳在下，太阳北归渐近；一阴在上，圭影南缩渐短。

卦名三字，"春"提取自"立春"、"春分"，"少阳"（少读去声）乃言春季日照渐强。

定位东北45°至东南135°，分值太阴历第一季春季，含三个朔望月：孟春、仲春、季春。

2夏太阳**☴**，卦象提取自先天八卦分卦值节图之3兑**☱**立夏、4乾**☰**夏至的相同下二爻；二阳全满，太阳北归至极，圭影南缩至极。

卦名三字，"夏"提取自"立夏"、"夏至"，"太阳"乃言夏季日照最强。

定位东南135°至西南225°，分值太阴历第二季夏季，含三个朔望月：孟夏、仲夏、季夏。

3秋少阴**☶**，卦象提取自先天八卦分卦值节图之5巽**☴**立秋、6坎**☵**秋分的相同下二爻；一阴在下，圭影北伸渐长；一阳在上，太阳南藏渐远。

卦名三字，"秋"提取自"立秋"、"秋分"，"少阴"乃言秋季日照渐弱。

定位西南225°至西北315°，分值太阴历第三季秋季，含三个朔望月：孟秋、仲秋、季秋。

4冬太阴☷，卦象提取自先天八卦分卦值节图之7艮☶立冬、8坤☷冬至的相同下二爻；二阴全满，圭影北伸至极，太阳南藏至极。

卦名三字，"冬"提取自"立冬"、"冬至"，"太阴"乃言冬季日照最弱。

定位西北315°至东北45°，分值太阴历第四季冬季，含三个朔望月：孟冬、仲冬、季冬。

或问一：太阴历每季三月，为何以"孟—仲—季"区别之？

答曰：众子排行，分为"伯—仲—叔—季"。太阴历每季只有三月，所以去"叔"，取"仲"；"仲"通"中"，比如"仲秋节"即"中秋节"。嫡长子称"伯"，庶长子称"孟"。阴阳合历以太阳历为本质，以太阴历为表象，所以太阴历每季首月不能称"伯"，只能称"孟"。

或问二：既然先天八卦分卦值节图的卦象，提取自主图六爻卦的上卦，为何一年四象分卦值季图的卦象，却提取自先天八卦分卦值节图之三爻卦的下二爻？

答曰：主图计算永远始于"冬至"的太阳历，先天八卦分卦值节图换算为每十九年始于"立春"的太阴历，移后了45°、3节气、主图7.5卦45爻/日，从下往上数，卦象始于主图8的倍数卦第四爻。一年四象分卦值季图突显太阴历表象，仍然每十九年始于"立春"，从下往上数，卦象始于先天八卦分卦值节图之三爻卦的初爻。两者提取的起计爻虽然不同，但是从下往上的数爻方式相同。而先天八卦分卦值节图之每季2卦的下二爻相同，亦非偶然巧合，而是再次证明："伏羲布卦"全程，自始至终贯彻了"阴阳本质"、"象数二义"、"爻动原理"的天道必然性、逻辑唯一性。

"四季卦"的卦象、卦序、卦位、卦名、卦义及其历法功能，产生于上古"伏羲布卦"创制的神农归藏历，但在神农归藏历失传以后两千年，西汉董仲舒《春秋繁露·天辨在人》所言，仍然丝毫未变（括弧内的二爻卦象由我补入）：

少阳（☳）因木而起，助春之生也；

太阳（☰）因火而起，助夏之养也；

少阴（☴）因金而起，助秋之成也；

太阴（☷）因水而起，助冬之藏也。

一年四象分卦值季图虽非提取自主图，但以先天八卦分卦值节图为中介，仍然符合主图的爻动原理，承袭了主图的"阴阳象数"。

其一，主图"太阳历四时"的四正六爻卦——

1春分泰☷，2夏至乾☰，3秋分否☰，4冬至坤☷。

中经先天八卦分卦值节图，移后了45°、3节气、7.5卦45爻/日，变成了一年四象分卦值季图"太阴历四季"的四维二爻卦——

1春少阳☳，2夏太阳☰，3秋少阴☴，4冬太阴☷。

尽管爻数减少了四爻，功能从"分卦值日"变成了"分卦值季"，但是卦象仍然酷似，"象数"基因不变。

其二，一年四象分卦值季图的卦象集合，仍然酷似太极图，"太极"基因不变。

卦象集合的分界线，隐去了太阳历"四正"之"十"，突显了太阴历"四维"之"乂"，完成了从太阳历本质向太阴历表象的"乾坤大挪移"。

"伏羲布卦"全程，运用历法计算器"伏羲六十四卦"，创制阴阳合历"神农归藏历"，至此圆满告终。

"伏羲布卦"前半程"太阳历布卦"，布出神农归藏历主图（图3-8.1），使伏羲六十四卦"分卦值日"太阳历，对应天文层次较高的地球环绕太阳旋转。因为万物生长靠太阳，只有准确预告太阳历二十四节气，才能确保不误农时，提前计划和周密安排农耕社会的根本命脉，亦即春耕、夏种、秋收、冬藏。

"伏羲布卦"后半程"太阴历布卦"，布出神农归藏历三大副图（图4-5、7、9），经过两道程序，使伏羲六十四卦"分卦值日"太阳历，隐去了太阳历本质，突显了太阴历表象，对应天文层次较低的月亮环绕地球旋转。因为当时没有文字、印刷、广播、电视，不可能人手一册历书，只有确保太阴历日期精确对应月亮盈亏，才能方便民众使用，不查历书也能根据月相判断大致日期，提前计划和周密安排农耕以外的日常生活，包括祭祀、朝会、婚庆、丧葬。

"伏羲布卦"运用了惊天动地的巧思，成就了开天辟地的"巧历"（《庄子·齐物论》），创造了终极图像历"神农归藏历"，成为后世中国阴阳合历的终极源头。

六　从太极台到肥遗盘：神农归藏历诞生

"伏羲布卦"完成以后，龙山晚期的神农族国都——山西襄汾陶寺中期大城，同时出现了神农归藏历的太极台和历法盘，《山海经·北山经》也同时记载了两者：

> 北岳之山，又北百八十里，曰浑夕之山。
>
> 有蛇一首两身，名曰肥遗。

所言地理位置，锁定山西陶寺。因此陶寺太极台的正式名称是"浑夕之山"，陶寺历法盘的正式名称是"肥遗之蛇"。

陶寺太极台与陶寺肥遗盘，相似度不太直观。然而一旦补入本书复原的、"伏羲布卦"创制的神农归藏历主图和三大副图，两者的相似度和关联性，立刻一目了然。

因此综合考古证据、文献证据，以及逻辑推断、合理补充，就能还原"神农归藏历"发生过程的六大步骤（图4-10）。[1]

图4-10六图，上排三图从左至右，由简至繁，是从天文观测，到"伏羲布卦"前半程"太阳历布卦"。下排三图从右至左，由繁至简，是从"伏

---

[1]　图4-10，神农归藏历发生图，张远山原创并命名。

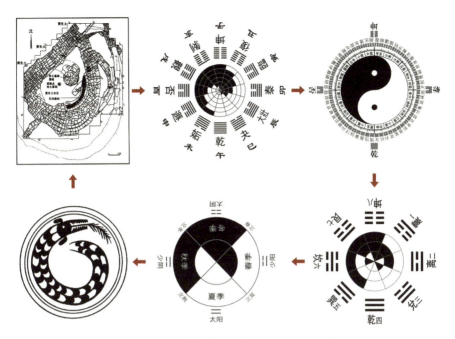

图 4-10 神农归藏历发生图 (张远山原创)

羲布卦"后半程"太阴历布卦",到成型图像历"神农归藏历"。

陶寺太极台的地面形状(图4-10上排左),酷似太极图,是一年圭影的标准尺度,用于检测测墙投影有无偏差,据之随时修订历法,确保历法精确对应天象。太极台测墙是终极版的象数化圭表,太极图是圭表投影的象数化集合,两者一体双生,均为"伏羲布卦"的产物。

太极台的东测墙,设有从北到南的12条测缝。1号测缝,用于观测其他星象。2号至12号测缝,用于观测太阳北归南藏的位移;亦即把上半年从北到南、下半年从南到北的太阳归藏,十等分为"十一缝十间",观测精度高于连山历的"七山六谷",是"七集六阶"六十四卦的配套设置。由于测墙有厚度,测缝不能设置太多,于是根据"六十四卦分卦值日"的归藏历主图,配套设置为十一缝十间。因此太极台测墙、归藏历主图,均有天文观测、历法计算双重功能。

首先进行天文观测,此时测墙为主,主图辅之,十天干记之。

一年四时,太阳归藏,周行天球360°,一日一度。

主图内圈60卦360爻，对应天球360°，一爻一度；配十天干"分名值日"全年二十间，一干值两间36°为一阶，以十进制的十天干，记录"十阶太阳归藏"的天文数据。

上半年二时，太阳北归，从南向北位移180°，以十一缝十间测之；以主图阳仪内圈30卦180爻/日，配甲、乙、丙、丁、戊五天干，记录五阶太阳之归。

"冬至"日出于最南的12号测缝，对应坤卦䷁。

"春分"日出于居中的7号测缝，对应泰卦䷊。

"夏至"日出于最北的2号测缝，对应乾卦䷀。

下半年二时，太阳南藏，从北向南位移180°，以十一缝十间测之；以主图阴仪内圈30卦180爻/日，配己、庚、辛、壬、癸五天干，记录五阶太阳之藏。

"秋分"日出于居中的7号测缝，对应否卦䷋。[1]

两缝一间18°，以3卦18爻/日计之，为半阶位移。

三缝二间36°，以6卦36爻/日计之，为一阶位移。

四缝三间54°，以9卦54爻/日计之。

五缝四间72°，以12卦72爻/日计之，为二阶位移。

六缝五间90°，以15卦90爻/日计之，为太阳历一时。

十一缝十间180°，以30卦180爻/日计之，为太阳历二时。

半年用尽全部测缝，下半年反向重复。

观测月亮盈亏的朔望月周期，不需要测墙，以十进制的数目字，附记于主图太阳历的相关对应日期，以备换算太阴历之用。

有了太极台观测所得的两套天文数据，亦即十天干记录的太阳归藏数据、十数字记录的月亮盈亏数据，主图遂从天文功能，转入历法功能，进入编制阴阳合历的两道程序，此时主图为主，副图为辅。

第一道程序，主图配第一副图"十二地支"太阳历月名，根据"十天

[1] 何驽《陶寺中期小城观象台实地模拟观测资料初步分析》，《古代文明》第六卷83—115页，文物出版社2007。

干"太阳历日名记录的"十阶太阳归藏"天文数据，计算始于冬至后一日的太阳历，决定外圈四正卦是否设置太阳历闰日。

第二道程序，主图配第二副图"先天八卦"，把永远始于"冬至"的太阳历，换算为每十九年始于"立春"的太阴历，使用太阴历的数字月名、数字日名。根据太阴历的历年闰余，决定是否设置太阴历闰月。根据对应太阳历的月亮盈亏数据，决定太阳历闰日设置于哪个朔望小月。

某些学者认为，陶寺观象台的测墙间距设置，是黄帝族"五行十月历"之源，又是神农族后裔羌族、彝族"十月太阳历"之源，均属误解。"十阶太阳归藏"仅是天文数据，并非"十月太阳历"，因为此时尚未进入历法编制。主图配"十天干"记录的十阶太阳归藏数据，主图配"十二地支"计算的十二月太阳历，都在阴阳合历最后编定之前，不对民众公布。对民众公布的，仅是最后编定的阴阳合历表象——包含太阳历二十四节气的太阴历。

早在大地湾一期"伏羲连山历"之初，伏羲族即已创制了十二月太阳历，此后逐渐等分出四时、八节、二十四节气、七十二物候（详见本书上编）。仰韶中期以后，包括黄帝族在内的东部玉器三族，接受"伏羲连山历"长达千年。所以黄帝族和神农族后裔羌族、彝族都不可能退回到无法等分出四时、八节、二十四节气、七十二物候的"十月太阳历"。"十月太阳历"是从未客观存在的当代学者之主观虚拟，虚拟的原因是误解了陶寺太极台测墙的功能，误解了伏羲族"十天干"的功能，误解了黄帝族"五行说"的功能，同时误解了彝族古籍《土鲁窦吉》第一卷的要义。

彝族古籍《土鲁窦吉》分为两卷。第一卷讲述如何根据"太阳十阶归藏数据"（并非"十月太阳历"）计算十二月太阳历；第二卷讲述如何把十二月太阳历换算为十二月或十三月太阴历。又记载了"两罡一煞"、"八罡合，生四煞"，与另一彝族古籍《宇宙人文论》记载的"阳居四正，阴居四角"功能相同，都是使用"伏羲先天八卦"换算阴阳历。"八罡四煞"只能由十二月太阳历等分而出，不能由"十月太阳历"等分而出。所以彝族阴阳合历，不仅传承了神农归藏历，而且算法植根于与伏羲初始卦序配套设置的陶寺太极台测墙间距。

彝族阴阳合历的专名"罡"、"煞",又揭示了陶寺太极台的测墙间距,正是民间神话"三十六天罡"、"七十二地煞"的源头,因为前者对应三缝二间、6卦36爻/日的一阶位移,后者对应五缝四间、12卦72爻/日的二阶位移。

上章已言,"罡"之初义是"在天成象"的太阳历"四正","煞"之初义是"在地成形"的日照圭表投影。中古以后失其初义,民间神话才把"天罡"、"地煞"视为天神地祇。《水浒传》又把"三十六天罡"、"七十二地煞",合为星宿下凡的"一百单八将"。《西游记》又把"三十六天罡"、"七十二地煞",化为孙悟空七十二变、猪八戒三十六变。所谓"变",正是太阳北归南藏、圭影南缩北伸,一日一变,"日月为易"。

以陶寺太极台十一缝十间的天文观测为基础,再用"伏羲布卦"创制的一个主图、三个副图,通过两道程序,先计算太阳历,再换算太阴历,就出现了标示阴阳合历"神农归藏历"的陶寺肥遗盘(图4-10下排左)。

"肥遗"的名称和形态,全都锁定"十九年七闰"、"正月建寅"的阴阳合历:"肥"扣阴阳合历之"两身","遗"扣阴阳合历之"闰余","一首两身"扣阴阳合历。

内身十二黑斑,标示阴阳合历平年的十二朔望月;尾部一小块黑斑,标示闰余。外身十三黑斑,标示阴阳合历闰年的十三朔望月;尾部一小块黑斑,标示闰余。

肥遗口内的牙齿数,口外的嘉禾穗,分别对应内身年、外身年的大小月数。下六齿和下六穗,标示内身年的六个朔望小月和六个朔望大月。上六齿和上七穗,标示外身年的六个朔望小月和七个朔望大月(其中之一是朔望闰月)。

肥遗纹的远源是陕西宝鸡北首岭华夏第一"龙凤图"的逆时针之"龙"(图2-29.1),近源是甘肃伏羲瓶的顺时针"大鲵纹"(图2-30.1、2),源远流长,内涵丰富(详见第二章)。

比如肥遗所含嘉禾纹,与大鲵纹的四足一样,都是天枢纹的变体。伏羲族的天枢纹,后来变成了甲骨文"木"字。天枢纹再加一穗,即为甲骨文"禾"字。

《山海经》虽言"有蛇一首两身，名曰肥遗"，称之为蛇，其实肥遗是龙、蛇一体，因为连山历向归藏历过渡的"火历"即"龙星纪时"（以东方苍龙七宿之心宿二大火星纪时），已被整合入归藏历。而且肥遗之"两身"，分别对应上半年所见东七宿之阳龙，下半年所见西七宿之阴蛇；亦即《庄子·山木》所言"一龙一蛇，与时俱化"。

除了龙、蛇一体，肥遗又是龙、鱼一体，因为肥遗龙即太极鱼所变，所以抉发"伏羲象数易"的一部汉代纬书，名为《龙鱼河图》。

神农族史诗《黑暗传》，以神话方式高度浓缩地记载了"伏羲布卦"创制阴阳合历"神农归藏历"的全程（括弧内为作者注）——

> 天皇那时来商议，（三皇之首伏羲）
> 商议弟兄十三人。（太阴历十三月）
> 创立天干定年岁，（记录太阳归藏数据）
> 又立地支十二名。（计算太阳历之岁）
> 那时方才定年岁，（换算太阴历之年）
> 暑往寒来一年春。（呈现太阴历表象）[1]

七　从浑天说到浑夕说：太极原理诞生

《山海经》记录的陶寺历法盘正式名称"肥遗"，证明"伏羲布卦"之时，把太阳历"伏羲连山历"，升级为"十九年七闰"、"正月建寅"的阴阳合历"神农归藏历"，完成了历法升级。

《山海经》记录的陶寺太极台正式名称"浑夕之山"，证明"伏羲布卦"之后，又把"伏羲连山历"的天文学基础"浑天说"，升级为"神农归藏历"

---

[1]　神农族史诗《黑暗传》174页。原书"暑往春来一年春"，当作"暑往寒来一年春"，今予改正。

的天文学基础"浑夕说"（宣夜说），进一步完成了天文升级。

"伏羲布卦"结束之后，又从第三副图"一年四象分卦值季图"（图4-9）上下半年的两个二爻卦中，提取出相同的初爻，得到一爻全集的爻符、爻序。即：

提取春少阳☳、夏太阳☰的相同初爻，得到阳爻━，值上半年阳仪，亦即春夏二季，简称"春"。

提取秋少阴☴、冬太阴☷的相同初爻，得到阴爻╍，值下半年阴仪，亦即秋冬二季，简称"秋"。

所以阴阳合历的"一年"，简称"春秋"。同时得到"分爻值仪"的阴阳两仪图（图4-11）。[1]

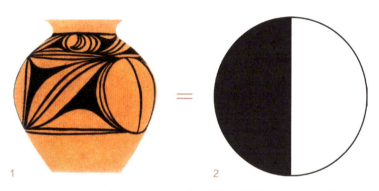

图4-11 大地湾二期（前4500）：阴阳两仪图（张远山原创）

根据考古证据，"阴阳两仪图"并非出现于"伏羲布卦"之后，而是出现于"伏羲布卦"（前2500）之前两千年的大地湾二期（前4500），所以从"一年四象分卦值季图"中提取出一阳爻、一阴爻，得到"阴阳两仪图"，并非"布卦"，而是"还原"。

还原分为两个层面。

其一，还原到"伏羲布卦"之初。

---

[1] 图4-11.1，采自《图谱》100（甘肃天水秦安山王家）。图4-11.2，阴阳两仪图，张远山原创并命名。

"伏羲布卦"之前，龙山中期出现了独立的日囫纹、月囵纹（图4-2），又出现了倾斜两仪山、阴阳两仪纹、日月合一囫囵纹（图4-11.1左、右、颈），但是尚未象数化。"伏羲布卦"不仅使之全部象数化，而且全部融入太极图：

日囫纹，象数化为太极阳鱼。

月囵纹，象数化为太极阴鱼。

阴阳两仪纹，与倾斜两仪山结合，于是分割阴阳的垂直线，变成了倾斜线，象数化为太极双鱼的头顶连线。

所以"伏羲布卦"之后，首先还原到仅有阴阳二爻的"阴阳两仪图"（图4-11.2），意在贯通"布卦"全程：用六十四卦的最小单位一阳爻、一阴爻，统摄神农归藏历的主图、副图，使之从最大整体到最小单位，全都对应天文历法的天道必然性，全都遵循爻动原理的逻辑唯一性，全都可以按照爻动原理——拆卸和重新组装，完成了象数精确、不可移易的六十四卦意义体系。

其二，还原到"伏羲画卦"之初。

倾斜两仪山，阴阳两仪图，并非出现于"伏羲布卦"的龙山中期，而是出现于"伏羲画卦"尚未完成的仰韶早期，亦即大地湾二期（前4500）的地轴倾斜纹（图1-13）。

所以产生于主图之后的三大副图，卦象集合全都酷似太极图，只有产生于主图之前的阴阳两仪图，不似太极图。

因此，"伏羲布卦"之后，还原到阴阳二爻和"阴阳两仪图"，进而贯通了"画卦"、"布卦"全程：用六十四卦的一阳爻、一阴爻，统摄从"画卦"到"布卦"三千五百年间从未改变的"阴阳本质"、"象数二义"，以"爻动原理"统摄连山历、归藏历的一切历法内涵，统摄太阳历、太阴历、阴阳合历的一切历法内涵，完成了最新历法创造与悠久历法传统的对接，建构了"伏羲族历法史"的统一性、连续性、递进性、完整性。

但是，还原到三千五百年前"伏羲画卦"之初的阴阳二爻，仍是"一生二"的解析符号，尚未还原到"道生一"的终极符号。因此"伏羲布卦"之后的进一步还原，是从"阴阳两仪图"中，抽去"一生二"的一阳爻、一阴爻，还原到"道生一"的"一"，亦即圆圈○（图4-12右），就是三千五百年前，大地湾一期（前6000）"伏羲画卦"之初、"一画开天"的圆器口沿"宽带纹"（图4-12左）。[1]

图 4-12　大地湾一期（前 6000）：太阳黄道图（张远山原创）

但是，还原到大地湾一期（前6000）"一画开天"的"一"，仍在历法层面，尚未还原到天文层面。历法是能指层面的"道术"，天文是受指层面的"道体"。能指的所指意义，并非植根于能指"道术"，而是植根于受指"道体"。一旦脱离受指，能指就会空洞化，失去所指意义的根本。伏羲六十四卦是能指符号，历法是其所指意义，两者共同植根于天文受指[2]。因此"伏羲布卦"之后的最后还原，是从第一能指"一"抬起头来，仰望天空，仰望已经存在上百亿年的太阳之道，地球历法的第一受指——永恒天道。

还原至此，"伏羲"就能根据"布卦"全程，把历法层面的"爻动原理"，提炼为天文层面的"太极原理"。然而"太极原理"的逻辑先后，却与"伏羲布卦"的事实先后，发生了互逆（图4-13）。[3]

图4-13省略了主图产生之前"分卦值阶"的"十二辟卦"，以及主图产生之后"分名值月"的"十二地支"，仅列与"太极"、"两仪"、"四象（卦

---

[1]　图4-12左，大地湾一期圭影盆，采自《秦安大地湾》下册249页，彩版十一。图4-12右，太阳黄道图，张远山原创并命名。

[2]　参看张远山《中西思维层次之差异及其影响》、《公孙龙〈指物论〉奥义》，《文化的迷宫》，复旦大学出版社2005。收入作品集第六卷《美丽新世界》。

[3]　图4-13，伏羲布卦之事实先后与太极原理之逻辑先后，张远山原创并命名。

六十四卦 ➡ 八卦 ➡ 四象 ➡ 两仪 ➡ 太极

太极	八方	八节	六爻值日	三爻值节	二爻值季	一爻值仪	太极值年
阳仪	东北	立春	8 临䷒	1 震䷲	1 春季 少阳 ⚎	上半年 阳爻 —	全年 太极
	正东	春分	16 泰䷊	2 离䷝			
	东南	立夏	24 革䷰	3 兑䷹	2 夏季 太阳 ⚌		
	正南	夏至	32 乾䷀	4 乾䷀			
阴仪	西南	立秋	40 睽䷥	5 巽䷸	3 秋季 少阴 ⚍	下半年 阴爻 --	
	正西	秋分	48 否䷋	6 坎䷜			
	西北	立冬	56 蒙䷃	7 艮䷳	4 冬季 太阴 ⚏		
	正北	冬至	64 坤䷁	8 坤䷁			

六十四卦 ⬅ 八卦 ⬅ 四象 ⬅ 两仪 ⬅ 太极

太极原理逻辑先后

图 4-13　伏羲布卦之事实先后与太极原理之逻辑先后（张远山原创）

序）"、"（先天）八卦（卦序）"、"六十四卦（卦序）"相关的五项。

图4-13从左至右，是"伏羲布卦"的事实先后：

A.布出六爻全集的卦序主图，六十四卦"分卦值日"。

B.从A提取三爻全集的卦序副图，先天八卦"分卦值节"。

C.从B提取二爻全集的卦序副图，一年四象"分卦值季"。

D.从C提取一爻全集，还原到布卦之初，两仪"分爻值仪"。

E.抽去D两个卦画，还原到画卦之初，太极"值年"。

图4-13从右至左，是《易传·系辞》所言"太极原理"的逻辑先后：

易（〇）有太极（一），是生两仪（二），两仪生四象（四），四象生八卦（八）。

由于夏商周三代把伏羲六十四卦移用于卜筮，导致《系辞》所言之"易"，无法还原到历法能指"日月为易"，更无法落实到天文受指"太阳"、"月亮"，意义所指变得空洞化、玄学化。

又由于周朝以后产生了"伏羲画八卦，文王叠为六十四卦"谬说，于是《系辞》所言"太极原理"止于"八卦"，不言"六十四卦"。

后人又把"太极原理"的逻辑先后，视为事实先后，不知两者先后互逆；又不知伏羲六十四卦的历法初义，仅知《周易》六十四卦的卜筮新义；于是"太极原理"既失其首"日月为易"，又失其尾"六十四卦"，变得难以索解。经过两千多年卜筮化、玄学化妄解，终于积非成是，真义全隐。

图4-13尽管省略了"伏羲布卦"的若干步骤，仍然囿于事实层面。然而"伏羲布卦"之后概括的"太极原理"，超越了事实层面，进入了逻辑层面。

"太极原理"植根于"卦象对应天象，爻数对应日数"的"爻动原理"，仍有天文、历法两个层面：一是太极之象对应天象，二是太极之数对应历数。

其一，太极之象对应天象，可用太极图的六大分解图表示（图4-14）。[1]

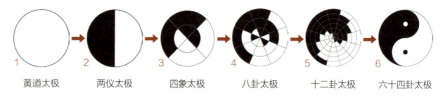

1 黄道太极　　2 两仪太极　　3 四象太极　　4 八卦太极　　5 十二卦太极　　6 六十四卦太极

图4-14　太极六象之太极原理（张远山原创）

太极六象之"太极原理"，产生于"伏羲画卦"到"伏羲布卦"三千五百年（前6000—前2500），其事实先后是——

"伏羲画卦"早期（先仰韶期），产生了1黄道太极、2两仪太极的早期观念和早期图像，成为阴阳象数的最初萌芽和发展基础。"伏羲画卦"中期（仰韶期）至晚期（龙山早期），产生了对应七山六谷的5十二辟卦（六爻）和卦序未定的六十四卦符号总集（六爻），成为"伏羲布卦"的准备。

龙山中期（前2500）的"伏羲布卦"，始于5十二辟卦值月卦序，然后产生6六十四卦值日卦序及其卦象合成的太极图，然后从6六十四卦值日卦

---

[1]　图4-14，太极六象之太极原理，张远山原创并命名。

序中，提取出4八节卦值节卦序、3四季卦值季卦序。"伏羲画卦"时期的早期观念、早期图像、符号体系，至此系统化、象数化，升级为卦象、卦序、卦位、卦名、卦义精确对应天象、历数的意义体系。

"伏羲布卦"完成以后形成的"太极原理"，其太极六象的逻辑先后是（图4-14）：

1无阴阳爻的黄道太极，对应全年太阳轨道。

2一阴爻一阳爻合成的两仪太极，对应上下半年。

3二爻四卦合成的四象太极，对应太阳历四时、太阴历四季（八爻解析出八节）。

4三爻八卦合成的八节太极，对应八节（二十四爻解析出二十四节气）。

5六爻十二辟卦合成的十二月太极，对应十二月（上下卦解析出二十四节气、七十二爻解析出七十二物候）。

6六爻六十四卦合成的全年太极，对应一年三百六十五日或三十六十六日。

其二，太极之数对应历数，可用伏羲先天八卦次序图（图4-15）表示。[1]

伏羲先天八卦次序图（图4-15），从上至下是太极历数的事实先后：

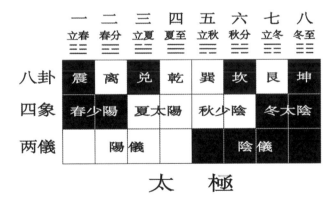

图4-15　伏羲先天八卦次序图（张远山原创）

---

[1]　图4-15，伏羲先天八卦次序图，张远山原创并命名。异于邵雍先天八卦次序图（第五章之图5-9.1）。

六十四卦64（图中省略）↘八卦8↘四象4↘两仪2↘太极1。

从下至上是太极原理的逻辑先后：

太极1↗两仪2↗四象4↗八卦8↗六十四卦64（图中省略）。

五级历数，分别是伏羲六十四卦两个最小单位（阳爻、阴爻）即2的0次方、1次方、2次方、3次方、6次方，亦即二维图像历的几何级数。

太极1，是六十四卦的抽象全集，尚未解析的一年太极历数，无卦象。

两仪2，四象4，八卦8，六十四卦64，则是逐级解析的图像历几何级数，均有卦象；乘以每卦的爻数6（连山历"七山六谷"之象数化），即为神农归藏历的太极历数。

太极1＝太阳历1年

两仪2×6爻＝太阳历12月

四象4×6爻＝太阳历24节气

八卦8×6爻＝48日＝3节气7.5卦45爻/日＋8节卦0.5卦3爻/日

六十四卦64×6爻＝阴阳合历之太阴历闰年总日数384日

再看伏羲先天八卦次序图（图4-15）的卦象集合（阳爻为白，阴爻为黑）。

从上至下，是"伏羲布卦"提纯太极历数的事实先后：

先布出六爻卦序，再提取三爻卦序、二爻卦序、一爻卦序。

从下至上，是"太极原理"理顺太极历数的逻辑先后：

最下"太极"，是阴阳未分的"浑沌"。

上至"两仪"层，阴阳初分，即阳爻▬，阴爻▬▬。

上至"四象"层，阴阳再分，卦象由两仪层、四象层合成。即：

1春少阳☵，2夏太阳☲，3秋少阴☳，4冬太阴☶。

上至"八卦"层，阴阳又分，卦象由两仪层、四象层、八卦层合成。即：

上半年阳仪：1立春震☳，2春分离☲，3立夏兑☱，4夏至乾☰；

下半年阴仪：5立秋巽☴，6秋分坎☵，7立冬艮☶，8冬至坤☷。

综上所述，"太极原理"、"太极天象"、"太极历数"的逻辑先后，与"伏羲画卦"、"伏羲布卦"的事实先后，发生了互逆。

逻辑先后与事实先后互逆，并非偶然出现的怪事，而是无一例外的普遍规律。

因为经验事实是认知世界的发生过程，从受指层面开始归纳，只能从低向高，且有迂回、停滞、倒退，其先其后具有感性偶然性。

先验逻辑是表述世界的事后概括，从能指层面开始演绎，只能从高向低，超越经验事实的感性偶然性，其先其后遵循理性必然性。

比如今人叙述宇宙形成，从大爆炸开始；叙述物质结构，从基本粒子开始；叙述生命发生，从基因开始；叙述人类史，从智人开始；叙述伏羲史，从大地湾开始。可见先验逻辑表述世界的最先叙述，无不发生于经验事实认知世界的最后。经验事实顺时而下，先验逻辑逆时而上，双螺旋缠绕推进，知识由此积累，原理由此提纯，文化由此发轫，文明由此起飞。

"伏羲布卦"之后的理论概括，并未止步于仅及太阳系的"太极原理"，又进一步提炼出超越太阳系、囊括全部宇宙的"无极原理"，用于限定"太极原理"的适用范围。

所谓"无极原理"，就是晚期伏羲族（神农族）的"浑夕说"；中古以后，黄帝族改称为"宣夜说"——

> 宣夜之书亡，惟汉秘书郎郗萌记先师相传云："天了无质，仰而瞻之，高远无极，眼瞀精绝，故苍苍然也。譬之旁望远道之黄山而皆青，俯察千仞之深谷而幽黑。夫青非真色，而黑非有体也。日月众星，自然浮生虚空之中，其行其止，皆须气焉。是以七曜或逝或往，或顺或逆，伏见无常，进退不同，由乎无所根系，故各异也。故辰极常居其所，而北斗不与众星同没也；摄提、填星皆东行，日行一度；月行十三度。迟疾任情，其无所系著可知矣，若缀附天体，不得尔也。"（《晋书·天文志》）

伏羲连山历的历法范围，"浑天说"的天文范围，均为太阳系，两者重合。

神农归藏历的历法范围仍是太阳系，"浑夕说"的天文范围则是超越太阳系的全部宇宙，两者不重合。

早在仰韶、龙山之交，伏羲族已把二十八山地面坐标升级为二十八宿天空坐标，天文视野超越了太阳系，遍及浩瀚无垠的全部宇宙。所以陶寺太极台不仅设有观测太阳位移的2号至12号测缝，而且设有观测其他天象的1号测缝。天文观测的范围不再限于太阳系，天文观测的宗旨也不再限于编制历法，而是探索宇宙终极之道。因为历法仅为道之用，天象才是道之体，太阳系的天象仅是对应历法的局部"道体"，全部宇宙的所有天象才是超越历法的终极"道体"。

伏羲族借助二十八宿的天空坐标，经过龙山初期到龙山中期（前3000—前2500）的五百年观测，发现了夜空中的大部分发光天体都是太阳系以外的恒星，既不环绕太阳旋转，也不环绕北极天枢旋转，运动方向和运动速度全都不同，于是明白了"浑天说"仅是适用于太阳系和地球历法的局部天文学，并非适用于全部宇宙的整体天文学，因为无论设置多少重透明水晶天球，都不可能圆满解释全部天象"或逝或往，或顺或逆，伏见无常，进退不同"的复杂运动。因此"伏羲布卦"之后，把有天球假设、认为日月星辰"缀附天体"的"浑天说"，升级为没有天球假设、认为日月星辰"无所根系"的"浑夕说"，亦即把局限于太阳系的"太极原理"，升级为囊括全部宇宙的"无极原理"。

"浑夕说"包含两个天文层次：囊括宇宙、超越太阳系的"无极"层次，下摄仅及局部宇宙、太阳系的"太极"层次。

《易传·系辞》所言"易有太极"，"易"即"日月为易"，仅及"浑夕说"的较低层次"太极原理"。

庄子《逍遥游》所言"无极之外复无极"，周敦颐《太极图说》所言"无极而太极"，全都兼及"浑夕说"的两个层次"无极原理"和"太极原理"。

宇宙之道"无极"，是囊括宇宙的无限"无极"。

太阳之道"太极"，是仅及宇宙一隅的有限"无极"；此即《庄子·逍遥游》所言:"(太阳系)无极之外,(宇宙)复无极也。"

"无极"之道,先于、高于"太极"之道,此即《庄子·大宗师》所言:

> 夫道,有情有信,无为无形。可传而不可受,可得而不可见。自本自根,未有天地,自古以固存。神鬼神帝,生天生地。在太极之上而不为高,在六极之下而不为深。先天地生而不为久,长于上古而不为老。

"太极原理"以及伏羲太极图、伏羲六十四卦,尽管以"阴阳象数"精确对应并精妙揭示了太阳、地球、月亮互动的终始循环之道,然而仅仅对应、揭示了"有限无极"的局部"道体",不能对应、揭示"无限无极"的全部"道体"。

伏羲太极图和伏羲六十四卦,仅是太阳系内少量天体的象数化、历法化,并非太阳系内全部天体的象数化、历法化,更非全部宇宙所有天体的象数化、历法化,此即《庄子·齐物论》所言"巧历不能得"。因为地球上有昼夜,有阴阳,有历法,宇宙中没有历法,没有阴阳,没有昼夜,只有宇宙永恒之道永恒主宰的永恒黑夜——恒夕,亦即"浑夕"(宣夜)。

庄子、周敦颐完整言及"无极"、"太极"二义,证明"浑夕说"(宣夜说)仅是亡于中原官方,并未亡于中原民间,更未亡于中原以外的华夏全境,尤其是没有亡于神农族后裔世代相传的口传史诗。

神农族史诗《黑暗传》出现了无数次"无极太极"和"混沌黑暗","无极太极"正是"浑夕"的核心,"混沌黑暗"正是"浑夕"的阐释。所以《黑暗传》仅是简称,《混沌黑暗传》才是全称。《混沌黑暗传》又是晚近的通俗名称,《浑夕传》才是古代的正式名称。仅因神农族后裔传唱数千年,逐渐不明初义,先把"浑夕"通俗化为"混沌黑暗",再把《混沌黑暗传》简称为《黑暗传》。

《黑暗传》之名,不合史诗通例。所有民族的创世史诗,无不礼赞创世之神(神化的始祖)创造了"光明",比如《圣经·创世记》"上帝说,要有光"。所以神农族史诗并非礼赞祖先创造了"黑暗",而是礼赞祖先认知了宇宙本质"混沌黑暗"——浑夕。认知宇宙本质的混沌黑暗，是人类智慧的至高光明。

伏羲族的终极天文理论"浑夕说"，以"无极原理"限定了、超越了"太极原理"，所以"无极"、"太极"均有精确的天文定义。

其一，"太"即太阳，"极"即北极。合称"太极"，意为太阳环绕北极旋转。"太极之道"就是太阳环绕北极旋转的轨道。伏羲太极图就是太阳环绕北极旋转的形象图示，圆心就是北极"天心"、"天枢"、"道枢"，亦即《庄子·齐物论》所言："彼是莫得其偶，谓之道枢。枢始得其环中，以应无穷。"伏羲六十四卦就是太阳环绕北极旋转的阴阳象数。

"太极原理"以及伏羲太极图、伏羲六十四卦，都是对应太阳系的封闭循环意义体系，仅仅适用于有限封闭的太阳系，不适用于无限开放的宇宙。所以在地球上观测天象，太阳系内的天体均有封闭循环的固定周期，太阳一年一循环，月亮一月一循环，木星十二年一返，哈雷彗星七十六年一返，既会"逝而远"，又会"远而返"。但在地球上观测天象，太阳系外的天体没有封闭循环的固定周期，只会"逝而远"，不会"远而返"。

其二，"无极"是对"太极"所含"太阳"、"北极"的限定和超越。因为仅因地球环绕太阳公转，才会产生太阳每日东升西落、每年南北位移的天文错觉。仅因地球自转的地轴倾斜角度，北半球才会产生"北极"是"天心"的天文错觉；南半球则会产生"南极"是"天心"的天文错觉。所以在地球上观测天象，"天心"实有南北两个，此即《庄子·惠施》"历物十事"所言：

> 我知天之中央，燕之北（地球自转轴北端所指北半球天心），越之南（地球自转轴南端所指南半球天心）是也。

"浑夕说"的"无极原理"，正是超越了以"北极"为"天心"、"天枢"、"天极"的天文错觉，发现了太阳系内的其他天体和太阳系外的所有天体均不环绕"北极"旋转，正确认知了"北极"并非真正的"天心"、"天枢"、"天极"。"无极"之义，即为宇宙"无有天极"。

伏羲族不仅发现了太阳、地球、月亮"恒动不止"，而且发现了"北极"同样"恒动不止"，不断地"逝而远"，仅是小年不易察觉，只有五百年以上的大年才能察觉。

此即《庄子·逍遥游》所言：

> 小年不及大年。……楚之南有冥灵者，以五百岁为春，五百岁为秋。……此大年也。

亦即《史记·天官书》所言：

> 天运三十岁一小变，百年中变，五百载大变。

"天运"正是"天动"，并非卜筮化、玄学化的"天定命运"。三国吴人虞喜（281—356）发现历法"岁差"，晚于伏羲族两千五百年。而且虞喜囿于"浑天说"，未能发现历法"岁差"的天文根源。伏羲族根据"浑夕说"，发现了历法"岁差"的天文根源：北极恒动不止，离地球越来越远。这一认知，等价于现代天文学的最高成就"宇宙大爆炸"理论，因为北极恒动不止、离地球越来越远的天文根源，正是宇宙大爆炸导致的宇宙膨胀。

"炎黄之战"以前，伏羲族的"浑夕说"认为"无极之外复无极"，"无极而太极"，认为道生宇宙，并非仅生太阳系，伏羲族的宇宙观由此拓展到"至大无外"（《庄子·惠施》）的极限，等价于现代天文学的最高成就。"浑夕说"的宇宙观，进而提升了伏羲族的世界观、人生观、价值观，认为道生万物，并非仅生人类。两千年后老子、庄子的道家宇宙观、世界观、人生观、价值观，无不远承伏羲之道。

然而"炎黄之战"以后四千年间，中国天文学却倒退到以"北极"为"天心"、"天枢"、"天极"的"盖天说"，仅剩伏羲族早期天文理论"浑天说"的半个天球（图2-33），导致中国人的宇宙观、世界观、人生观、价值观，深陷"天尊地卑，君尊臣卑"的谬误泥淖，至今难以摆脱。

综上所述，龙山中晚期的"伏羲布卦"，不仅完成了连山历到归藏历的历法升级，而且完成了浑天说到浑夕说的天文升级，同时完成了方形昆仑台到圆形浑夕台的天文台升级，因此龙山晚期同时出现了陶寺浑夕台、陶寺肥遗盘，伏羲族就此抵达了空前绝后的历法顶峰和天文顶峰。

八　神农归藏历的文献钩沉

神农归藏历是终极图像历，仍然处于文字成熟前夜，使用、记忆、传授之时，必须配以口诀。上文综合考古证据、文献证据，已经抉发了神农归藏历主图、副图的若干口诀。

"炎黄之战"以后，这些图像和口诀，随着神农归藏历被夏商周文字历取代，逐渐濒于失传，但未彻底失传。或是中原官方并未失传，仅是为了庙堂利益、出于政治禁忌而不愿公开，闪烁其辞，记载隐晦，导致后人不明其义。或是失传于中原官方，但未失传于中原民间。或是失传于中原，但未失传于中原以外。中原古籍和神农族后裔古籍，均有大量残存遗义。上文为免枝蔓过多，影响逻辑清晰，仅仅举出少量文献证据，本节再作若干钩沉补充（限于篇幅，仍未穷举全部）。

其一，《史记·五帝本纪》、《封禅书》、《孝武本纪》和《易传·系辞》，共同证明黄帝族"迎日推策"计算"十九年七闰"，承袭了神农族"分卦值日"的阴阳合历计算器——伏羲六十四卦。

《史记·五帝本纪》：

> 黄帝迎日推策……顺天地之纪。

《易传·系辞》：

> 乾之策二百一十有六，坤之策百四十有四，凡三百有六十，当期之日。

合观二者，可知"策"是用爻数计算日数的算筹。亦即《说文》段注所言："策犹筹。筹犹筭，筭所以计历数。"筭suàn，名词，即算筹。算，动词，即用算筹计算。

前者证明，黄帝族征服神农族以后，夏历《连山》、商历《归藏》袭用"分卦值日"的伏羲六十四卦，用于"迎日推策"推算、编制阴阳合历。

后者证明，《周易》尽管仅剩卜筮功能，但是仍用"分卦值日"的算筹，获取卜问吉凶的某一卦象。尽管意图不同，但是"一爻一日"的算法相同，所以替代算筹、用于卜筮的蓍草，依然称"策"。

神农族"分卦值日"，黄帝族"迎日推策"，《周易》卜问吉凶的算筹，貌似风马牛不相及的三者，其实共同源于记录圭表测影的伏羲六十四卦。

中国数学源于历法计算，使用的计算工具始终是源于伏羲六十四卦的"算筹"，祖冲之计算圆周率亦然。《孙子兵法》"多筭胜，少筭不胜"，打仗之前计算胜负概率，使用的计算工具仍是源于伏羲六十四卦的"算筹"。张良"运筹帷幄之中，决胜千里之外"，"筹"是筷子，吃饭之时与刘邦密商如何击败项羽，故以筷子代替算筹。中国筷子的终极源头，仍是计算伏羲六十四卦的算筹。

《史记·封禅书》又曰：

　　黄帝迎日推策，后率二十岁，得朔旦冬至。凡二十推，三百八十年。（《孝武本纪》同。）

所言"一推"，即推算一次"十九年七闰"（太阳历本质始于"朔旦冬至"，太阴历表象始于"新年立春"）。第二十年，太阴历"朔旦"与太阳历"冬至"相合，重新开始下一推。

所言"二十推"，即推算二十次"十九年七闰"，共计"三百八十年"一百四十闰。

"黄帝迎日推策"，所用推算工具是"分卦值日"的伏羲六十四卦，所得推算结果是"十九年七闰"的阴阳合历，无不承自"神农归藏历"。

其二，神农归藏历是终极图像历，处于文字体系成熟前夜，这是后世失传的原因之一。中古以后的古史传说，抉发"伏羲象数易"的汉代"易纬"，均曾大量记载：伏羲族处于"先文"时代、"画字"时代。

比如《易纬·乾坤凿度》：

> 庖牺氏先文，公孙轩辕氏演古籀文，苍颉修为上下二篇。黄帝曰："太古百皇，阙基文籍。遹理微萌，始有能氏。"
> 郑玄注：有能氏，庖牺氏，亦名苍牙也。

长沙子弹库《楚帛书》称伏羲为"有能氏"，证明了郑玄之注。后世把"有能氏"改为"有熊氏"，移作"黄帝"的别号，把原本异族的"伏羲"、"黄帝"混淆为一，正如把原本异族的"神农"、"黄帝"混淆为同父异母的兄弟。

又如《易纬·通卦验》：

> 伏羲方牙精作易，无书，以画事。
> 郑玄注：伏羲时，质朴无书，但以画，见事之形象。

再如《易纬·坤灵图》：

> 伏羲方牙精作易，无书，以画字，此画字之始。

所谓"方牙"，我认为就是伏羲连山历的天文台"昆仑台"的专用符号——八角星（图2-7），内为四方，外有八牙。

百年考古发现了上古伏羲族彩陶上的大量天文历法纹和"伏羲画字"的大量证据，证实了秦汉"伏羲象数易"兴起以后的众多记载。

其三，黄帝族所造"文"、"字"二字，"教"、"学"二字，均与"分卦值日"的伏羲六十四卦有关，又与"分名值月"的太阳历十二月名"十二地支"有关，实为中国文字起源的核心事件。

文，形近于"爻"，因为伏羲六爻卦，正是中国最早之"文"。龙山晚期的陶寺扁壶（图2-13），左画三爻离，离为火，标示"龙星纪时"的"火历"；右画独体之"文"，源于"爻"字。

字，上为宝盖，即黄帝族"盖天说"之天盖。下为十二地支的首字"子"，总括太阳历十二月名"十二地支"（图4-4）。

"文"、"字"二字，又是"教"、"學"二字的核心成分，所异之处，仅是区分师生角色。

𢼊，左为上"爻"下"子"，右为反文旁"攵"，即手执教鞭督责学生的老师右手。

𥸤，上部中心是"爻"，左右是使用算筹计算"分卦值日"爻数的学生双手。中为黄帝族"天盖"。下为十二地支的首字"子"。

黄帝族如此造字，乃因夏商周三代承于伏羲连山历天文台"昆仑台"的"明堂"（详见续著《玉器之道》），正是太学"辟雍"所在地，老师所"教"，学生所"學"，正是先用"分卦值日"的伏羲六"爻"卦，计算始于冬至"子"月的太阳历，然后换算为太阴历，最后编成阴阳合历的"文字"历，颁布天下，指导农耕。

"文字"、"教學"四字的起源、初义、构成，无不直指华夏文明开天辟地的本源知识和文化基因——分卦值日的伏羲六十四卦和阴阳合历"神农归藏历"。

其四，中古黄帝族的"人道"礼制，全按上古伏羲族的"天道"历法而设。

比如《管子·轻重己》：

以冬日至始，数九十二日谓之春至。天子东出其国九十二里而坛，朝诸侯卿大夫列士，循于百姓，号曰祭星。
以春日至始，数九十二日谓之夏至。
以夏日至始，数九十二日谓之秋至。
以秋日至始，数九十二日谓之冬至。天子北出九十二里而坛，服黑而絻黑，朝诸侯卿大夫列士，号曰发繇。

天子春分"祭星"，就是祭祀终始循环的永恒天道。

天子冬至"发繇"，就是颁发以繇（爻）计日的新年历法。

诸侯朝觐天子，就是领取新年历法，尊其"正朔"。

其五，尽管上古伏羲族之"圭"，变成了中古黄帝族之"卦"，但是中古以后凡与"圭"、"卦"相关之字，仍然大量残存上古伏羲族的历法初义。

比如观测日照投影的"八圭"，又称"八表"（黄帝族"盖天说"称为"八大天柱"），合词"圭表"。

记录圭表投影的"两仪"，又称"两表"，合词"仪表"。所以中古以后的重要宫殿之前，必立华饰两表，称为"华表"，以此表明"观象授历"（观天象、授卦历）的天子是合法（合于历法）的"天道之子"。

"华表"的真义是"华族之表"，因为圭表由伏羲族发明，而从甘肃天水东扩到达陕西华山周边的伏羲支族神农族，又称"华族"。

陶寺太极台的测墙，设有测缝，观其"阙"（缺）以制历，所以中古以后的历代王朝，次要宫殿之前不立华表，改立阙表，仍然强调天子的权力合法性来自天道。宫殿、阙表，合称"宫阙"。

"圭表"象征天道，"执圭"象征"执天命"，所以崇尚玉器的黄帝族君王画像，无不手执玉珪，"珪"是"圭"的玉器化和象征化（详见续著《玉器之道》）。

黄帝族君王并不亲自观测天文、编制历法，而由重臣代掌，所以爵位最高的三公，称为"执珪"。

百官上朝，手执玉版、朝笏，则是"执珪"的泛化变形。

中古"黄帝人道"植根于上古"伏羲天道"，证据无数，本书无暇尽举，详见续著《玉器之道》、《青铜之道》。

其六，阴阳合历的专名"冬至所在月"，始于神农归藏历。

"冬至"是太阳历的计算起点，"所在月"是把太阳历换算为太阴历朔望月，所以"冬至所在月"是阴阳合历专名。由于夏朝之后的一切中国阴阳合历无不承袭"神农归藏历"，而计算太阳历、换算太阴历是极少数历法专家之事，所以夏朝以后的一切中国古籍从不解释"冬至所在月"的复杂含义，因为"民可使由之，不可使知之"，原本就没打算让你明白，天下臣民不明觉历，才能巩固"君权神授"的王朝"天命"。

其七，区分太阳历之"岁"与太阴历之"年"，始于神农归藏历。

阴阳合历的太阳历本质，永远始于太阳在南回归线折返的"冬至"。阴阳合历的太阴历表象，每十九年始于"冬至"后四十六日的"立春"。"冬至"过太阳历本质之"岁"，"立春"前后过太阴历表象之"年"，故有所谓"冬至大于年"。清明外出扫墓，仅是抚慰先人肉身。冬至在家祭祖，才是追思先人亡魂。

《尚书·尧典》所言"期三百有六旬有六日，以（太阴历）闰月定（太阳历）四时成岁"，证明承袭"神农归藏历"的夏历，已经区分太阳历"一岁四时"和太阴历"一年四季"，已是太阳历为本质、太阴历为表象的阴阳合历。

其八，本章第三节已言，神农族后裔羌族的阴阳合历"正月建虎"，等价于"神农归藏历"的"正月建寅"，此处再补若干细节。

上古伏羲族把二十八宿分为东西南北各七宿，拟形为"东苍龙，西白虎，北麒麟（中古黄帝族改为北玄武），南朱雀"四象[1]。而伏羲族祖地甘肃天水和神农族祖地陕西宝鸡均在中原之西，对应于"西白虎"，所以"炎黄之战"以后散居中原西北的羌族，全都崇拜"西白虎"。而且羌族阴阳合历除了"正月建虎"，太阴历双月初一也必为"虎日"。[2]

不仅中原西北的甘、青羌族，崇拜与其方位相应的"西白虎"，而且中原西南、正南的云、贵、川羌族，也因不忘祖族祖地，不崇拜与其方位相应的"南朱雀"，仍然崇拜与其方位不相应的"西白虎"。

---

[1] "北玄武"原为"北麒麟"，参看冯时《中国天文考古学》316页，社会科学文献出版社2001。

[2] 陈久金主编《中国少数民族科学技术史丛书·天文历法卷》，广西科技出版社1996。64页："西方氐羌民族以寅月为正月，而崇拜虎，故十二生肖之中，寅对虎。"352页："彝族《宇宙人文论》以冬至为岁首，冬至之月为鼠月，正月为虎月。"358页："纳西族计算两个月60日，双月首日都是虎日。"所言羌族，包括氐族、黑虎羌、白虎羌、彝族、纳西族、哈尼族、傈僳族、白族、土家族、藏族、普米族等。该书153页所言四川凉山彝族"以阴历建子之月为岁首"，364页所言黑虎羌"阴历建子为周正"，则与上言"西方氐羌民族以寅月为正月"抵牾。

伏羲族母系始祖"女娲氏"，后世变成"西王母"，仍具虎形（《山海经·西山经》）。

其九，中原西南、正南的彝族、傣族等神农族后裔，均有阴阳合历，均存"神农归藏历"以伏羲六十四卦"分卦值日"阴阳合历的上古遗义。

彝族古籍《宇宙人文论》正确记载了"十二辟卦"、"先天八卦"的图像、口诀、要诀，已见上文。彝族古籍《彝族源流》又记载了与"肥遗一首两身"相同的阴阳合历置闰法：

> 远古天地未产生之时，先生哎（乾）与哺（坤）。天地产生后，哎（乾）与哺（坤）一对相交合，哎（乾）生十二子，哺（坤）生十三子。[1]

"乾"指太阳历，"乾生十二子"即十二太阳月。

"坤"指太阴历，"坤生十三子"即十三朔望月。

彝族古籍《土鲁窦吉》又记载，彝族阴阳合历以"河图"（伏羲太极图古名）为基础，平年354日，闰年384日。傣族阴阳合历与之全同。[2]

傣历始年共有二说，一为公元前361年，一为公元639年，正好相差千年。由于大数使用不便，所以没有朝代更替而历史意识淡薄的傣族，为了使用方便，每过千年重新起计历年。[3]

公元前361年上推两千年，为公元前2361年，正在"伏羲布卦"创制"神农归藏历"的上限（前2500年伏羲六十四卦、伏羲太极图诞生）、下限（前2200年陶寺太极台建成）之间。

据此推测，傣历始年为公元前2361年，亦即神农归藏历元年。

---

[1] 彝族古籍《彝族源流》33页《尼能七重天》，陈长友主编，王继超、王子国译，贵州民族出版社1989—1998。

[2] 彝族古籍《土鲁窦吉》第二卷专论以"河图"（伏羲族）为基础的彝族十二月阴阳合历，第一卷专论以"洛书"（黄帝族）为基础的彝族十阶太阳归藏数据（并非十月太阳历）。

[3] 陈遵妫《中国天文学史》第三册1505页，上海人民出版社1984。另见陈久金主编《中国少数民族科学技术史丛书·天文历法卷》368页。

其十，阴阳合历的专名"腊月"，始于神农归藏历。

"腊"之起源，分为两大阶段，即上古早期伏羲连山历之"腊日"和上古末期神农归藏历之"腊月"。"腊日"、"腊月"，均在年终。"腊"之得名，源于年终之"猎"，猎得动物祭祀祖先。略举文献证据于下。

> 腊，谓以田猎所得禽兽祭也。（《礼记·月令》郑玄注）
>
> 腊者，猎也。言田猎取兽，以祭祀其先祖也。（应劭《风俗通义》）
>
> 迎送凡田猎五日，腊日岁终大祭，纵民宴饮。（蔡邕《独断》）[1]
>
> 十二月腊日，猎禽兽以岁终祭先祖，因立此日也。（《史记·秦本纪正义》）
>
> 八腊，腊先祖，谓以田猎所得禽祭也。（马端临《文献通考》）

正因年终必须田猎祭祖，所以"猎"、"腊"二字同源，太阳历年终之日称"腊日"，阴阳合历年终之月称"腊月"。

伏羲连山历（前6000—前2362）是太阳历，早期历法比较简略，一年仅计360日，所余5日用于年终过年，所以把太阳历"冬至"前的年终5日，设为"腊日"。

神农归藏历（前2361—前2070）是阴阳合历，阴阳合历以太阴历为表象，所以把"正月"前的年终朔望月，设为"腊月"。

"炎黄之战"以后的中古夏商周三代（前2070—前221），黄帝族因为"腊月"始于神农归藏历，所以都在腊月八日"腊八节"祭祀神农，证见《礼记·郊特牲》："天子大蜡八，伊耆氏始为蜡。"

"伊耆氏"是"神农氏"的别称，证见《路史·后纪三·炎帝纪上》："炎

---

[1] 转引自陈久金主编《中国少数民族科学技术史丛书·天文历法卷》53页。四库本蔡邕《独断》与之略异："冬至阳气始起，麋鹿解角，故寝兵鼓身，欲宁志，欲静，不听事，送迎五日。腊者，岁终大祭，纵吏民宴饮，非迎气故，但送不迎。正月岁首，亦如腊仪。"

帝长于姜水，成为姜姓。其初国伊，继国耆，故氏伊耆。"参看《通志·三皇纪》："炎帝神农氏起于烈山，亦曰烈山氏，亦曰连山氏，亦曰伊耆氏。"又见《资治通鉴外纪》："神农本起于烈山，称烈山氏；一曰连山氏、伊耆氏。""烈山氏"为"列山氏"之讹，义同"连山氏"，因"伏羲连山历"而得名。

"腊八节"腊祭八神，首为"先啬"，即伏羲族的神农氏；次为"司啬"，即黄帝族的后稷（周族始祖）。"啬"为"穑"之本字，原指农事，农夫即称"啬夫"。"先啬"即"先农"，北京先农坛正是供奉神农氏。

王献唐《炎黄氏族文化考》所言甚确：

> 黄帝族抑服炎族，不废其俗，后世更以神农为先啬，后稷为
>
> 司啬，融合炎、黄二族之人，并为腊神。[1]

据此可明，"腊八"二字，"腊"扣神农归藏历的腊月，"八"扣神农归藏历之阴阳历换算尺"伏羲先天八卦"对应的四时八节。后来佛教传入中国，为了弘扬佛法，声称中国阴阳合历独有的腊月八日为释迦牟尼成道日，"腊八"初义遂湮。

其十一，本章第三节已言，汉武帝《太初历》恢复"正月建寅"，并非恢复夏历"正朔"，实为恢复神农归藏历"正朔"，此处再予补证。

司马迁撰写《史记》，始于《五帝本纪》，因而《历书》囿于自定体例，仅以首句"昔自在古历，建正作于孟春"，太阴历"孟春"即太阳历"寅月"，暗示上古神农历是"正月建寅"的阴阳合历；然后以"神农以前尚矣"略过神农，从黄帝开始叙述历法史，所以仅言《太初历》"与夏正同"，不言"夏正"承于神农归藏历。

汉代纬书《礼稽命征》："禹建寅，宗伏羲。"点破夏历建寅，承于上古伏羲。

唐代司马贞撰写《史记索隐》，一方面补撰《三皇本纪》，一方面在《历

---

[1]　王献唐《炎黄氏族文化考》93页。

书索隐》中纠正司马迁：

> 古历者，谓黄帝《调历》以前，有《上元太初历》等，皆以建寅为正，谓之孟春也。及颛顼、夏禹，亦以建寅为正。……至武帝元封七年，始改用《太初历》。

司马贞同样认为，《太初历》"正月建寅"并非承于夏历，而是承于"黄帝《调历》以前"的"古历"。因其不知"古历"之名神农归藏历，于是仿照《太初历》，拟名《上元太初历》。

其十二，《史记》隐晦记载了一件重大史事，不仅证明《太初历》是明确恢复神农历"正朔"，而且证明是明确追认伏羲族"天道"。

《史记·历书》明确记载了汉武帝颁布《太初历》的最初动因，乃是汉文帝时"黄龙见成纪"[1]。由于夏商周三代是黄帝族建立的征服者朝代，秦代则昙花一现，所以汉代是伏羲族收复天下的第一个朝代，收复天下当然不仅是政权收复，必然伴随文化收复。

所以一方面汉代"伏羲象数易"大力抉发伏羲六十四卦的历法初义，另一方面汉文帝时有人以"黄龙见"于伏羲族祖地"成纪"（甘肃天水）的名义，建议恢复神农历"正朔"。但是黄帝族三代两千年的传统权威，形成了极大阻力，从汉文帝到汉景帝，再到汉武帝，才逐渐克服阻力。所以汉武帝击败匈奴，开通西域以后，命名西域实体之山为"昆仑山"，恢复神农历"正朔"，均以汉朝终结黄帝族统治、伏羲族收复天下为重大历史背景。

不仅如此，《太初历》的天文学基础也非黄帝族的"盖天说"，而是伏羲族的"浑天说"，因为汉武帝命令四川神农族后裔落下闳制造了正史记载

---

[1] 《史记·历书》："至孝文时，鲁人公孙臣以终始五德上书，言'汉得土德，宜更元，改正朔，易服色。当有瑞，瑞黄龙见'。事下丞相张苍，张苍亦学律历，以为非是，罢之。其后黄龙见成纪，张苍自绌，所欲论著不成。而新垣平以望气见，颇言正历服色事，贵幸，后作乱，故孝文帝废不复问。至今上（武帝）即位，招致方士唐都，分其天部；而巴落下闳运算转历，然后日辰之度与夏正同，乃改元……为太初元年。"公孙臣上书，事在汉文帝十二年。黄龙见成纪，事在汉文帝十五年，参看《孝文本纪》《张苍列传》《封禅书》。

的第一座浑天仪。此后西汉的蜀人扬雄，五代的蜀人陈抟，北宋的蜀人张行成，前仆后继地力主"浑天说"，抉发"伏羲象数易"，形成了"易学在蜀"的伏羲象数易传统（详下第五章），因为蜀地正是神农族后裔羌族、彝族在"炎黄之战"以后的南撤退守重地。

由于神农归藏历是文字成熟前夜的上古图像历，神农族又被黄帝族征服，黄帝族官方史书仅记本族官史，隐晦记载伏羲神农史，《周易》重编伏羲六十四卦，又把"伏羲画卦"、"伏羲布卦"从六十四卦压缩为八卦，所以《史记》囿于"神农以前尚矣"的史料不足，不得不自限体例，从《五帝本纪》开始。

秦火汉黜以后，大量先秦古籍亡佚失传，传承神农归藏历的神农族后裔又散居中原以外，长期被中原王朝视为"夷狄"，彝族古籍直到晚近才被译为汉语，种种不利因素的合力，导致伏羲连山历、神农归藏历、伏羲初始卦序、伏羲太极图、浑天说、浑夕说等上古华夏四千年的辉煌成就，全都隐入历史背景，沉入历史忘川。

幸而民间记忆极其顽强，除了上举种种，神农族史诗《黑暗传》的记载更是精确不移：

> 圣母忽然身有孕，成纪地方生圣君；
> 成纪地方在何处？甘肃巩昌岷州城。
> 伏羲仁君观天象，日月星辰山川形；
> 才画八卦成六爻，六十四卦达神明。[1]

《黑暗传》于1984年由胡崇峻发现于湖北神农架。湖北北接河南，是仰韶期东扩、南扩的伏羲支族在黄河南岸、长江北岸与西扩南蛮支族相遇之地，"炎黄之战"以前是上古西扩南蛮支族的"屈家岭—石家河文化"区域，"炎黄之战"以后是中古神农族后裔从中原南撤的首抵之地。"神农架"之名，正是上古、中古之交历史巨变的残存信息，但是中古以后"无害化"

---

[1]　神农族史诗《黑暗传》181页。

为神农上山采药所架之梯。

《黑暗传》不仅填补了中国史诗的空白，而且证明虽经漫漫四千年，民间记忆仍然永久保存着历史真相：伏羲族祖地是甘肃成纪（天水），伏羲六十四卦和伏羲太极图的初始功能，正是标示"日月星辰"、"上达神明"的阴阳合历。

历史真相不仅永久保存于中原的伏羲族民间和中原以外的伏羲族后裔之中，也永久保存于深埋地下的考古地层之中。八千年来的所有民间记忆和四千年来的所有残存文献，如今均已得到了考古证实。

九　布卦伏羲氏，锁定共工倕

"伏羲画卦"历时三千五百年（前6000—前2500），无数世代的伏羲族天文历法官贡献了集体智慧，所以不可能把"画卦"的"伏羲氏"落实于个体。然而"伏羲布卦"的上限、下限仅距三百年（前2500—前2200），一次性完成"布卦"的"伏羲氏"必为一代人，必有一位总其成者、集大成者，所以有可能落实到一位历史人物。推测这位历史人物，当从伏羲初始卦序入手。

伏羲初始卦序太极图（图3-8.1）的"阴阳之道"，对应太阳（阳爻）、圭影（阴爻）的"周行之道"，总体而言极其周密，唯一不周密之处，是其西北方位的52蛊☷☶，卦象并非前卦51随☶☳一爻上动或下动所生成，而是六爻上下翻转，成为不合"爻动原理"、没有"阴阳消息"的唯一特例。《诗纬·含神雾》如此形容这一特例："天不足西北，无有阴阳消息，故有龙衔火精，以往照天门中也。"

这一爻动特例，为推测"布卦"的"伏羲氏"可能是谁，提供了重要线索。

伏羲族把"西北风"称为"不周风"（《淮南子·天文训》），把"西北山"称为"不周山"（《淮南子·天文训》、《山海经·大荒西经》），又以"共工怒触不周山"解释华夏地理特征"天倾西北"（《淮南子·天文训》）[1]。三条貌似无关的史料残片，共有两个关键词"西北"、"不周"，未必是偶然巧合，或许与伏羲初始卦序"西北"方位的"不周"特例有关。

首先大胆假设：布卦"不周密"的"伏羲氏"，或许正是怒触"不周山"的"共工氏"。

然后小心求证：检索相关史料，或证实之，或证伪之。

相关史料一，长沙子弹库《楚帛书》，开首即言"雹戏"，篇中则言"步以为岁，是惟四时"，篇末则言——

> 帝夋乃为，日月之行。共工夸步，十日四时。[岁]伸则闰，
> 四时毋息。百神风雨，震祎乱作。乃遣日月，以运相[毋]息。
> 又宵又朝，又昼又夕。

"雹戏"是伏羲族的族名异写，后世定名"伏羲"。

"帝夋"是伏羲族的太阳神、至高神，"帝"字源于北极天枢（图1-9），"夋"字源于"日中有踆乌"（《淮南子·精神训》），后世把天神拟人化，加上人旁，定名"帝俊"（《山海经》）。

"帝夋乃为，日月之行"是说，北极天帝"帝俊"主宰日月星辰的运行。

"共工"是伏羲族天文历法官的官名。"共"之字形 ✝✝，是双手各执一圭，字义是使太阳历、太阴历共于一历，成为阴阳合历。

"工"之字形，是立表沟通天地，字义是确保表木垂直于地面的矩尺。

"共工夸步，十日四时"是说，共工主持观测天文，制定历法。"夸步"又称"步天"，所以"共工"别名"夸父"。

"夸父逐日"并非以脚行地，追逐太阳，而是以目视地，追逐"日景"（《山海经·大荒北经》）；景为影之本字，亦即观察矩尺所立表木的日照投

---

[1] 《淮南子·天文训》："昔者共工与颛顼争为帝，怒而触不周之山，天柱折，地维绝。天倾西北，故日月星辰移焉；地不满东南，故水潦尘埃归焉。"（《列子·汤问》略同。）综合了天文历法观念、华夏地理特征、人间族争事变，详见续著《炎黄之战》。

影，根据圭影长短而画出不同卦象，对应天象而布出卦序，"分卦值日"而"追逐日影"。

相关史料二，《尚书·尧典》——

> 帝曰："畴若予工？"佥曰："垂哉！"帝曰："俞！"咨垂："汝
> 共工？"垂拜稽首。

今译

> 尧问："谁适合提任共工？"都说："垂啊！"尧说："好！"问垂：
> "你愿意担任共工吗？"垂下拜受命。

唐尧是不谙天文历法的游牧民族黄帝族酋长。黄帝族只有通过"观象授历"，才能赢得统治农耕三族（神农族、东夷族、南蛮族）的天道合法性，所以只能聘用伏羲族天文历法官担任"共工"，征求百官意见，全都推荐"垂"。

垂，表层义是"天垂象"的圭表执掌者，深层义是"观象制历"的圭象（卦象）布排者；后世加上人旁，冠以职务，全称"共工倕"，简称"工倕"。伏羲族之"共工倕"，早于"炎黄之战"至少两百年，所谓"倕为黄帝臣"（《玉篇》）、"倕为尧臣"（《尧典》），均属黄帝族的官方伪史。

相关史料三，《庄子·达生》——

> 工倕旋而合规矩，指与物化，而不以心稽，故其灵台一而
> 不窒。

矩的第一功能是竖立表木，确保表木垂直地面。规的第一功能是画出经天周行的太阳轨道，画出一岁四时的四大圈纹，画出阴阳合历的伏羲太极图。规、矩与圭表、太极图，全都创制于"炎黄之战"以前很久的上古，《世本·作篇》则说"垂作规矩准绳"。假如工倕并非上古"布卦"的"伏羲氏"，中古以后不可能把他视为规、矩的发明者。

相关史料四,《淮南子·天文训》——

东方,木也,其帝太皞,其佐句芒,执规而治春。

"太皞"是"伏羲"的别名。汉代盛行的伏羲女娲像,二人交尾如太极图(图4-16)[1],执矩的"伏羲"是太极阳鱼的拟人化,执规的"女娲"是太极阴鱼的拟人化。"伏羲"之"羲"通"曦"[2],"女娲"之"娲"又作"娃"、"絓"[3],字皆从"圭"。如果把形似太极图、名出晨曦与圭表、手执圆规与方矩的"伏羲女娲像",落实于一位伏羲族天文历法官,最佳人选是上古第一巧匠"共工倕"。

图4-16 伏羲女娲太极图(安徽宿县褚兰镇汉墓)

相关史料五,《山海经·大荒经·海内经》——

[1] 图4-16,伏羲女娲太极图,安徽宿县褚兰镇汉墓出土,采自王步毅《安徽宿县褚兰汉画像石墓》,《考古学报》1993年4期。

[2] 丁山《中国古代宗教与神话考》59页,龙门联合书局1961。

[3] 东汉四川简阳鬼头山伏羲女娲画像石,题记作"女絓"。《山海经·北山经》"女娲"作"女娃"。

帝俊有子八人。帝俊生三身，三身生义均，义均是始为巧
倕，是始作下民百巧。

这是类似于子弹库《楚帛书》的伏羲族"帝俊"神话。

"有子八人"，是"四时八节"、"四象八圭"的神话表述。

"三身"，是伏羲女娲像的"婚姻神"、"繁殖神"变体。汉代的伏羲女
娲像，或在伏羲女娲肩上添一高禖，或在伏羲女娲胯下添一婴儿，即为
"三身"。

"义均"，即仪均，意为阳仪、阴仪均衡对称。

"义均是始为巧倕"，意为"义均"精通历法，竖立表木垂直于地，导
致天象下垂于地，成就了伏羲双圈卦序围于伏羲太极图的终极"巧历"
（《庄子·齐物论》），故称"巧倕"。[1]

"巧倕"布卦，揭示了"天帝之道"，遂被视为天帝"帝俊"之子。《海
内经》记载其墓："北海之内，又有不矩之山，巧倕葬其西。"证明工倕并
非凭空虚构的神话人物，而是功勋卓著的历史人物。

中古以后的大量古籍记载，布卦的"伏羲氏"生于"成纪"（甘肃天
水），都于"陈"（河南淮阳），为"华胥氏"（华山周边的东扩伏羲支族）
之子。本书第二章第一节"三皇"族谱已言，伏羲族的父系时代有十五世，
第一世"大庭氏"处于仰韶晚期的大地湾四期（前3500—前2900），第六
世"华胥氏"正当龙山中期（前2500）前后。据此推断，龙山中晚期（前
2500—前2200），神农归藏历元年（前2361）之前完成"布卦"的"华胥氏"
之子"伏羲氏"，正是步天制历的历史人物"共工倕"。

中古以后，"共工倕"升格为追逐日影的神话人物"夸父"（《山海经》）。

---

[1] 袁珂《中国神话通论》184、185页，认为"义均即倕"，不误。但是袁氏认为"义均"
即"叔均"，"叔均"即舜之子"商均"，证据薄弱，论证无力。巴蜀书社1991。袁
氏又认为商均之父舜即帝俊、帝喾，证据更加薄弱，论证更加无力，混淆神话与历
史，又与尧先、舜后矛盾，更与其他史料、史证无法贯通。

十 上古图像历，中古卜人运

圭表测影，并非上古伏羲族独有，而是遍及世界。古埃及的方尖碑，天文功能类似表木，所以立于空旷的广场中心，以其一日投影为计时表，以其一年投影为天文钟。其他民族的图腾柱，同样具有类似的天文功能、钟表功能。旧石器时代的远古智人，凭借发达的大脑，独有的智慧，很可能在漫长的游猎时期已经发现：一年的气候循环，与树木投影的长短循环、角度循环，具有相互对应的某种规律。进入定居的早期农业阶段，更加容易发现定居之地的大树投影，年复一年地重复循环。于是伏羲族竖起了表木，埃及人竖起了方尖碑，其他民族竖起了图腾柱。但是其他民族的天文历法，中古以后都向其他方向升级，使用其他符号标示，故其上古祖先立碑测影、立柱测影的天文历法初义，全都沉入历史忘川。仅有伏羲族，不仅圭表测影，而且独一无二地创制了记录圭影的圭象（卦象），先由立表而画圭（画卦），再由画圭（画卦）而布圭（布卦），创造了伏羲六十四卦及其卦象合成的伏羲太极图，传承后世直至今日，成为华夏文化和中华文明的永恒基因。

中古文字成熟以前的上古图像历，亦非中国的上古伏羲族独有，同样遍及世界，比如西亚的巴比伦扑克历，美洲的玛雅金字塔历。

神农归藏历用六十四个六爻卦计算历法，起源于甘肃天水大地湾"七山六谷"的六间观念，升级为"七集六阶"的六阶象数，故以一卦六爻为基本计算单位。

巴比伦扑克历用54张扑克牌计算历法（图4-17）[1]，起源于西亚古国巴比伦"日月五星"的七星观念，故以1星期7日为基本计算单位。

其一，一年四季，四种花色。上半年红色二季，方块 ♦（春少阳），红桃 ♥（夏太阳）。下半年黑色二季，梅花 ♣（秋少阴），黑桃 ♠（冬太阴）。

---

[1] 图4-17，巴比伦扑克历，张远山原创并命名。

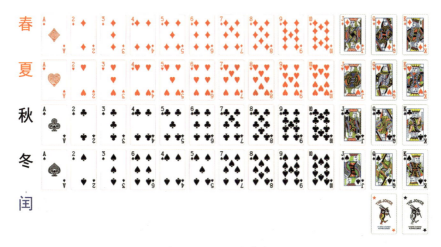

图 4-17　巴比伦扑克历

其二，每种花色13张，对应每季13星期。1点至13点，合计91点，对应每季91日。

其三，常数公式：4花色52张364点＝4季52星期364日

其四，大怪对应太阳，小怪对应月亮。平年分计昼、夜，大怪计昼，彩色，小怪计夜，黑色，合计1日，全年365日。逢4闰年，各计1日，合计2日，全年366日。

伏羲族把太阴历年终的"闰月"，称为"怪月"、"鬼月"，神农族后裔羌族、彝族至今如此，华夏通用。

巴比伦人把计算太阳历年终"闰日"的两张牌，称为"大怪"、"小怪"或"大鬼"、"小鬼"，全球通用。

名称相同，原因也相同：年终闰余月、日，是为"怪"。年终必须祭祖，即祭"鬼"。

玛雅金字塔历（图4-18）[1]，历法原理与神农归藏历、巴比伦扑克历相同。塔基为四方形，共九层。每一面的台阶为91级，四面共计364级，加上塔顶祭坛计1日，合计365日；祭坛共两层，闰年计2日，合计366日。塔座九层，每层分为两部分，合计18部分，对应玛雅历一年十八月，每月

---

[1]　图4-18，玛雅库库尔坎金字塔历，张远山2019年现场考察拍摄。

图4-18 玛雅金字塔历

20日，合计360日，平年余5日，闰年余6日，用于年末节庆。

　　戏法人人会变，各有巧妙不同。神农归藏历的伏羲六十四卦，巴比伦扑克历的五十四张扑克牌，玛雅金字塔历的九十一级台阶，都是前文字期的上古图像历。一切上古图像历，后来都被中古文字历取代。所以中古以后，伏羲六十四卦被《周易》重编而转用于卜筮，巴比伦扑克牌被改成塔罗牌而转用于算命，玛雅金字塔历也可以用于预测人间祸福。上古来历相同，中古去处也相同。因为中古以后的人们，都把天文历法的"天道"规律性，比拟为命运吉凶的"人道"规律性，希望根据"天命"的可预测性，推测并改变"人运"的吉凶。由于预测"人运"的吉凶意义，植根于预测"天命"的历法意义，所以夏《连山》、商《归藏》承袭伏羲卦序，根据精确的历法意义，推测模糊的吉凶意义，卜筮所得一卦的所谓意义，并非脱离卦序的孤立解释，而是联系卦序的整体解释。《周易》重编卦序之后，卜筮所得一卦的所谓意义，不再是联系卦序的整体解释，而是脱离卦序的孤立解释，从而产生了异于上古历法初义的中古卜筮新义。《周易》卦辞、爻辞，总结了夏商两代积累千年的卜筮应验案例（中古大事皆卜，不验不记，《左传》仅记寥寥数卦，证明应验者极少，不验者极多），不再以伏羲初始卦序计算"天命"的天文历法为基础，而以夏商卜筮"人运"应验的"成功案例"为基础。

由于中古以后的黄帝族官方史书不记上古伏羲族的图像历，所以中古以后的中国人不再明白伏羲六十四卦的上古历法初义，仅知《周易》六十四卦的中古卜筮新义，以为卜筮是六十四卦的唯一功能。中古以后的西方人，同样不再明白扑克牌的上古历法初义，而把中古以后的算命或牌戏视为初义。

中外所有文化的一切占星术、算命术、卜筮术，全部都以天文历法为基本模型，不存在任何一种脱离天文历法模型的占星术、算命术、卜筮术。所以中世纪波斯学者所著《卡布斯教诲录》如是说：

> 古代波斯人认为："学习天文的目的是预卜凶吉，研究历法也出于同一目的。"[1]

尽管前文字时代的上古图像历，中古以后都转换出卜筮、算命的新功能，但是伏羲六十四卦及其卦象合成的伏羲太极图对中古以后中国文化的影响，远远大于巴比伦扑克历、玛雅金字塔历对后世文化的影响。因为巴比伦文化、玛雅文化早已灭亡，唯有中国长存至今。即使伏羲六十四卦及其卦象合成的伏羲太极图的历法初义未被官方史书著录，仍然永存于民间记忆和日常风俗之中，每时每刻发挥着永不磨灭的巨大影响。

结语　伏羲之道是中华文明的永恒基因

本书中编以考古证据为主，文献证据为辅，按照上古图像历的思维方式，以二维图像的逻辑推导为主，一维文字的逻辑阐释为辅，自始至终贯彻天文、历法两大层次，立体还原了"伏羲布卦"全程，涉及华夏文化、中华文明的大量原型母题。二维图像思维，异于一维文字思维，有其特殊

---

[1] 《卡布斯教诲录》，张晖译，商务印书馆1990。

语汇、特殊语法、特殊逻辑，但是并未越出人类思维的三指：天象是其受指，图像、卦象是其能指，历法是其所指。

在文字体系尚未成熟的上古四千年间，伏羲连山历、神农归藏历作为简便易懂的图像历，超越了华夏全境不同族群的语言障碍，启动了华夏全境不同族群的持续融合。"炎黄之战"以后，黄帝族以伏羲族彩陶纹、刻划符、卦象为基础而创造的象形文字体系，又超越了华夏全境不同方言的发音差异，促进了华夏全境不同族群的继续融合，最终导致华夏全境的不同族群、不同民族，融合为独一无二的全球最大文化共同体。

"伏羲布卦"创制的阴阳合历"神农归藏历"，成为其后四千年华夏全境一切阴阳合历之源，其太阳历本质有利于指导农耕，其太阴历表象有利于记忆月日，为中古以后华夏全境农耕社会的文明发展，奠定了坚实基础。中古以后的中国人，凭借神农归藏历开创的阴阳合历，降低了时间成本，提高了工作效率，加快了文明进程；创造了中原文明，抵达了先秦思想巅峰；创造了汉唐盛世，抵达了农业文明巅峰。

"伏羲布卦"之后创制的"浑夕说"，尽管在官方文献中亡佚了"无极原理"，仅剩残缺不全、意义含混的"太极原理"，仍然成为后世中国的宇宙观、世界观、人生观、价值观之源。而"浑夕说"或"宣夜说"的"无极原理"遗义，仍然长期保存于道家著作和民间记忆之中，成为中华民族永葆先天元气的无尽源泉。

古典中国以其至高的文化境界和巨大的地理板块，又把伏羲文化向华夏境外辐射，使之具有全球意义。上古伏羲文化不仅是中古以后中华文明的永恒基因，而且是上古至今人类文化、人类文明不可或缺的重要组成部分。

伏羲太极图作为人类文化史上最为完美的图形，揭示了天文之真，彰显了历法之美，增进了人间之善。

神农归藏历作为终极图像历，今日仍能超越不同国家、不同民族的文字障碍和语言障碍，让全球范围的现代人轻松理解。

前轴心时代的上古伏羲，轴心时代的中古道家，后轴心时代的现代新道家，源远流长的八千年中华道术，今日仍然有助于人类理解天道，反思人道。

　　造化的太阳高悬于天，文化的太极永存于心，人类必能走向阴阳互补、天人合一的更高文明。

2013 年 8 月 26 日—2014 年 5 月 11 日（十稿）

2023 年 5—6 月修订

伏羲初始卦序探索史

第五章

伏羲初始卦序探索史

内容提要 战国以降的"伏羲象数易"，笼罩在"浑盖之争"的政治阴影之下，总共排出异于《周易》的四种原创卦序、三种衍生卦序，全都不合阴阳本质、象数二义、爻动原理、太极原理，因而两千多年探索伏羲初始卦序，论证其历法初义，未能成功。

关键词 浑天说；盖天说；浑盖之争；帛书属性八宫卦序；孟喜双圈卦序；京房伦理八宫卦序；邵雍逆二进制八宫卦序；魏伯阳周易双圈卦序；卫元嵩归藏八宫卦序；朱熹后天八宫卦序。

弁言 伏羲象数古易，三大历史背景

"伏羲象数易"始于春秋，兴于战国，盛于两汉，衰微于六朝，复兴于两宋，具有三大历史背景。

其一，"炎黄之战"以后的两千年炎黄融合。

"炎黄之战"以后，黄帝族在中原先后建立夏、商、周三大王朝，所以夏亡之后，商、周分封诸侯仍然统称"诸夏"。

夏、商、西周一千三百年（前2070—前771），炎黄二族经由通婚逐渐融合。黄帝族为了维护统治族群的血统纯正，又设定了"君子之泽，五世而斩"的政治制度，导致"君子"（君王之子）五世以后降为庶民。所以东周以降，炎黄二族融合无间，黄帝族"君子"统治农耕三族（神农族、东夷族、南蛮族）"小人"的礼制、井田制、世卿世禄制，逐一解体，导致游士遍地，布衣卿相，史称"礼崩乐坏"。

经过春秋、战国（前770—前221）五百多年攻伐兼并，秦灭六国，统一天下，无法继续区分黄帝族"君子"、农耕三族"小人"，不得不废除区分族别的分封制，改行不分族别的郡县制，天下万民无论属炎属黄，均成"编户齐民"。

然而秦室是周封诸侯，项羽是楚国贵族，均属黄帝族后裔，不符合广大神农族后裔收复天下的普遍愿望，因此均告速亡。

"炎黄之战"以后两千年，汉高祖刘邦成为第一个平民天子。伏羲族收复天下，黄帝族被农耕三族同化消融。

其二，"炎黄之战"以后的两千年历法变迁。

"炎黄之战"以后，黄帝族既不取伏羲连山历的"浑天说"，也不取神农归藏历的"浑夕说"，而以"盖天说"改造神农归藏历。夏商周三代各颁历法，神农归藏历、伏羲初始卦序、伏羲太极图逐渐失传。三代历法均为承袭神农归藏历的阴阳合历，夏历沿袭神农归藏历的正朔"正月建寅"，商历改为"正月建丑"，周历改为"正月建子"。

东周王纲解纽，无力颁行统一历法。此即王蕃《浑天象说》所言："幽平之后，周室遂卑，天子不能颁朔。鲁历不正，百有余年。"诸侯不再朝觐天子，不再领取每年新历，纷纷弃用周历，恢复使用夏历，为追溯夏历的前身神农归藏历，提供了话语空间。

与此同时，天下士人展开了"伏羲天道"、"黄帝人道"孰为真道的"天人之辨"，包括天文层面的"浑盖之争"，历法层面的"正朔之争"，形成了道家、儒家两大学派，衍生出墨家、法家、名家、阴阳家（实为"历法家"）、农家（实为"神农家"）等众多支派，史称"百家争鸣"。

道家以"伏羲天道"为真道，老子学派推崇"天地皆圆，天柔地刚"的"浑天说"，主张"君柔臣刚"。庄子学派推崇"无极而太极"的"浑夕说"，主张"天子之与己，皆天之所子"（《庄子·人间世》）、"天子不得臣，诸侯不得友"(《庄子·让王》)。

儒家以"黄帝人道"为真道,孔孟荀韩各大支派,无不推崇"天圆地方,天尊地卑"的"盖天说",主张"君尊臣卑"。秦灭六国之后,尽烧百家之书,终结百家争鸣,秦历改为"正月建亥"。

汉承秦制,汉初沿袭秦历,同时崇尚黄老,于是重启"正朔之争"、"浑盖之争"。改历之议起于汉文帝,中经汉景帝,直到汉武帝颁布太初历,恢复神农归藏历之正朔"正月建寅",延续两千年至今。

其三,"独尊儒术"以后的两千年浑盖之争。

汉武帝颁布太初历,仅仅终结了历法层面的"正朔之争",却未终结天文层面的"浑盖之争"。因为汉武帝命令四川神农族后裔落下闳秘密制作了正史记载的第一座浑天仪,所以太初历的天文基础,表面上是黄帝族的"盖天说",实际上是伏羲族的"浑天说",这是汉后两千年中华帝国的最高政治机密。

汉武帝"罢黜百家,独尊儒术"的原因之一,正是掩盖这一最高政治机密。因为汉武帝奉行"民可使由之,不可使知之"的孔子之教,开创了汉后两千年中华帝国的奇特传统:"民可使由之"的意识形态,宣扬可说不可用的黄帝族"盖天说";"不可使知之"的天文观测、历法编制,秘行可用不可说的伏羲族"浑天说"。此即汉儒所言"素王孔子为汉立法",《易传·系辞》所言"圣人以此洗心,退藏于密"。

古人认为"心之官则思"(《孟子·告子》),古之"洗心",今谓"洗脑"。两千年来,已被"洗心"、"洗脑"的人们,浑然不知"退藏于密"的最高政治机密,究竟为何。

"罢黜百家,独尊儒术",就是罢黜推崇"浑天说"的道家,独尊推崇"盖天说"的儒家。而植根"盖天说"的《周易》,则是儒家官学"五经"中地位最高、不可质疑的"圣经",因此汉武帝以后的"伏羲象数易",不得不以注释《周易》的曲折方式,隐晦抉发伏羲六十四卦的历法初义,同时不能明言卜筮是新义,历法是初义,只能本末倒置地认为,历法是依附于卜筮的无数功能之一。由于本末倒置,加上未得其真,所以从未得到庙堂官学承认。

春秋、战国以后的"伏羲象数易"，即在以上三大历史背景之下，艰难探索伏羲六十四卦的初始卦序和历法初义。

一　孔子晚年治易，始悟历法初义

孔子在历法"正朔"层面，具有两面性和矛盾性。一方面所著《春秋》开宗明义强调"王正月"，亦即拥护"正月建子"的周历；另一方面设计政治制度，却主张"行夏之时"（《论语·卫灵公》），亦即支持春秋以降的周封诸侯恢复"正月建寅"的夏历。这种两面性、矛盾性，源于孔子一生的思想分水岭——五十而学易。

由于先秦之书在秦火汉黜之后大量亡佚，晚年孔子"五十而学易"的历史真相，遂成千古之谜。很多人误以为，孔子"五十而学易"，学的仅是《周易》。其实孔子"五十而学易"，学的主要是《连山》、《归藏》。

《周易》是本朝圣典，周封诸侯无不拥有这一最高"中央文件"，因而孔子早年已在鲁国读过，仅是视为卜筮之书，不予重视，所以孔子早年所学，中年所教，主要是《诗》、《书》、《礼》、《乐》。

《连山》、《归藏》是前朝圣典，除了周室独藏（老聃曾经守藏），只有夏代遗邦杞国和商代遗邦宋国才有。孔子并非老聃那样的王官，所以无缘得见。

孔子直到五十四岁至六十八岁，周游列国十四年（前497—前484），才在夏代遗邦杞国见到《连山》，又在商代遗邦宋国见到《归藏》，于是开始"五十而学易"。

> 孔子曰："我欲观夏道，是故之杞，而不足征也，吾得《夏时》焉。我欲观殷道，是故之宋，而不足征也，吾得《坤乾》焉。"（《礼记·礼运》）

孔言《夏时》，即夏历《连山》。孔言《坤乾》，即商历《归藏》。所以晚年孔子"五十而学易"，并非仅治《周易》，而是遍治《连山》、《归藏》、

《周易》"三易"。

易学家金景芳说："我认为今传世的《说卦传》，除篇首'昔者圣人作《易》也'两段文字是讲《周易》的，应依照长沙马王堆汉墓出土帛书移入《系辞传》里去，其余都是孔子为《周易》作《传》时保存下来的《连山》、《归藏》二易遗说。"[1]其实今传《周易》经文和孔子与弟子后学所撰"十翼"传文之中，均有《连山》、《归藏》的大量遗说。

孔子返鲁第五年（前479），七十三岁（前551—前479）而死；晚年遍治"三易"的心得，传于子夏。子夏携带《归藏》至魏，为魏文侯师。西晋出土的战国魏襄王墓《汲冢归藏》，即为子夏携带至魏的孔见《归藏》。因其危及《周易》权威，宋后亡佚，所以后人或是不知其有，或是疑其伪托。直到1993年湖北江陵秦墓出土了《王家台归藏》，始证《汲冢归藏》非伪。然而易学界囿于《周易》权威，极不重视《王家台归藏》，至今三十年不予出版。

《礼记·礼运》仅言孔子得见《连山》、《归藏》，未言孔子有何领悟。《论语·为政》则言孔子得见《连山》、《归藏》之领悟：

> 子曰："殷因于夏礼，所损益可知也；周因于殷礼，所损益可知也。其或继周者，虽百世可知也。"

存世历史文献仅仅证明，晚年孔子遍治"三易"，领悟了三代之礼如何"损益"，预见了"继周"的新朝必将对前朝之礼有所"损益"。秦始皇"焚书坑儒"，正是秦礼因于周礼而损益之。汉武帝"罢黜百家，独尊儒术"，正是汉礼因于秦礼而损益之。

然而经过秦、汉两次"损益"，晚年孔子"五十而学易"的历史真相遂成千古之谜。直到1973年长沙马王堆帛书《易传》出土，才完整揭示了晚年孔子遍治"三易"的历史真相和重要领悟。

其一，孔子领悟了夏商周三代礼制的"损益之道"，亦即人道范畴的政治制度之"损益"。这一重要领悟，见于上引《礼记·礼运》、《论语·为政》

---

[1]　金景芳《周易系辞传新编详解》自序，辽海出版社1998。

二节，但是不仅含糊，而且片面。

其二，孔子领悟了伏羲六十四卦的"损益之道"，亦即天道范畴的天文历法之"损益"。这一重要领悟，不见其他史籍，因而至关重要。

马王堆帛书《周易·要》曰：

> 孔子繇易，至于损、益之卦，未尝不废书而叹，戒门弟子曰："二三子！夫损、益之道，不可不审察也，吉凶之门也。益之为卦也，春以授夏之时也，万物之所出也，长日之所至也，产之室也，故曰益。损者，秋以授冬之时也，万物之所老衰也，长夕之所至也，故曰损。道穷焉而损，道穷焉而益。益之始也吉，其终也凶；损之始凶，其终也吉。损、益之道，足以观天、地之变，而君者之事已。是以察于损益之变者，不可动以忧喜。故明君不时不宿，不日不月，不卜不筮，而知吉与凶，顺于天地之心也，此谓易道。故易有天道焉，而不可以日月星辰尽称也，故为之以阴阳；有地道焉，不可以水火金木土尽称也，故律之以柔刚；有人道焉，不可以父子、君臣、夫妇、先后尽称也，故要之以上下；有四时之变焉，不可以万物尽称也，故为之以八卦。故易之为书也，一类不足以极之，变以备其情者也，故谓之易。有君道焉，五官六府不足尽称之，五正之事不足以尽之，而《诗》、《书》、《礼》、《乐》不过百篇，难以致之。不问于古法，不可顺以辞令，不可求以至善。能者由一求之，所谓得一而君毕者，此之谓也。损益之道，足以观得失矣。（孔子论《易》之损益，又见《韩诗外传》卷八、《淮南子·人间训》、《说苑·敬慎》、《孔子家语》卷四）

孔子认为，上半年阳爻"益"（即"阳消阴"），对应冬至以后太阳北归渐近，止于"长日之所至"的夏至；下半年阳爻"损"（即"阴息阳"），对应夏至以后太阳南藏渐远，止于"长夕之所至"的冬至。证明晚年孔子遍治"三易"，领悟了阴阳爻的"损益"对应于历法，领悟了伏羲六十四卦的初义是历法。

孔言"不卜不筮而知吉与凶"[1]，证明晚年孔子领悟伏羲六十四卦的历法初义之后，否定了《周易》六十四卦的卜筮新义，主张"不占而已矣"(《论语·子路》)。战国荀子承之，主张"善为《易》者不占"(《荀子·大略》)。

孔言"有人道焉，不可以父子、君臣、夫妇、先后尽称也"，证明晚年孔子领悟伏羲六十四卦的历法初义之后，对早年孔子的主张"君君，臣臣，父父，子子"(《论语·颜渊》)，有所反思。

孔言"《诗》、《书》、《礼》、《乐》不过百篇，难以致之。不问于古法，不可顺以辞令，不可求以至善"，证明晚年孔子领悟伏羲六十四卦的"古法"即历法初义之后，对早年孔子偏重《诗》、《书》、《礼》、《乐》，有所修正。

《要篇》并非孤证，马王堆帛书《易传》其他各篇也有相关证据。

比如马王堆帛书《易传·二三子问》：

（坤）卦曰："履霜，坚冰至。"孔子曰："此言天时。"

证明晚年孔子已经领悟，坤卦并非对应黄帝族的政治新义"地卑"，而是对应伏羲族的历法初义——"天时"冬至。

再如马王堆帛书《易传·易之义》：

《易》（坤）曰："履霜，坚冰至。"子曰："孙（逊）从之谓也。岁之义，始于东北，成于西南。"

证明晚年孔子已经领悟，伏羲卦象对应阴阳合历，太阳历始于正北冬至坤☷，太阴历"始于东北"立春震☳，"成于西南"立秋巽☴。三者合于伏羲先天八卦的节气方位和历法初义。

综上所述，马王堆帛书《易传》各篇证明，晚年孔子遍治"三易"之后，领悟了伏羲卦象"阴阳损益"的历法初义，进而导致晚年孔子对早年孔子

---

[1] 《庄子·庚桑楚》："老子曰：能无卜筮而知吉凶乎？"可证孔子所言"不卜不筮而知吉与凶"，受教于老聃。参看拙著《老子奥义》。

的各种主张，作出了全面反思，大力修正，乃至自我否定。

因此，实有早年、晚年两个孔子。

然而，晚年孔子对早年孔子的反思、修正、否定，不利于"独尊儒术"的官方意识形态，所以记载晚年孔子最终思想的帛书《易传》、汉代"易纬"等战国秦汉之书，汉后亡佚殆尽。

汉后儒家官学，以"尊孔"为名义，对真诚求道但前后不同的两个孔子，进行了全面的遮蔽、扭曲、"损益"，塑造了既不符合早年孔子，更不符合晚年孔子的虚假孔子偶像。

仅有道家著作《庄子》，真实记录了早年、晚年两个真实孔子。

庄子亲撰的《庄子》内七篇，完整描述了孔子从早年到晚年的思想转变。

庄子弟子蔺且所撰《庄子·寓言》，记录了庄子对惠施所言的晚年孔子思想转变："孔子行年六十而六十化，始时所是，卒而非之。"（参看拙著《庄子奥义》、《庄子复原本》）

二　帛书属性八宫，初探伏羲卦序

战国初期孔门后学所撰帛书《易传》，记载了孔子"五十而学易"的历法领悟。

战国中期孔门后学所撰帛书《易经》，则以孔子"五十而学易"的历法领悟为起点，进一步探索伏羲六十四卦的初始卦序和历法初义。

帛书《易经》的卦序，植根于帛书《易传·易之义》记载的伏羲先天八卦属性口诀。然而《易之义》所记伏羲先天八卦属性口诀，已经受到了《周易》误导，发生了系统错误。

伏羲先天八卦，至少有三种卦序口诀，即节气口诀、属性口诀、比喻口诀，三种口诀均含卦名。彝族传承了两种正确的卦序口诀，中原传承了三种错误的卦序口诀（详见第四章第四节）。

"炎黄之战"以后，神农族后裔彝族退居中原以南，不在中原王朝统治版图之内，长期使用先天八卦换算阴阳历，所以彝族先天八卦的两种卦序口诀全都准确无误，因为彝族另有卦位准确无误的先天八卦图（图5-1.1）。不过彝族的卦图，受到了中原王朝的黄帝族卦图影响，改成了上南下北、左东右西。

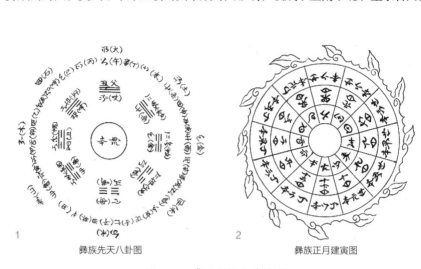

彝族先天八卦图　　　　彝族正月建寅图

图 5-1　彝族传承伏羲卦图

彝族两种先天八卦口诀，都是根据彝族先天八卦图的顺时针旋转，而成对取卦。每对都是先取阳卦，后取阴卦。

彝族先天八卦的卦名口诀：

乾坤，离坎；兑艮，震巽。[1]

先取太阳历"四正"的两对四卦：正南夏至乾☰，正北冬至坤☷；正东春分离☲，正西秋分坎☵。

再取太阴历"四维"的两对四卦：东南立夏兑☱，西北立冬艮☶；东北立春震☳，西南立秋巽☴。

彝族另有先天八卦用于换算阴阳历的要诀"阳居四正，阴居四角"、

---

[1]　彝族古籍《宇宙人文论》38页，卦名为音译，同页注二："彝语八卦的概念：哎（乾）、哺（坤）；且（离）、舍（坎）。亨（兑）、哈（艮）；鲁（震），朵（巽）。"本文直接引为汉字。

"八罡合，生四煞"[1]，即把始于"四正"的太阳历，换算为始于"四角"（四维）的太阴历，编制为始于"一震立春"、"正月建寅"的阴阳合历。

彝族先天八卦图（图5-1.1）的"一震"，彝族正月建寅图（图5-1.2）的"正月"[2]，均在左下的东北，因为前者换算阴阳历，产生了后者。

彝族先天八卦的比喻口诀：

> 一震长男，五巽长女；
> 二离中男，六坎中女；
> 三兑少男，七艮少女；
> 四乾为父，八坤为母。[3]

始于"一震立春"、"正月建寅"，顺时针成对取卦，先取阳卦，后取阴卦。

至迟在商代以后，中原王朝已用文字历取代了图像历，于是先天八卦图在中原失传。到了战国时代，中原仅存先天八卦的三种错误口诀。

《易传·说卦》记载了错误的先天八卦比喻口诀：

> 乾天也，故称父；坤地也，故称母。
> 震一索而得男，故谓之长男；巽一索而得女，故谓之长女。
> 坎再索而得男，故谓之中男；离再索而得女，故谓之中女。
> 艮三索而得男，故谓之少男；兑三索而得女，故谓之少女。

也是先取阳卦、后取阴卦的成对取卦。

"乾天父，坤天母"、"震长男，巽长女"两对，同于彝族，伦理比喻正确。

---

[1] 前语见彝族古籍《宇宙人文论》38页，后语见彝族古籍《土鲁窦吉》118页。

[2] 图5-1，1彝族先天八卦图，2彝族正月建寅图，采自彝族古籍《宇宙人文论》80、138页。

[3] 彝族古籍《宇宙人文论》41页。原译不佳，已予重译。

"坎中男，离中女"、"艮少男，兑少女"两对，颠倒男女，伦理比喻错误，异于彝族"离中男，坎中女"、"兑少男，艮少女"。

比较一下彝族的"父母六子"与《易传·说卦》的"父母六子"，即明后者颠倒男女的原因。

彝族"父母六子"卦序——

阳仪：1震☳长男↗2离☲中男↗3兑☱少男↗4乾☰阳父→
阴仪：5巽☴长女↗6坎☵中女↗7艮☶少女↗8坤☷阴母→

阳仪始于一阳之震（立春长男），经过二阳之离（春分中男）、兑（立夏少男），终于三阳之乾（夏至阳父）。

阴仪始于一阴之巽（立秋长女），经过二阴之坎（秋分中女）、艮（立冬少女），终于三阴之坤（冬至阴母）。

这是符合爻动原理的历法卦序，对应历法八节，可以换算阴阳历。

《说卦》"父母六子"卦序——

阳仪：1乾☰天父→2震☳长男↗3坎☵中男↗4艮☶少男
阴仪：5坤☷地母→6巽☴长女↗7离☲中女↗8兑☱少女

这是先天八卦的历法初义在中原失传之后，有人把伦理比喻坐实为伦理本义，进而根据《周易》的首乾次坤，亦即黄帝族"盖天说"的"天尊地卑，乾尊坤卑，君尊臣卑，父尊母卑，男尊女卑"，予以重新排列，成了"长幼有序"的伦理卦序。不再符合爻动原理，不再对应历法八节，不能换算阴阳历。

先天八卦比喻口诀的"父母六子"，原本是历法卦序"乾父后三子，坤母后三女"。

中原改造之后的"父母六子"，变成了伦理卦序"乾父领三子，坤母领三女"。

按照先天八卦伦理卦序"乾父领三子，坤母领三女"，把成对取卦的"父母六子"转换为属性，中原的先天八卦属性口诀也变成了成对取卦的先天八卦伦理卦序：

　　　　天地（乾坤）定位，雷风（震巽）相薄，水火（坎离）相射，
山泽（艮兑）通气。

由于缺乏卦图的精确定位，这一卦序又有两种错误变体。
帛书《易传·易之义》记载了错误变体A型：

　　　　天地定位，山泽通气，水火相射，雷风相薄。

此书亡佚之后，《易传·说卦》记载了错误变体B型：

　　　　天地定位，山泽通气，雷风相薄，水火不相射。

　　B型把A型的三四两句互换，末句又衍"不"字。两者句序虽有小异，
但是卦之阴阳，全同于伦理卦序的"父母六子"。
　　按照先天八卦伦理卦序"乾父领三子，坤母领三女"，把成对取卦的
"父母六子"转换为卦名，中原的先天八卦卦名口诀也变成了成对取卦的先
天八卦伦理卦序，见于东汉郑玄《六艺论》：

　　　　伏羲作十言之教曰：乾（阳父）坤（阴母）；震（长男）巽（长
　　女）；坎（中男）离（中女）；艮（少男）兑（少女）；消息。

　　首言"伏羲之教"，点明乃言伏羲先天八卦。
　　末言"消息"，则是伏羲六十四卦、伏羲先天八卦共同遵循的阴阳消息
"爻动原理"极简要诀，亦即阳仪"阳消阴"，阴仪"阴息阳"。
　　中间八字，前四字均正，后四字均误；卦之阴阳，全同于伦理卦序的
"父母六子"。
　　由此可见，中原所记先天八卦的三种错误口诀，均非正确的历法卦序，

均为错误的伦理卦序，而且正误全同，同出一源，源头正是"长幼有序"的先天八卦伦理卦序。

先天八卦伦理卦序，共有二误：

一是把始于一震（立春），变成了始于一乾（夏至）。

二是颠倒了两对四卦的男女、阴阳，离从"中男"变成了"中女"，坎从"中女"变成了"中男"；兑从"少男"变成了"少女"，艮从"少女"变成了"少男"。

先天八卦伦理卦序的错误"三子"震☳、坎☵、艮☶，都是一阳二阴，亦即阳少阴多；错误"三女"巽☴、离☲、兑☱，都是一阴二阳，亦即阴少阳多。这种名实不符，被《易传·系辞》概括为"阳卦多阴，阴卦多阳"，成为两千年官方易学无法解开的死结，导致了无数错误引申和胡乱发挥。

然而先天八卦历法卦序的正确"三子"震☳、离☲、兑☱，正确"三女"巽☴、坎☵、艮☶，实为阳卦多阳，阴卦多阴，原本名实相符。

先天八卦伦理卦序，产生于孔门后学根据晚年孔子"五十而学易"的历法领悟，进而探索伏羲初始卦序及其历法初义的战国中期。略举四证。

其一，商代《归藏》仅言承自神农归藏历的先天八卦历法卦序之"离坎"、"兑艮"，不言先天八卦伦理卦序之"坎离"、"艮兑"。

《汲冢归藏·初经》：

初坤，初乾；初离，初坎。初兑，初艮；初震，初巽。[1]

这是先天八卦历法卦序的成对取卦，用于阴阳历换算。

商代占盘的天盘，对应天球和从属于天球的太阳，顺时针旋转，所以《汲冢归藏·初经》先言成对取卦的太阳历四正卦：

1初坤☷冬至，5初乾☰夏至；3初离☲春分，7初坎☵秋分。

---

[1] 引自《路史·后纪》五，又见《发挥》。严可均案：《玉海》三十五引作"初乾，初坤；初艮，初兑；初莘（坎），初离；初震，初巽。卦皆六画。"

商代占盘的地盘，对应地球和从属于地球的月亮，逆时针旋转，所以《汲冢归藏·初经》后言成对取卦的太阴历四维卦：

4初兑☱立夏，8初艮☶立冬；2初震☳立春，6初巽☴立秋。

剥去其兼用于卜筮的神秘化外衣，复原其本用于历法的初始卦序，即为承于伏羲先天八卦的《归藏》先天八卦：

阳仪：1坤☷冬至，2震☳立春，3离☲春分，4兑☱立夏；
阴仪：5乾☰夏至，6巽☴立秋，7坎☵秋分，8艮☶立冬。

《归藏》先天八卦始于冬至坤☷，正如《归藏》六十四卦始于冬至坤䷁。之所以不始于立春震☳，原因是商代正朔比夏代正朔前移一月。

《汲冢归藏》分为三部分。

《初经》是始于冬至坤☷的伏羲先天八卦，言其换算阴阳历的历法初义；因其兼用于卜筮，又欲独占知识，故予神秘化。

《郑母经》是始于冬至坤䷁的《归藏》六十四卦，言其对应阴阳合历的历法初义；因其始于阴母冬至"坤"，故称"尊母经"（"尊"异写为"郑"，简体为"郑"）。《王家台归藏》，亦属《郑母经》范畴。

《本著经》专言黄帝族的卜筮新义，即把"天命"历法的循环规律，比拟为"人运"吉凶的循环规律，从而卜筮、推测、干预、改变"人运"。

其二，周武王灭商之前，"文王演易"编纂《周易》，仍然明白"兑为少男，艮为少女"，尚未颠倒男女、阴阳。

《周易》上经侧重"天道"历法，下经侧重效法"天道"历法的"人道"政治。

"人道"政治始于"夫妇"，亦即《易传·序卦》所言：

有夫妇，然后有父子；有父子，然后有君臣；有君臣，然后有上下；有上下，然后礼仪有所错。

因此下经首卦是咸☳：上卦兑☱是新郎"少男"，下卦艮☶是新娘"少女"。

卦辞是"娶女吉"。男尊女卑，男性本位。

爻辞是新婚之夜，成其敦伦之礼，新郎"少男"兑☱居上，新娘"少女"艮☶居下。新郎按照从下至上的数爻方向，依次抚爱新娘从足至首的"拇、腓、股、脢、辅、颊、舌"。所以咸卦的卦象、卦辞、爻辞，完整阐明了黄帝族宗法伦理的"夫尊妇卑"之道。

假如按照《易传·说卦》的"父母六子"伦理卦序，"艮为少男，兑为少女"，那么咸卦的卦象，就变成了新郎"少男"艮☶居下、新娘"少女"兑☱居上的"女上位"，既不符合卦辞、爻辞，又不符合《周易》卦序首乾次坤，更不符合《序卦》所言"上下礼仪"。

其三，《易传·系辞》并非一时一人之作，而是战国以后历代多人的杂凑之作，所以尽管其后文，把先天八卦伦理卦序概括为"阳卦多阴，阴卦多阳"；但其首章，既揭示了先天八卦的历法初义，又揭破了"父母六子"无关黄帝族的宗法伦理，仅是伏羲族的历法比喻：

> 在天成象，在地成形，（圭影）变化见矣。是故刚柔相摩，（先天）八卦相荡；鼓之以雷霆，润之以风雨；日月运行，一寒一暑；乾道成男，坤道成女。

先言日月运行"在天成象"，再言圭影变化"在地成形"。

继言先天八卦"刚柔相摩，八卦相荡"，亦即爻动原理，主动爻为刚，被动爻为柔，阳仪、阴仪的主动爻、被动爻互换。

又言"鼓之以雷霆，润之以风雨；日月运行，一寒一暑"，揭破其历法初义。

最后八字，揭破"父母六子"无关宗法伦理，仅是历法比喻："乾道成男"是阳仪四卦，"坤道成女"是阴仪四卦。

《易传·系辞》首章，不仅系统阐明了伏羲先天八卦的历法初义，而且隐晦抉发了"卦象"原为"圭象"。仅因黄帝族改"圭"为"卦"已经长达两千年，黄帝族的卜筮新义，已成不可挑战的至高权威，因而未予挑明。

其四，《易传·说卦》也非一时一人之作，也是战国以后历代多人的杂凑之作，故其"天地定位"四句，尽管是始于"一乾"的伦理卦序，但在"天地定位"四句之后，另有始于"一震"的"雷以动之"八句，对"天地定位"四句作出了历法解释：

> 雷以动之，风以散之；
>
> 雨以润之，日以煊之；
>
> 艮以止之，兑以说之；
>
> 乾以君之，坤以藏之。

八句之序，混合了先天八卦的历法卦序和伦理卦序，只要把中间四句的"雨日"（坎离）、"艮兑"，厘正为"日雨"（离坎）、"兑艮"，就是成对取卦的先天八卦正确卦序——

> 一震立春，"雷以动之"；五巽立秋，"风以散之"。
>
> 二离春分，"日以煊之"；六坎秋分，"雨以润之"。
>
> 三兑立夏，"兑以说之"；七艮立冬，"艮以止之"。
>
> 四乾夏至，"乾以君之"；八坤冬至，"坤以藏之"。

据此可明，商之《归藏》、周之《周易》均存先天八卦历法卦序的大量遗义，战国《易传》仍存少量遗义。战国《易传》始有先天八卦伦理卦序，导致中原三种先天八卦口诀产生了正误全同的系统错误。所以战国中期以后孔门后学所撰帛书《易经》，根据晚年孔子"五十而学易"的历法领悟，按照帛书《易传·易之义》所记先天八卦伦理卦序"天地定位"四句，探索伏羲六十四卦的初始卦序和历法初义，也发生了系统错误。

帛书《易传·易之义》："天地定位，山泽通气，水火相射，雷风相薄。"均为先取阳卦、后取阴卦的成对取卦——

1天（乾☰），5地（坤☷）；

2山（艮☶），6泽（兑☱）；

3水（坎☵），7火（离☲）；

4雷（震☳），8风（巽☴）。

帛书八宫的宫序，即按数字序位1至8排列。

八宫的上卦、下卦，也按数字序位组合。

每宫上卦不变，均为三爻的本宫卦。

每宫下卦小变：乾宫的下卦，即为1、5，2、6，3、7，4、8；其后七宫的下卦，仅把三爻的本宫卦提至最前（表5-1）。

表5-1　帛书属性八宫上下构成（张远山原创）

1乾宫 天	上	1乾	1乾	1乾	1乾	1乾	1乾	1乾	1乾
	下	1乾	5坤	2艮	6兑	3坎	7离	4震	8巽
2艮宫 山	上	2艮	2艮	2艮	2艮	2艮	2艮	2艮	2艮
	下	2艮	1乾	5坤	6兑	3坎	7离	4震	8巽
3坎宫 水	上	3坎	3坎	3坎	3坎	3坎	3坎	3坎	3坎
	下	3坎	1乾	5坤	2艮	6兑	7离	4震	8巽
4震宫 雷	上	4震	4震	4震	4震	4震	4震	4震	4震
	下	4震	1乾	5坤	2艮	6兑	3坎	7离	8巽
5坤宫 地	上	5坤	5坤	5坤	5坤	5坤	5坤	5坤	5坤
	下	5坤	1乾	2艮	6兑	3坎	7离	4震	8巽
6兑宫 泽	上	6兑	6兑	6兑	6兑	6兑	6兑	6兑	6兑
	下	6兑	1乾	5坤	2艮	3坎	7离	4震	8巽
7离宫 火	上	7离	7离	7离	7离	7离	7离	7离	7离
	下	7离	1乾	5坤	2艮	6兑	3坎	4震	8巽
8巽宫 风	上	8巽	8巽	8巽	8巽	8巽	8巽	8巽	8巽
	下	8巽	1乾	5坤	2艮	6兑	3坎	7离	4震

帛书《易传·易之义》"天地定位"四字，是《易传·系辞》"天尊地卑，乾坤定位"八字之略语，是黄帝族"盖天说"之产物。

因此帛书《易经》据之排出的先天八卦属性八宫，阳仪首宫为乾宫，阴仪首宫为坤宫，不合历法卦序，因为太阳历始于冬至坤☷，太阴历始于立春震☳。

我按其原意"天圆地方，天尊地卑，君尊臣卑，父尊子卑，男尊女卑"，画出上南下北、左东右西的方圆图（图5-2）[1]：方图标示"地方"，八宫按序相叠。圆图标示"天圆"，八宫按序围于方图之外，"乾为天"在上为尊，居南；"坤为地"在下为卑，居北。

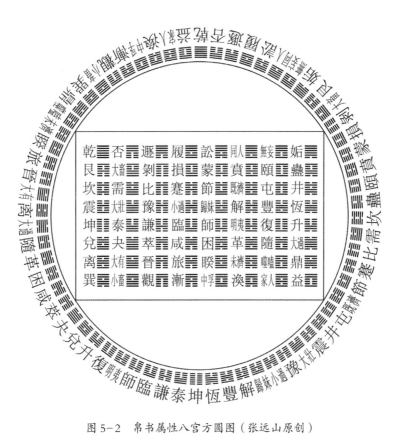

图5-2　帛书属性八宫方圆图（张远山原创）

---

[1] 图5-2，帛书属性八宫方圆图，张远山原创。马王堆帛书《易经》卦名与《周易》卦名基本相同，为便比较，今取后者。

帛书属性八宫，是战国以后中原"伏羲象数易"排出的异于《周易》卦序的第一种卦序，乃是根据孔子"五十而学易"的历法领悟，进一步探索伏羲六十四卦的初始卦序和历法初义，尽管被伦理卦序误导而探索失败，但其命义十分可贵，开启了两千年伏羲初始卦序探索史。

三　孟喜双圈卦序，符合双圈卦数

战国中期的帛书《易经》初次探索伏羲六十四卦的初始卦序尽管失败，然而方兴未艾的伏羲象数易，仍在继续抉发伏羲六十四卦的历法初义。

战国末期的《吕览·十二月纪》，每月五题，隐晦抉发了每月五卦的分卦值日法。

秦汉之交的《易传·系辞》则言："大衍之数五十，其用四十有九。分而为二以象两，挂一以象三，揲之以四以象四时，归奇于扐以象闰，故再扐而后挂。乾之策二百一十有六，坤之策百四十有四，凡三百有六十，当期之日。"明确抉发了黄帝族筮法以伏羲族历法为基础。

西汉初期淮南王刘安（前179—前122）的九位门客即"九师"所著《淮南道训》，注释《易传·系辞》"旁行而不流"，明确抉发了伏羲六十四卦的分卦值日法："旁行周合六十四卦，月主五卦，爻主一日；岁既，周而复始也。"注释《易传·系辞》"原始返终"，明确抉发了外圈四卦的东西二卦："阴阳交合，物之始也。阴阳分离，物之终也。合则生，离则死。故原始反终，故知死生之说矣。交，泰时，春分也。离，否时，秋分也。"注释《易传·系辞》"范围天地之化而不过"，又明确抉发了内圈六十卦的值日功能："范者，法也。围者，周也。言乾坤消息，法周天地，而不过于十二辰也。（十二）辰，日月所会之宿，谓娵訾、降娄、大梁、实沈、鹑首、鹑火、鹑尾、寿星、大火、析木、星纪、玄枵之属是也。"注释《易传·系辞》"方以类聚，物以群分"，又明确抉发了内圈阳仪30卦始于正北冬至坤卦以后的复卦："方以类聚，谓复卦，阴爻群于子也，阴主成物，故曰物也。至于万物一成，分散天下也，以周人用，故曰物以群分也。"又明确抉发了内圈阴仪30卦始于正南乾卦之后的姤卦："物以群分，谓姤卦，阳爻聚于午也，方道也。谓阳道施生万物，各聚其所也。"注释《易传·系辞》"利用安身，以崇德也"，又明确抉发了内圈的爻动原理，亦即阳仪30卦是复卦之后阳爻上升，阴仪30卦是姤卦之后阴爻上升："利用，阴道用也，谓姤时也。阴升上究，则乾伏坤中，诎以求信，阳当复升。安身，默处也。时既潜藏，故利用安身，以崇其德。崇德，体卑而德高也。"复卦注释《易传·系辞》"其称名也，杂而不越"，又明确抉发了伏羲初始卦序的基本特征："阴阳，杂也。名，谓卦名。阴阳虽错，而卦象各有次序，不相逾越。"注释《易传·系辞》"类万物之情"，又明确抉发了六十四卦始于伏羲而非文王："六十四卦，凡有万一千五百二十策，策类一物，故曰类万物之情。以此知庖牺重为六十四卦，明矣！"

至此，伏羲六十四卦的历法初义渐趋明朗，外圈四卦乾坤泰否已明，内圈阳仪是复卦之后阳爻上升、内圈阴仪是姤卦之后阴爻上升亦明，仅是内圈六十卦的卦序尚未全明。

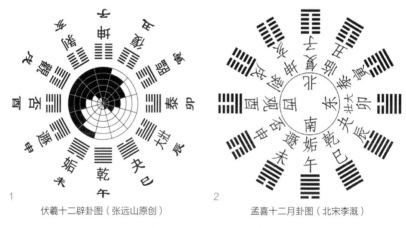

1　伏羲十二辟卦图（张远山原创）　　　2　孟喜十二月卦图（北宋李溉）

图5-3　孟喜十二月卦图不合伏羲十二辟卦图

西汉末期的伏羲象数易大家孟喜（约前90—前40）所著《周易孟氏章句》，抉发了伏羲六十四卦用于历法的重要一环"伏羲十二辟卦"（图5-4.2）。由于其书亡佚，无法确知孟喜是否画过十二月卦图。陈抟第二代弟子北宋李溉据其遗义，画出了"孟喜十二月卦图"（图5-3.2），实为"伏羲十二辟卦图"（图5-3.1）之错误图[1]，"彝族正月建寅图"（图5-1.2）才是"伏羲十二辟卦图"之正确图。李溉所画"孟喜十二月卦图"的错误之一，是把"十二辟卦"等价于太阳历月名"十二地支"，错误命名为"十二月卦"[2]；错误之二，是把"十二辟卦"前移一格，导致卦象不能对应天象，四正卦坤乾泰否全都歪在一边。

李溉所画"孟喜十二月卦图"，符合孟喜原意，但是错误并非始于孟喜所著《周易孟氏章句》，而是始于九师所著《淮南道训》，因为《淮南道训》注《易传·系辞》"坤以藏之"曰："谓建申之月，坤在乾下，包藏万物也。"[3]即"坤在乾下"的否卦对位于"建申之月"（图5-3.2），然而正确图是"坤在乾下"的否卦对位于"建酉之月"（图5-1.2、图5-3.1）。发生错误的原因是，西汉初期的九师和西汉中期的孟喜全都不知伏羲太极图由伏羲卦象合成。

孟喜又从《易传·说卦》"帝出乎震"一节："帝出乎震，齐乎巽，相见乎离，致役乎坤，说言乎兑，战乎乾，劳乎坎，成言乎艮。……震，东方也。……巽，东南也。……离，南方之卦也。……坤也者，地也。……兑，正秋也。……乾，西北之卦也。……坎，正北方之卦也。……艮，东北之卦也。"抉发出后天八卦。后天八卦是夏历《连山》的阴阳历换算尺，是"炎黄之战"以后的中古黄帝族所创，后被陈抟第四代弟子北宋邵雍错误命名为"文王后天八卦"。

伏羲先天八卦、《连山》后天八卦的根本区别，就是前者的卦象集合井然有序而酷似伏羲太极图（图5-4.1），后者的卦象集合杂乱无章而不似伏羲太极图（图5-4.2）。[4]

---

[1] 图5-3.1伏羲十二辟卦图，张远山原创。图5-3.2孟喜十二月卦图，陈抟第二代弟子北宋李溉画，采自南宋朱震《汉上易传》，又见清人惠栋《易汉学》。

[2] 唐僧一行《大衍历·卦议》："十二月卦出于《孟氏章句》。"

[3] 引自《黄氏逸书考》之《九家易集注》，《续修四库全书》1206卷681页，上海古籍出版社2002。《九家易》即西汉淮南王刘安九位门客注释《周易》之书《淮南道训》，久佚。

[4] 图5-4.1伏羲先天八卦图，图5-4.2《连山》后天八卦图，张远山原创并命名。

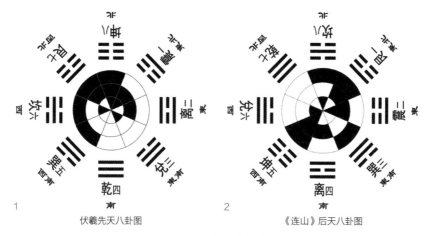

1　伏羲先天八卦图　　　　2　《连山》后天八卦图

图 5-4　后天八卦不能合成太极图

　　由于伏羲太极图植根于伏羲族之"浑天说"，不符合黄帝族之"盖天说"，所以"炎黄之战"黄帝族征服神农族以后，平毁了陶寺太极台，建立夏朝。夏历《连山》基本承袭神农归藏历，仍是"正月建寅"的阴阳合历，其阴阳合历总计算尺仍是六十四卦分卦值日图，其太阳历计算尺仍是十二地支分名值月图（内含十二辟卦）；同时为了显示历法独特性,《连山》之名没有承袭神农归藏历，而是承袭伏羲连山历，其阴阳历换算尺也不再使用始于"一震立春"的先天八卦分卦值节图（图5-4.1），而是改用始于"一艮立春"的后天八卦分卦值节图（图5-4.2），导致后世误传《连山》(六十四卦) 首艮"。其实《连山》六十四卦承袭伏羲六十四卦，其太阳历仍然始于六爻坤☷，并非始于六爻艮☶。所谓"《连山》首艮"，仅指夏历《连山》以"黄帝后天八卦"为阴阳历换算尺，其太阴历始于东北三爻艮☶标示的立春。

　　孟喜根据两大发现"十二月卦"、"后天八卦"，按照《淮南道训》所言"旁行周合六十四卦，月主五卦，爻主一日"，探索伏羲六十四卦的初始卦序和历法初义，排出了内圈60卦、外圈4卦的双圈卦序（表5-2）。[1]

[1]　表5-2，据图5-5孟喜六日七分图。历代各书所引《周易孟氏章句》之孟喜卦序，首卦、尾卦有异:《易纬·稽览图》始于"小过"，终于"临"，即表5-2、图5-5丑月首二卦。《魏书·律历志》始于"未济"，终于"坤"，即表5-2、图5-5亥月首二卦。《新五代史·司天考》始于"中孚"，终于"颐"，即表5-2、图5-5亥月末二卦。

表 5-2　孟喜双圈卦序分卦值日表（张远山原创）

太阳历	太阴历	辟卦	侯卦	大夫卦	卿卦	公卦	值日
子月	十一	复䷗	屯䷂	谦䷎	睽䷥	升䷭	每卦值六日又八十分之七日
丑月	十二	临䷒	小过䷽	蒙䷃	益䷩	渐䷴	
寅月	正月	泰䷊	需䷄	随䷐	晋䷢	解䷧	
卯月	二月	大壮䷡	豫䷏	讼䷅	蛊䷑	革䷰	
辰月	三月	夬䷪	旅䷷	师䷆	比䷇	小畜䷈	
巳月	四月	乾䷀	大有䷍	家人䷤	井䷯	咸䷞	
午月	五月	姤䷫	鼎䷱	丰䷶	涣䷺	履䷉	
未月	六月	遁䷠	恒䷟	节䷻	同人䷌	损䷨	
申月	七月	否䷋	巽䷸	萃䷬	大畜䷙	贲䷕	
酉月	八月	观䷓	归妹䷵	无妄䷘	明夷䷣	困䷮	
戌月	九月	剥䷖	艮䷳	既济䷾	噬嗑䷔	大过䷛	
亥月	十月	坤䷁	未济䷿	蹇䷦	颐䷚	中孚䷼	
外圈四卦		东震䷲　南离䷝　西兑䷹　北坎䷜					值气

由于《周易孟氏章句》亡佚，无法确知孟喜是否画过六十四卦分卦值日图。北宋李溉据其遗义，画出了"孟喜六日七分图"（图5-5.1）。

李溉此图不尽符合孟喜《周易孟氏章句》原意，未能充分显现孟喜双圈卦序的可取之处和不足之处。

符合孟喜原意者，有三：

一是孟喜双圈卦序以伏羲族"浑天说"为基础，仅有圆图，没有方图。

二是卦名冲圆心，即冲"天心"北极天枢。

三是全图顺时针旋转。

不合孟喜原意者，也有三：

一是孟喜明白"十二地支"是太阳历十二月名，每一地支对应每月五卦。李溉所画"十二地支"，未能对应每月五卦。

二是孟喜把"后天八卦"四正卦设于外圈，李溉却误画于内圈，致其隐而不显，貌似单圈卦序。原因可能是中间的伏羲太极图失传，李溉觉得中间空着不美观，于是把外圈四正卦移至中间。

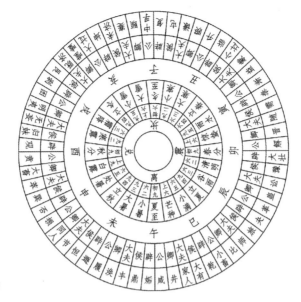

1

孟喜六日七分图（北宋李溉）

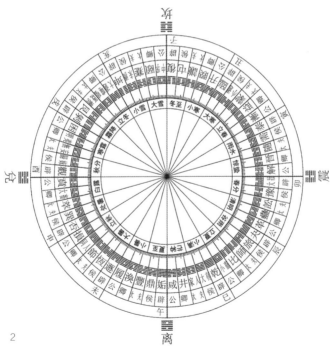

2

孟喜双圈卦序图（张远山重画）

图 5-5　孟喜六日七分图之正误

三是李溉不画卦象，无法显现孟喜双圈卦序的卦象不能对应天象，也无法显现孟喜外圈的四正六爻卦，原本取自"后天八卦"的四正三爻卦。

我按孟喜原意，重画了孟喜双圈卦序图（图5-5.2）[1]，即可看出孟喜双圈卦序有两大可取之处。

其一，孟喜双圈卦序的卦数，全合伏羲双圈卦序（图3-8.1）的卦数。

其二，内圈首卦为复，初爻对应冬至后一日，证明孟喜明白伏羲六十四卦用于太阳历为本质、太阴历为表象的阴阳合历，必须先计算永远始于"冬至"的太阳历，再换算为每十九年始于"立春"的太阴历。

但是孟喜双圈卦序也有五大不足之处：

其一，伏羲双圈卦序的"阴阳本质"（阳爻对应太阳北归南藏，阴爻对应圭影南缩北伸）、"象数二义"（卦象对应天象，爻数对应日数）、"爻动原理"（逐一爻动一位，生成六十四卦）、"太极原理"（伏羲太极图由伏羲六十四卦之卦象合成），无一体现于孟喜双圈卦序。

其二，"十二辟卦"提取自"七集六阶"，仅是标示太阳北归南藏、圭影南缩北伸的十二分阶，每阶长度不等，每集卦数不等，在伏羲初始卦序中是不平均分布，其余五十二卦必须遵循"爻动原理"，对应天象、历数而逐一生成，有序分布于十二辟卦之间。由于孟喜未悟"十二辟卦"蕴涵的爻动原理，误以为"十二辟卦"等价于太阳历月名"十二地支"，所以错误命名为"十二月卦"而平均分布于内圈，作为每月五卦的领衔卦。因此孟喜所布每月五卦，时而阴爻多、阳爻少，时而阳爻多、阴爻少，卦象不能对应天象，爻动毫无规律。

其三，孟喜不知"十二辟卦"意为开辟爻动分阶之卦，将"辟"错误阐释为"君"，于是把内圈六十卦分为"十二辟卦"（十二君卦）、"十二侯卦"、"十二大夫卦"、"十二卿卦"、"十二公卦"。这些取自君臣纲常的政治命名，与天文、历法、天象、卦象、爻动毫无关系。

其四，"十二辟卦"中的坤、乾、泰、否，原是伏羲初始卦序定位二至二分的外圈四正卦。孟喜将之误排于内圈，于是外圈四正卦不得不割取

---

[1] 图5-5.1孟喜六日七分图，陈抟第二代弟子北宋李溉画，采自南宋朱震《汉上易传》，又见清人惠栋《易汉学》。图5-5.2孟喜双圈卦序图，张远山重画。

《连山》后天八卦（即所谓"黄帝后天八卦"）的四正三爻卦，再偷换为同名六爻卦：正东震☳，正南离☲，正西兑☱，正北坎☵。然而伏羲六十四卦不能用内圈六爻卦和外圈三爻卦拼凑而成，《连山》后天八卦的三爻卦既不能等价于同名六爻卦，更不能割取四正卦，舍弃四维卦。

其五，孟喜仅仅按照《淮南道训》所言"月主五卦"正确复原了伏羲六十四卦的双圈卦数，却未按照《淮南道训》所言"爻主一日"正确复原伏羲六十四卦的"分卦值日法"，而是拟想出一种毫无实用价值、违背历法原理的"分卦值日法"。

孟喜双圈卦序的卦数正确，原本可以对应"历数"，但是孟喜未将六十四卦全部用于"值日"，而是外圈四卦"值气"，内圈六十卦"值日"。

孟喜外圈4卦24爻"值气"，即分值太阳历二十四节气。每卦六爻，分值太阳历1时6节气。此即《易纬·是类谋》所言："冬至，日在坎；春分，日在震；夏至，日在离；秋分，日在兑。四正之卦，卦有六爻，爻主一气，共主二十四气。"

孟喜内圈60卦360爻"值日"，并非正确地"值日"历法层面的太阳历历数365日、366日，而是错误地"值日"天文层面的太阳历岁实365.25日——

内圈60卦360爻，首先分值360日，一爻一日，每卦六日。

内圈60卦，然后共同分值所余5.25日。1日分为80分，5.25日×80分＝420分。420分÷内圈60卦＝每卦0.7。因此内圈60卦，每卦分值"六日又八十分之七日"（每爻分值一日又八十分之一日有余），简称"六日七分"。

《易纬·稽览图》全引孟喜双圈卦序，又以孟喜双圈卦序解说每一卦，最后总说孟喜双圈卦序的分卦值日法"六日七分"：

> 卦气起中孚，故离、坎、震、兑各主其一方。其余六十卦，卦有六爻，爻别主一日，凡主三百六十日，余有五日四分日之一者，每日分为八十分，为四百分。四分日之一，又为二十分。是四百二十分，六十卦分之，六七四十二，卦别各得七分，是每卦得六日七分也。[1]

---

[1] 《纬书集成》181页。

《易纬·是类谋》如此阐释孟喜双圈卦序的分卦值日法"六日七分":

> 冬至,日在坎;春分,日在震;夏至,日在离;秋分,日在兑。四正之卦,卦有六爻,爻主一气,共主二十四气。
>
> 余六十卦,卦主六日七分,八十分日之七。岁十二月,计三百六十五日四分日之一,六十而一周。[1]

据此可知,孟喜双圈卦序的分卦值日法"六日七分",算式分为两步:

$$内圈1卦 = 6\frac{7}{80}日$$

$$内圈60卦 \times 6\frac{7}{80}日 = 360\frac{420}{80}日 = 365.25日$$

孟喜再传弟子京房(前77—前37)[2],发现了孟喜双圈卦序的分卦值日法"六日七分"之重大不足:孟喜仅用内圈60卦值日,外圈4卦不值日,无法证明伏羲六十四卦的初始功能是"分卦值日"。于是京房改进其算法,把外圈4卦也用于值日。

此事涉及"伏羲象数易"史上纠缠千年的一笔糊涂账,必须先予厘清。

唐僧一行《大衍历·卦议》记载(括弧内为我补入):

> 十二月卦出于《孟氏章句》,其说易,本于气,而后以人事明之。京氏又以卦爻配期之日,坎、离、震、兑,其用事,自分、至之首,皆得八十日之七十三。颐、晋、井、大畜,皆五日(又八十分之)十四分,余皆六日(又八十分之)七分,止于占灾眚与喜迎善败之事。

一行先言孟喜双圈卦序,后言"京氏又以卦爻配期之日",可证京房

---

[1] 《纬书集成》305页。

[2] 《汉书·儒林传》:"房受易焦延寿。延寿云,尝从孟喜问易。会喜死,房以为延寿易即孟氏易。"

"六日七分法"是孟喜"六日七分法"的改进。方法是从孟喜内圈4卦，即正月卿卦"晋"，四月卿卦"井"，七月卿卦"大畜"，十月卿卦"颐"，割取"八十日之七十三分"，分给孟喜外圈4卦。算式分为四步：

$$内圈56卦 \times 6\frac{7}{80}日 = 336\frac{392}{80}日$$

$$内圈4卿卦 \times 5\frac{14}{80}日 = 20\frac{56}{80}日$$

$$外圈4正卦 \times \frac{73}{80}日 = \frac{292}{80}日$$

$$双圈64卦：336日 + 20日 + \frac{740}{80}日（9.25日）= 365.25日$$

孟喜先为内圈60卦之每卦，设计了一种统一的值日分数"六日又八十分之七日"，拼凑出天文岁实365.25日，已很荒谬。京房又把孟喜双圈64卦分为三类卦，设计了三种不统一的每卦值日分数"六日又八十分之七分"、"五日又八十分之十四分"、"八十之七十三分"，拼凑出天文岁实365.25日，荒谬至极。而且两者都不能用每一爻值日，完全违背伏羲初始卦序的分卦分爻值日法。

孟喜、京房的分卦值日法虽不相同，却都简称"六日七分法"，导致后人常常混淆两者，甚至把孟喜双圈卦序误视为京房双圈卦序。况且京房的内圈4卿卦均值"五日"有余，外圈4正卦均值"一日"不到，不宜再称"六日七分法"。

一行又说：

> 观阴阳之变，则错乱而不明。自《乾象历》以降，皆因京氏。

前两句，批评孟喜双圈卦序的阴爻阳爻变动错乱，爻动毫无规律，无法对应天文历法的规律循环。

后两句，批评三国吴《乾象历》以降的六朝历书，既采纳孟喜双圈卦序，又因袭京房"六日七分法"。

南宋朱元昇《三易备遗》，也批评"六日七分法"之荒谬：

一卦六爻，爻各值一日，（卦）又总值七分，何其参差而难齐也。况自冬至起于中孚，至大雪终于颐，尽变三易之位序，其穿凿无据，皆出于私意矣。

但是唐僧一行、南宋朱元昇，以及此后千年的易学家，均未发现孟、京算法"参差难齐"、"穿凿无据"、"皆出私意"的根本原因，乃是混淆了天文与历法的不同层次。

天文岁实的小数365.25日，实为观测记录所得，并非纸面计算所得，更非分数相加所得。用一种分数或三种分数拼凑出天文岁实的小数，既与天文观测无关，也与历法设置无关，纯属毫无意义的纸面凑数游戏。

历法设置的第一要义，是把天文岁实的小数，化为历法设置的整数，因为历法的最小单位只能是1日。

伏羲六十四卦的历法初义，并非对应天文岁实的小数，而是对应历法设置的整数。

神农归藏历以伏羲六十四卦为阴阳合历的总计算尺，其太阳历设置，正是把天文岁实的小数365.25日，转化为历法设置的整数，亦即前三年设置365日，第四年设置366日，史称"四分历"。亦即《尚书·尧典》所言："期三百有六旬有六日，以（太阴历）闰月定（太阳历）四时成岁。"公元前2361年神农归藏历元年以降的一切中国阴阳合历，其太阳历设置，均属"四分历"。

孟喜、京房都是"其说易，本于气，而后以人事明之"（一行），亦即认为卦之初义是分卦值日气候（节气、物候），卦之新义是卜筮人事吉凶。

因此孟喜、京房以后的东汉"易纬"，均以孟喜双圈卦序和孟喜、京房"六日七分法"解说卦之初义；均主"卦气说"，意为卦数、爻数对应气候、历数；均言"卦气起中孚"（《易纬·稽览图》），意为卦气起于冬至，因为孟喜双圈卦序的内圈末卦中孚，对应一岁之终的冬至；内圈首卦复之初爻，对应新岁之始的冬至后一日（表5-2、图5-5）。

由于两汉官学独尊《周易》义理易的卜筮新义，所以两汉"易纬"抉发伏羲象数易的历法初义，不得不把中古黄帝族的卜筮新义尊为"经义"，而把上古伏羲族的历法初义降为"纬义"。

"易纬"大量抉发了伏羲六十四卦的历法初义，本书上编、中编已经引用很多，此处再引一些重要片断。

《易纬·通卦验》卷上：

> 冬至之日，立八神，树八尺之表，日中规，其晷之如度者，则岁美，人民和顺。晷不如度者，则岁恶，人民为讹言，政令为之不平。……晷不如度数，则阴阳不和，举措不得，发号出令，置官立吏，使民不得其时，则晷为之进退，风雨寒暑为之不时。[1]

《易纬·通卦验》卷下：

> 凡易八卦之气，验应各如其法度，则阴阳和，六律调，风雨时，五谷成熟，人民取昌，此圣帝明王所以致太平法。故设卦观象，以知有亡。夫八卦谬乱，则纲纪坏败，日月星辰失其行，阴阳不和，四时易政。八卦气不效，则灾异所臻，八卦气应失常。[2]

《易纬·通卦验》卷下补遗：

> 冬至四十五日，以次周天，三百六十五日，复当故卦。卦之气，进则先时，退则后时，皆八卦之效也。夫卦之效也，皆指时。[3]

《易纬·乾元序制》：

> 天子必思易，先知万世，为国者柄。六十四卦，各括精受节，以历纪道。[4]

"易纬"中这些真知卓见，两千年来被仅有政治正确、不合历史真相的

---

[1] 《纬书集成》204 页。
[2] 《纬书集成》207 页。
[3] 《纬书集成》208、263 页。
[4] 《纬书集成》266 页。

"经学"意识形态斥为"不经之论",现在均已得到大量考古实物的证实。

西汉以后的"经学"、"纬学"之争,实为黄帝学、伏羲学之争和浑盖之争,所以"经学"均主黄帝族"盖天说","纬学"均主伏羲族"浑天说"。

四 京房伦理八宫,耽溺卜筮人运

京房尽管改造了师祖孟喜的"六日七分"值日法,却不认同孟喜以伏羲族"浑天说"为基础而探索伏羲六十四卦的初始卦序和历法初义,于是另行排出了以黄帝族"盖天说"为基础的京房伦理八宫(表5-3)。

表5-3 京房伦理八宫卦序(张远山原创)

阳仪四宫	乾宫8卦	乾	姤	遁	否	观	剥	晋	大有
	震宫8卦	震	豫	解	恒	升	井	大过	随
	坎宫8卦	坎	节	屯	既济	革	丰	明夷	师
	艮宫8卦	艮	贲	大畜	损	睽	履	中孚	渐
阴仪四宫	坤宫8卦	坤	复	临	泰	大壮	夬	需	比
	巽宫8卦	巽	小畜	家人	益	无妄	噬嗑	颐	蛊
	离宫8卦	离	旅	鼎	未济	蒙	涣	讼	同人
	兑宫8卦	兑	困	萃	咸	蹇	谦	小过	归妹

京房伦理八宫,植根于《易传·说卦》"乾天父,坤地母"一节[1],亦即先天八卦伦理卦序的"父母六子":

1乾☰天父,2震☳长男,3坎☵中男,4艮☶少男。
5坤☷地母,6巽☴长女,7离☲中女,8兑☱少女。

---

[1] 汉宣帝本始元年(前73年),河内女子发老屋,得《易》、《礼》、《尚书》逸文各一奏之,宣帝命博士集而读之,将《易》之逸篇分为《说卦》、《杂卦》、《序卦》三篇。京房时年五岁,成年之后即据《易传·说卦》"父母六子"排出伦理八宫卦序。

京房八宫的宫序，即按数字序位1至8排列。

八宫的上卦、下卦，也按数字序位组合。

京房把每宫8卦，分为每组2卦的四组，命名为"天"、"地"、"人"、"鬼"四门。

每宫8卦，分别命名为：1宫卦（上世），2一世，3二世，4三世，5四世，6五世，7游魂，8归魂（表5-4）。

表5-4　京房伦理八宫上下构成（张远山原创）

父母六子伦理卦序		天		地		人		鬼	
		宫卦	一世	二世	三世	四世	五世	游魂	归魂
1乾宫 天父	上	1乾	1乾	1乾	1乾	6巽	4艮	7离	7离
	下	1乾	6巽	4艮	5坤	5坤	5坤	5坤	1乾
2震宫 长男	上	2震	2震	2震	2震	5坤	3坎	8兑	8兑
	下	2震	5坤	3坎	6巽	6巽	6巽	6巽	2震
3坎宫 中男	上	3坎	3坎	3坎	3坎	8兑	2震	5坤	5坤
	下	3坎	8兑	2震	7离	7离	7离	7离	3坎
4艮宫 少男	上	4艮	4艮	4艮	4艮	7离	1乾	6巽	6巽
	下	4艮	7离	1乾	2震	2震	2震	2震	4艮
5坤宫 地母	上	5坤	5坤	5坤	5坤	2震	8兑	3坎	3坎
	下	5坤	2震	8兑	1乾	1乾	1乾	1乾	5坤
6巽宫 长女	上	6巽	6巽	6巽	6巽	1乾	7离	4艮	4艮
	下	6巽	1乾	7离	2震	2震	2震	2震	6巽
7离宫 中女	上	7离	7离	7离	7离	4艮	6巽	1乾	1乾
	下	7离	4艮	6巽	3坎	3坎	3坎	3坎	7离
8兑宫 少女	上	8兑	8兑	8兑	8兑	3坎	5坤	2震	2震
	下	8兑	3坎	5坤	4艮	4艮	4艮	4艮	8兑

《易传·系辞》有言：

八卦成列，象在其中矣。因而重之，爻在其中矣。刚柔相推，变在其中矣。

《京房易传》承之而言：

阴阳之义，岁月分也；岁月既分，吉凶定矣。故曰"八卦成
列，象在其中矣"。

京房自释了京房八宫的双重功能：

首先是上古伏羲族的历法初义"卦（圭）分岁月"。

其次是中古黄帝族的卜筮新义"卦定吉凶"。

"岁月既分，吉凶定矣"，又正确抉发了中古黄帝族的"卦定吉凶"，
植根于上古伏羲族的"卦（圭）分岁月"。

京房又自释了京房布卦的原则，即按照《易传·系辞》之言，三爻"八
卦成列，象在其中"。所以"因而重之"的"静态定位"是本质，"爻在其
中"的"动态变爻"，仅是"因而重之"的"静态定位"之后产生的表象。
因此"静态定位"既能解释先定的宫序，又能解释后定的卦序，"动态变爻"
不能解释先定的宫序，只能解释后定的卦序。

表5-4显现了京房八宫的上下构成，即"静态定位"的布卦本质和布
卦规则：

其一，每宫8个六爻卦，按照先天八卦伦理卦序分为16个三爻卦，出
现的位置、次数，固定不变。必有5种三爻卦，必无3种三爻卦。

其二，本宫三爻卦必布六次，定位于上卦第1、2、3、4位和下卦第1、
8位。对宫三爻卦必布四次，定位于下卦第4、5、6、7位。合计十位十次。

其三，另外三组对宫三爻卦，其一必有，其一必无。有者，必定各布
二次，分别定位于上卦第5、下卦第2；上卦第6、下卦第3；上卦第7、上
卦第8。合计六位六次。

京房先按先天八卦伦理卦序"静态定位"确定宫序，再按先天八卦伦
理卦序"静态定位"布出卦序，最后产生了与布卦过程无关的"动态变爻"
表象——

其一，每宫首卦，均为本宫卦。

其二，一世卦至五世卦，是本宫卦的初位至五位，逐一变其阴阳。

其三，游魂卦，是五世卦的第四爻变其阴阳。

其四，归魂卦，是游魂卦的下三爻全变阴阳。

以乾宫为例，京房布卦之后呈现的"动态变爻"表象是：

"本宫卦"乾☰，首先从下至上变爻，五爻逐一变其阴阳，即为"一世卦"姤☴、"二世卦"遁☶、"三世卦"否☷、"四世卦"观☷、"五世卦"剥☷。

第七卦，如果再变"五世卦"的上爻，将与对宫的本宫卦全同，于是改为从上至下变爻，第四爻变其阴阳，即晋☷。至此，第四爻经过两变，又与宫卦第四爻相同，亦即"游"回宫卦，故名"游魂卦"。

第八卦，是第七卦下三爻全变阴阳，即大有☲。至此，下三爻经过两变，又与宫卦下三爻相同，亦即"复归"宫卦，故名"归魂卦"。

京房八宫的"动态变爻"表象，与先天八卦伦理卦序的"宗法伦理"配套，演绎黄帝族的人道礼制"君子之泽，五世而斩"，但与伏羲族的天文历法毫无关系。

由于京房布卦遵循统一不变的"静态定位"规则，因此京房八宫产生了统一不变的"阴阳对宫"的镜像对称：

其一，阳仪四宫与阴仪四宫，构成镜像对称。

其二，每宫与其对宫，构成镜像对称。

其三，每卦与其对卦，构成镜像对称。

所以——

1乾宫每卦，六爻全变阴阳，即为5坤宫每卦。

2震宫每卦，六爻全变阴阳，即为6巽宫每卦。

3坎宫每卦，六爻全变阴阳，即为7离宫每卦。

4艮宫每卦，六爻全变阴阳，即为8兑宫每卦。

《易传·说卦》的"父母六子"，是"长幼有序"的先天八卦伦理卦序之源，其"乾天父，坤地母"，正是黄帝族"盖天说"之产物。因此京房据之排出的先天八卦伦理八宫，阳仪首宫为乾宫，阴仪首宫为坤宫，不合伏羲族历法卦序，因为太阳历始于冬至坤☷，太阴历始于立春震☳。

我按其"天圆地方，天尊地卑，君尊臣卑，父尊子卑，男尊女卑"原意，画出上南下北、左东右西的方圆图（图5-6）[1]：方图标示"地方"，八

---

[1] 图5-6，京房伦理八宫方圆图，张远山原创并命名。

宫按序相叠。圆图标示"天圆"，八宫按序围于方图之外。"乾为天"在上为尊，居南。"坤为地"在下为卑，居北。

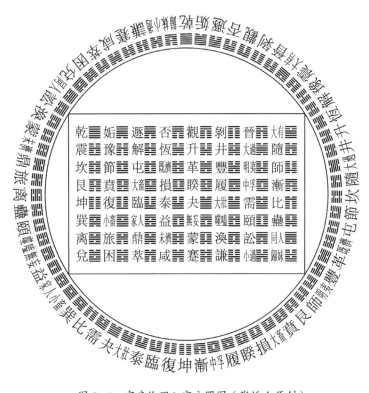

图 5-6　京房伦理八宫方圆图（张远山原创）

方图显现了《京房易传》自言的布卦原则"八卦成列，象在其中"，植根于"十二辟卦"，即把孟喜抉发的"十二辟卦"，列为乾宫、坤宫前六卦。所以京房与孟喜一样，也未领悟"十二辟卦"的爻动原理。而且京房把"十二辟卦"集中排列于乾宫、坤宫，比孟喜把"十二辟卦"均位分布于内圈60卦，更不符合伏羲初始卦序。

圆图显现了《京房易传》自言的布卦宗旨"阴阳之义，岁月分也"，证明京房八宫的宗旨，与帛书八宫、孟喜卦序的宗旨相同，也是探索伏羲六十四卦的初始卦序和历法初义。略举三证。

其一，圆图显现了阳仪四宫与阴仪四宫的镜像对称，每卦六爻全变阴阳，即为圆周对面之卦。

其二，圆图阳仪四宫与阴仪四宫的镜像对称，对应于上半年气候与下半年气候的镜像对称。

其三，左半，下北"复"至上南"乾"32卦，对应上半年之"气"（气候），顺时针左行，《京房易传》称为"阳从子，子左行"。右半，上南"姤"至下北"坤"32卦，对应下半年之"气"，顺时针右行，《京房易传》称为"阴从午，午右行"。不过京房八宫仅有两仪首尾的"复"、"乾"和"姤"、"坤"四卦，合于伏羲初始卦序，其余六十卦不合。

京房八宫回到了帛书八宫的单圈卦序，是孟喜双圈卦序之后的退步。每月五卦，合计十二月六十卦；另外截取伏羲先天八卦的四正三爻卦，偷换为同名六爻卦，拼凑成六十四卦（表5-5）。

表5-5 京房伦理八宫分卦值日表（张远山原创）

太阳历	太阴历	每月五卦	四正卦	值日
子月	十一	复，临，泰，大壮，夬		上半年复至乾
丑月	十二	需，比，6巽，小畜，家人		
寅月	正月	益，无妄，噬嗑，颐，蛊	东7离	
卯月	二月	旅，鼎，未济，蒙，涣		
辰月	三月	讼，同人，8兑，困，萃		
巳月	四月	咸，蹇，谦，小过，归妹	南1乾	
午月	五月	姤，遁，否，观，剥		下半年姤至坤
未月	六月	晋，大有，2震，豫，解		
申月	七月	恒，升，井，大过，随	西3坎	
酉月	八月	节，屯，既济，革，丰		
戌月	九月	明夷，师，4艮，贲，大畜		
亥月	十月	损，睽，履，中孚，渐	北5坤	

京房八宫的四正卦，在方图、圆图中都隐而不显，只有在表5-5中，才突显于每月五卦之外。此即《京房易传》所言：

乾坤者，阴阳之根本。坎离者，阴阳之性命。[1]

东汉王充《论衡·寒温》曰：

《易京氏》，布六十四卦于一岁中，六日七分，一卦用事。

《后汉书·崔瑗传》曰：

《京房易传》，六日七分，诸儒宗之。

《易京氏》即《京房易传》，今存。由于《京房易传》仅言京房卦序，不言孟喜卦序，因此京房八宫的分卦值日法，仍是以孟喜"六日七分法"为基础的京房"六日七分法"，仍是错误对应天文岁实的小数，而非对应历法设置的整数。

京房布卦与"伏羲布卦"，有两大不同。

其一，"伏羲布卦"以六爻卦为单位，逐一生成每阶卦象，每阶卦数不等，少则1卦、3卦、7卦，多则8卦、9卦、11卦，卦象对应天象，爻数对应日数。

京房布卦以三爻卦为单位，逐一组合每宫每卦的上下卦，每宫卦数相等，均为8卦，卦象不对应天象，爻数不对应日数。

其二，"伏羲布卦"以"爻动其位"生成后卦：同阶后卦的阴阳爻比例相同，后卦是前卦一爻变其爻位。

京房布卦以"爻变其性"生成后卦：同宫后卦的阴阳爻比例不同，后卦是前卦一爻或三爻变其阴阳。

尽管京房自称"岁月既分，吉凶定矣"，亦即明言第一功能"卦分岁

---

[1] 《京房易传》上卷、中卷，按照京房八宫卦序，逐一阐释六十四卦。其中八卦附言：乾居西北，艮居东北，巽居东南，坤居西南；震居正东，兑居正西，坎居正北，离居正南；此为附释《易传·说卦》"帝出乎震"一节的后天八卦方位，并非京房先天伦理八宫卦序的方位。

月"是第二功能"卦定吉凶"的基础和前提,然而京房为了迎合官学"周易卜筮易",对第一功能用心有限,对第二功能用力甚勤。京房按照《易传·说卦》"父母六子"的错误阴阳,把京房八宫的阳卦配于阳干阳支,把京房八宫的阴卦配于阴干阴支,称为"纳甲";进而以"纳甲"为基础,衍生出"纳音"、"世应"、"飞伏"、"风角"等此前未有的全新卜筮方法。由于《易传·说卦》"父母六子"的一半,即"坎中男,离中女;艮少男,兑少女",颠倒了男女、阴阳,所以京房炮制的全新卜筮方法,也有一半颠倒了男女、阴阳。后人不知其颠倒男女、阴阳,用于卜筮"人事吉凶",成为害人害己、牵强附会的低级迷信。

综上所述,战国至西汉出现了异于《周易》的三种卦序,即帛书属性八宫、孟喜双圈卦序、京房伦理八宫。三者无不致力于探索伏羲六十四卦的初始卦序和历法初义,不同程度地挑战了《周易》卜筮易的官学权威,所以无不遭到官方打压。

帛书属性八宫按照帛书《易传·易之义》"天地定位"四句排列而显得"长幼无序",京房伦理八宫按照《易传·说卦》"父母六子"伦理卦序排列而显得"长幼有序",因此前者被后者淘汰,记载前者的帛书《易经》很快亡佚,后世再无影响,直到两千年后重新出土。

孟喜抉发伏羲象数易的历法古义,违背了《周易》义理易的政治新义,而被斥为"改师法",遭到官方易学代表人物梁丘贺排挤,起初不被立为博士,后来虽被立为博士,仍被官方易学打入另册。

京房经由其师焦延寿而继承师祖孟喜,又被官方易学代表人物五鹿充宗排挤,41岁即遭诬陷而被"弃市"。《四库提要》评论《京房易传》:"其书虽以《易传》为名,而绝不诠释经文,亦绝不附和《易》义。"痛斥其为《周易》义理易的叛逆。

尽管京房为伏羲象数易献出了年轻的生命,但是京房伦理八宫却在其死后成功淘汰了帛书属性八宫,东汉以后一枝独秀,在民间得到广泛传播。由于京房自己也忽视第一功能"卦分岁月",倾力于第二功能"卦定吉凶",因而后人大多买椟还珠,本末倒置,无视其第一功能,仅重其第二功能。

但在天文历法领域，三国吴《乾象历》以降，均不采纳貌似"阴阳之变有序而明"的京房伦理八宫，全都采纳"阴阳之变错乱不明"的孟喜双圈卦序，仅取京房改进的"六日七分法"。因为《太初历》以降的历法编制者，全都不取京房宗奉的中古黄帝族"盖天说"，而取孟喜宗奉的上古伏羲族"浑天说"，仅因官学力挺"盖天说"而不能明言。由于天文历法为极少数人秘密执掌，"浑天说"只能暗用不能明言，所以孟喜双圈卦序在民间毫无影响。

东汉以后，伏羲象数易分为二途。

一是民间"易纬"，宗奉孟喜"卦气说"、京房"纳甲说"，强调孔子最先抉发了伏羲六十四卦的历法初义，比如《易纬·乾凿度》：

孔子曰：岁三百六十日而天气周，八卦用事，各四十五日，方备岁焉。

"纬学"遭到"经学"重创以后，后人大多以为这是伪托孔子，但是帛书《易经》《易传》的出土，证明并非伪托，而是晚年孔子的真实领悟。

二是"古文易学"，继续抉发上古伏羲族的历法初义，仍是官方义理易的另类。东汉以后的"今文经学"、"古文经学"之争，仍是新形势下的黄帝学、伏羲学之争和浑盖之争，所以"今文经学"均主中古黄帝族"盖天说"，"古文经学"均主上古伏羲族"浑天说"。

由于孟喜双圈卦序、京房伦理八宫均曾列入官方易学，所以虽被官学主流打压，后世仍然各有影响，各自衍生出一种卦序，顺便在此言及。

孟喜双圈卦序及其"六日七分法"，催生了力主"卦气说"的大量"易纬"，一度影响巨大。于是东汉魏伯阳为了维护官方卜筮易，在其所撰《周易参同契》中，按照孟喜双圈卦数，根据《京房易传》所言"乾坤者，阴阳之根本。坎离者，阴阳之性命"，把《周易》六十四卦排成双圈。

外圈4卦，与京房八宫一样，割取先天八卦的四正三爻卦：正北坤，正东离，正南乾，正西坎，也偷换成同名六爻卦。

内圈60卦，用《周易》其余60卦，两两相对。外圈4卦也不值日，分别对应天、地、日、月，亦即"乾为天，坤为地，离为日，兑为月"。内圈60卦共值1月30日，两卦一组值1日，前卦值昼，后卦值夜。尽管牵强附会，毫无价值，其书却被后世奉为"丹经之祖"，成为仅次于《周易》的易学第二经典。

京房伦理八宫在官方易学中影响渐小，在民间易学中影响渐大。北周道士卫元嵩（生卒年不详）予以反拨，认为京房伦理八宫以乾宫为首宫，是被《周易》首乾次坤所误导，不合《归藏》首坤次乾，于是在其所撰《元包经》中，按照《归藏·初经》所言"初坤，初乾；初离，初坎；初兑，初艮；初震，初巽"，重排京房八宫如下：

1坤宫：坤，复，临，泰，大壮，夬，需，比；
5乾宫：乾，姤，遁，否，观，剥，晋，大有。
2兑宫：兑，困，萃，咸，蹇，谦，小过，归妹；
6艮宫：艮，贲，大畜，损，睽，履，中孚，渐。
3离宫：离，旅，鼎，未济，蒙，涣，讼，同人；
7坎宫：坎，节，屯，既济，革，丰，明夷，师。
4巽宫：巽，小畜，家人，益，无妄，噬嗑，颐，蛊；
8震宫：震，豫，解，恒，升，井，大过，随。

卫元嵩并未另创卦序，仅是重排京房伦理八宫之序，改为先列阴仪之宫，再列阳仪对宫。但是卫元嵩既不明白伏羲先天八卦的正确卦序，又未理解《归藏·初经》的正确宫序，故其宫序仍然错误，并未超越京房宫序。仅在不尊《周易》而宗《归藏》方面，承续了老聃开创的道家传统。

京房伦理八宫在两汉之际影响渐大，成为"盖天说"的有力支柱，遭到力主"浑天说"的桓谭（前23—56）反对。同时代的扬雄（前53—18），最初盲信"盖天说"，后被桓谭折服，放弃"盖天说"，改信"浑天说"，专撰《难盖天八事》一文。其书《法言》，又特地表彰制作第一具浑天仪的西汉落下闳。

扬雄明白西汉象数学家探索伏羲初始卦序尚未成功，鉴于孟喜、京房各遭厄运，虑及《周易》卜筮新义及其"盖天说"难以撼动，于是另撰《太玄经》，以曲折方式证明伏羲六十四卦的历法初义及其"浑天说"。但是扬雄仍被孟喜、京房误导，《太玄经》的值日法，仍是错误对应天文岁实的小数，而非对应历法设置的整数；同时算法不密，只能值日364.5日，比天文岁实少1日。

两汉之际扬雄、桓谭力主"浑天说"，促使稍后东汉张衡（78—139）制作了正史记载的第二具浑天仪，黄帝学、伏羲学长期博弈的"浑盖之争"，仍在延续。

五　邵雍先天八宫，中断卦序探索

帛书、孟喜、京房以及"易纬"、"古文易学"，共同抵达了伏羲象数易的第一个高峰，虽未复原伏羲初始卦序，但是日益系统、影响渐大的"卦气说"，已把伏羲六十四卦的历法初义，普及为易学常识。三国魏人王弼鉴于伏羲象数易对《周易》义理易的官学权威构成了巨大威胁，于是大力倡导"得意忘象"。其实《易传·系辞》明言"八卦以象告"、"立象以尽意"、"观其象而玩其辞"，《周易》卦辞、爻辞之"意"，《易传》各篇之"意"，无不植根于每卦之"象"，所以王弼的"得意忘象"谬说，彻底违背易理，导致《周易》义理易只能脱离卦象、卦辞、爻辞，空言"名教纲常"，已与易学本源彻底脱钩。唐代却把扫象一空的王弼伪易学定为官方学说，导致两汉象数之书亡佚殆尽，伏羲象数易衰落数百年。

五代道士陈抟（871—989）公布了得自神农族后裔彝族的"易四图"，重新激活伏羲象数易，到其第四代弟子北宋邵雍（1011—1077），抵达了伏羲象数易的第二个高峰。然而邵雍仍未复原伏羲初始卦序，只不过一千年来的象数学家，多把邵雍所排逆二进制卦序，误视为伏羲初始卦序。

陈抟"易四图"，即龙图、先天图、河图数、洛书数，合称"龙图三变"。

陈抟所传河图数、洛书数，后来附庸蔚为大国，形成了"伏羲象数易"

的旁支"河图洛书易",简称"图书易",本书暂不涉及。

陈抟所传伏羲龙图(图5-7.1)、伏羲先天八卦图(图5-7.3),全都得自四川神农族后裔彝族。

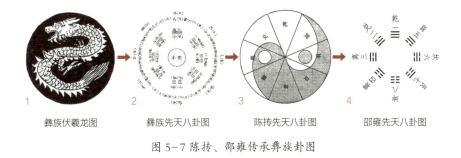

图 5-7 陈抟、邵雍传承彝族卦图

陈抟先天八卦图(图5-7.3),后世称为陈抟太极图,即"龙图第一变",实为彝族伏羲龙图(图5-7.1)、彝族先天八卦图(图5-7.2)之叠加[1]:彝族伏羲龙图之龙身,即陈抟先天八卦图之阴阳鱼的分界线。陈抟被"圣人则河图而画八卦"的传统谬说误导,于是用陈抟先天图分解出先天八卦的卦象。其实先天八卦并非由伏羲太极图生成,而是提取自伏羲初始卦序(详见第四章第四节)。

由于陈抟先天八卦图(图5-7.3)源于彝族先天八卦图(图5-7.2),所以两者都是卦象冲圆心、卦名背圆心。其卦象冲圆心,合于先天图的阴阳关系。其卦名背圆心,源于中古黄帝族卦图调整了上古伏羲族卦图的方位。

上古伏羲族卦图,有两大特征:

一是方位上北下南、左西右东,冬至坤卦居上为北,夏至乾卦居下为南;

二是卦象冲圆心,即冲"天心"北极天枢。如果写上卦名,方向必须与卦象一致,比如乾卦居下为南,卦象冲圆心,卦名也冲圆心,"乾"字恰好正写。

[1] 图5-7.1彝族伏羲龙图,即图2-24.1,采自《彝文丛刻》894页,四川彝族《玄通大书》,四川民族出版社1987。图5-7.2彝族先天八卦图,即图5-1.1。图5-7.3,陈抟先天八卦图,即图2-24.4,采自明代赵仲全《道学正宗》,又见胡渭《易图明辨》。

由于中古黄帝族以乾卦对应人君，人君必须居上为尊，所以中古黄帝族卦图的方位，改成了上南下北、左东右西，夏至乾卦居上为南，冬至坤卦居下为北。此即《易传·系辞》所言"天尊地卑，乾坤定矣"，《易传·说卦》所言"天地定位"。中古黄帝族又以北极对应天帝，北斗对应人君，所以北斗是北极之子，人君是天帝之子，即"天子"。天上群星拱卫北极"天帝"，是人间群臣拱卫人君"天子"的终极依据，所以卦象冲圆心不能改变。但是乾卦居上为南，对应人君，卦名如果也冲圆心，"乾"字就要倒写，有失人君威严，于是乾卦卦名改为背圆心而正写，其他卦名随之统一改为背圆心。中古黄帝族的卦图，就这样变成了卦象冲圆心，卦名背圆心。

中古以后的神农族后裔彝族，居于中原西南，夏商周三代处于文化弱势，受到中央王朝强势文化、高位文化的不断影响，所以彝族先天八卦图的上下方位、卦象方向、卦名方向，也变成与中古黄帝族卦图一样的上南下北、左东右西，卦象冲圆心，卦名背圆心。

六爻卦和三爻卦，均有卦象互倒的对卦，为免混淆，无论是上古伏羲族用于历法初义，还是中古黄帝族用于卜筮新义，都必须标明卦象方向，方法有二。

一是上古伏羲族的方法，其时文字体系尚未成熟，所以用山形圭影∧为阴爻，山顶为上，山脚为下。

二是中古黄帝族的方法，其时文字体系已经成熟，所以用卦名方向标明卦象方向，只不过黄帝族卦图根据"天尊地卑，乾坤定矣"的"盖天说"，卦名方向与卦象方向恰好相反，而这有利于最高知识的神秘化、独占化，局外人难以明白。

中古黄帝族的部分卦图，为了避免卦名、卦象方向相反的尴尬和误导，仍然沿用上古伏羲族的古法，不写卦名，仅以阴爻∧标示卦象方向。比如清华简《筮法》所载战国后天八卦变化图（图5-8）。[1]

---

[1] 图5-8，战国后天八卦变化图，采自《清华大学藏战国竹简（四）》76页，中西书局2013。

图 5-8　战国后天八卦变化图（清华简《筮法》）

　　无论陈抟是否理解彝族先天八卦图为何卦象冲圆心、卦名背圆心，至少陈抟先天图忠实于彝族先天八卦图，保留了卦象冲圆心、卦名背圆心。

　　陈抟第二代弟子北宋李溉，不明白陈抟先天图为何卦象冲圆心、卦名背圆心，于是予以统一，画出了卦象、卦名均冲圆心的孟喜十二月卦图（图5-3.2）、孟喜六日七分图（图5-5.1）。这是明白圆心即天心的正确改动，合于上古伏羲卦图。

　　陈抟第四代弟子北宋邵雍（1011—1077）[1]，也不明白陈抟先天图为何卦象冲圆心、卦名背圆心，于是予以统一，画出了卦象、卦名均背圆心的邵雍先天八卦图（图5-7.4）[2]。这是不明白圆心对应天心的错误改动。邵雍以降千年的无数卦图，均承邵雍之误。

　　邵雍曾言："'天地定位'一节，明伏羲八卦也。"[3]导致很多学者误以为

---

[1]　南宋朱震《汉上易传》："陈抟以先天图传种放，种放传穆修，穆修传李之才，李之才传邵雍。"

[2]　图5-7.4邵雍先天八卦图，采自朱熹《周易本义》卷首，另见胡渭《易图明辨》、江永《河洛精蕴》等。

[3]　《皇极经世》卷七上，《观物外篇上·先天象数第二》320页，卫绍生校理，中州古籍出版社1993。

邵雍先天八卦图得自《易传·说卦》"天地定位"四句。其实《易传·说卦》"天地定位"四句是错误的先天八卦伦理卦序，任何人都不可能从中悟出正确的先天八卦历法卦序。

上文已言，邵雍先天八卦图（图5-7.4）源于陈抟先天八卦图（图5-7.3），陈抟先天八卦图源于彝族伏羲龙图（图5-7.1）、彝族先天八卦图（图5-7.2），彝族先天八卦图源于伏羲先天八卦图（图5-4.1），伏羲先天八卦图源于伏羲初始卦序太极图（图3-8.1）。由于邵雍不知伏羲初始卦序，所以邵雍先天八卦图是错误图。以下辨析伏羲先天八卦图、邵雍先天八卦图之异同。

伏羲先天八卦图（图5-4.1），是神农归藏历的阴阳历换算尺，全图顺时针旋转，始于"正月建寅"的1震☳立春。其序如下：

1震☳立春，2离☲春分，3兑☱立夏，4乾☰夏至；
5巽☴立秋，6坎☵秋分，7艮☶立冬，8坤☷冬至。

邵雍先天八卦图（图5-7.4）虽有卦象、卦名背圆心的错误，但是图中八卦之序，仍然承袭彝族先天八卦图（图5-7.2）和陈抟先天八卦图（图5-7.3），正确无误。然而圆图不标数字，循环无端，其序难明。而邵雍不明白先天八卦是始于1震☳立春的阴阳历换算尺，又被《周易》首乾次坤、《易传》"乾为天，坤为地"、"天尊地卑，乾坤定矣"误导，于是把圆图八卦之序，转换为文字八卦之序，改成了阳仪四卦逆时针，阴仪四卦顺时针（图5-7.4）。其序如下：

阳仪四卦逆时针：1乾☰，2兑☱，3离☲，4震☳；
阴仪四卦顺时针：5巽☴，6坎☵，7艮☶，8坤☷。

邵雍首先按照邵雍先天八卦图（图5-7.4）的错误卦序，画出了错误的邵雍先天八卦次序图（图5-9.1），即邵雍小直图。

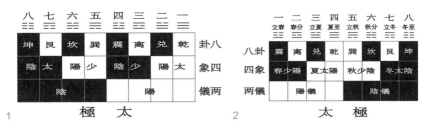

图 5-9 1邵雍先天八卦次序图，2伏羲先天八卦次序图（张远山原创）

邵雍小直图是对《易传·系辞》"太极生两仪，两仪生四象，四象生八卦"的演绎：

太极，分阴阳而加倍，生成一爻两仪，即阳爻 ▬，阴爻 ▬▬。

继续分阴阳而加倍，生成二爻四象，即太阳 ▤、少阴 ▤、少阳 ▤、太阴 ▤。

继续分阴阳而加倍，生出三爻八卦，即图中的黑白卦象。

这是邵雍受其推崇的扬雄《太玄经》三进制启发，拟想出来的象数二进制"加一倍法"[1]，是邵雍"先天易学"的起点，也是其象数成就、象数错误的根源。

邵雍不明白伏羲先天八卦对应历法八节，用于换算阴阳历，也不明白二爻四卦对应"春少阳，夏太阳，秋少阴，冬太阴"（图5-9.2）[2]，却被《易传·说卦》"坎中男，离中女；艮少男，兑少女"误导，把少阳 ▤ 误标为"少阴"，把少阴 ▤ 误标为"少阳"。其实上半年阳仪只能分为"少阳"、"太阳"，不可能分出"少阴"；下半年阴仪只能分为"少阴"、"太阴"，不可能分出"少阳"。

邵雍进而根据"加一倍法"，画出了错误的邵雍先天六十四卦次序图

---

[1] 北宋程颢曰："尧夫之数，只是加一倍法。""尧夫之学，大抵似扬雄。"南宋朱熹曰："康节之学似扬子云。《太玄》以拟《易》，方、州、部、家皆自三数推之。……康节之数，则是加倍之法。"宋元鲍云龙《天原发微》曰："扬子之书，有以发邵子之独智，而充广之矣。"均已揭明邵雍"二进制"承于扬雄《太玄经》三进制。

[2] 图5-9.1，邵雍先天八卦次序图，采自朱熹《周易本义》卷首。图5-9.2，伏羲先天八卦次序图，张远山原创并命名。

（图 5-10）[1]，即邵雍大直图。

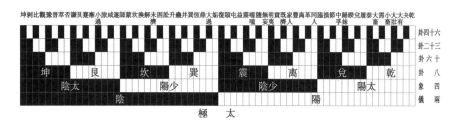

图 5-10 邵雍先天六十四卦次序图

邵雍大直图把"加一倍法"贯彻到底：

三爻八卦继续分阴阳而加倍，生成四爻十六卦；

继续分阴阳而加倍，生成五爻三十二卦；

继续分阴阳而加倍，生成六爻六十四卦。

邵雍不明白六爻卦"七集六阶"是伏羲连山历"七山六谷"的象数化，而被"伏羲画八卦，文王叠为六十四卦"的传统谬说误导，以为三爻卦先于六爻卦，又被"圣人则河图而画八卦"的传统谬说与陈抟先天八卦图（图5-7.3）误导，以为伏羲先画太极图，再分出两仪、四象、八卦、六十四卦。

邵雍也未看出两说不能兼容：假如伏羲已用"加一倍法"生出八卦、六十四卦，那么文王何必再把八卦叠为六十四卦？

邵雍认为其所拟想的"加一倍法"，足以贯通太极、两仪、四象、八卦、六十四卦，于是视为"伏羲画卦"、"伏羲布卦"的初义，于是画出了错误的邵雍先天六十四卦方圆图（图5-11）[2]：上南下北，左东右西，卦象、卦名均背圆心。

---

[1] 图5-10，邵雍先天六十四卦次序图，采自朱熹《周易本义》卷首。

[2] 图5-11，邵雍先天六十四卦方圆图，采自胡渭《易图明辨》、江永《河洛精蕴》，逆二进制数列为张远山所加。

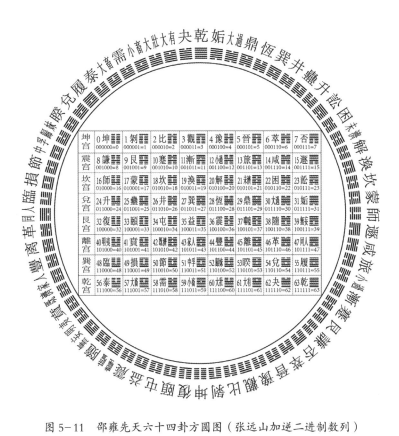

图 5-11　邵雍先天六十四卦方圆图（张远山加逆二进制数列）

　　邵雍如此解释邵雍先天六十四卦方圆图："圆者为天，方者为地；天地之理，皆在是矣。"[1]足证邵雍八宫与帛书八宫、京房八宫一样，同样植根于黄帝族"盖天说"之"天圆地方"。邵雍的分卦值日法，沿袭荒谬的京房"六日七分法"，仍然错误对应天文岁实的小数，不对应历法设置的整数。

　　邵雍方圆图之方图，是把邵雍大直图从右至左分为1乾宫至8坤宫的八宫，再从下至上相叠。每宫8卦的下卦，均为宫卦。每宫8卦的上卦，即为从右至左、1乾☰至8坤☷的邵雍先天八卦错误卦序（表5-6）。

---

[1]　邵伯温（邵雍之子）《皇极经世论图说》："先君曰：圆者为天，方者为地，天地之理皆在是矣。"452页，中州古籍出版社1993。

表 5-6　邵雍先天八宫上下构成（张远山原创）

8 坤宫（冬至）	上	8 坤 ䷁	7 艮 ䷳	6 坎 ䷜	5 巽 ䷸	4 震 ䷲	3 离 ䷝	2 兑 ䷹	1 乾
	下	8 坤	8 坤	8 坤	8 坤	8 坤	8 坤	8 坤	8 坤
7 艮宫（立冬）	上	8 坤	7 艮	6 坎	5 巽	4 震	3 离	2 兑	1 乾
	下	7 艮	7 艮	7 艮	7 艮	7 艮	7 艮	7 艮	7 艮
6 坎宫（秋分）	上	8 坤	7 艮	6 坎	5 巽	4 震	3 离	2 兑	1 乾
	下	6 坎	6 坎	6 坎	6 坎	6 坎	6 坎	6 坎	6 坎
5 巽宫（立秋）	上	8 坤	7 艮	6 坎	5 巽	4 震	3 离	2 兑	1 乾
	下	5 巽	5 巽	5 巽	5 巽	5 巽	5 巽	5 巽	5 巽
4 震宫（立春）	上	8 坤	7 艮	6 坎	5 巽	4 震	3 离	2 兑	1 乾
	下	4 震	4 震	4 震	4 震	4 震	4 震	4 震	4 震
3 离宫（春分）	上	8 坤	7 艮	6 坎	5 巽	4 震	3 离	2 兑	1 乾
	下	3 离	3 离	3 离	3 离	3 离	3 离	3 离	3 离
2 兑宫（立夏）	上	8 坤	7 艮	6 坎	5 巽	4 震	3 离	2 兑	1 乾
	下	2 兑	2 兑	2 兑	2 兑	2 兑	2 兑	2 兑	2 兑
1 乾宫（夏至）	上	8 坤	7 艮	6 坎	5 巽	4 震	3 离	2 兑	1 乾
	下	1 乾	1 乾	1 乾	1 乾	1 乾	1 乾	1 乾	1 乾

　　至此产生一疑：既然邵雍先天八卦圆图（图5-7.4）、邵雍先天六十四卦圆图（图5-11圆图）都是按照"天尊地卑，乾尊坤卑"，画成乾☰在上、坤☷在下；邵雍小直图、邵雍大直图也是按照"天尊地卑，乾尊坤卑"，排成从右至左、从乾至坤的1乾☰至8坤☷、1乾☰至64坤䷁；那么邵雍先天六十四卦方图（图5-11方图）的八宫宫序，为何变成坤宫在上、乾宫在下的8坤䷁至1乾☰？邵雍先天六十四卦方图的卦序，为何变成左上64坤䷁至右下1乾☰？也就是说，两者为何互逆？

　　因为《系辞》所言"太极原理"的逻辑先后，原本与"伏羲布卦"的事实先后互逆（第四章第七节）；所以植根于《系辞》"太极原理"的"邵雍象数"，也与"伏羲象数"互逆；所以邵雍二进制"加一倍法"，实为逆二进制。其证如下。

　　邵雍小直图的先天八卦卦序，是从1乾☰→8坤☷（图5-9.1）。但是转换为邵雍先天八卦卦数，却是坤☷0→乾☰7（表5-8）。两者互逆。

　　邵雍大直图的先天六十四卦卦序，是1乾☰→64坤䷁（图5-10）。但是转换为邵雍先天六十四卦卦数，却是坤☷0→乾☰63（表5-7）。两者互逆。

邵雍方图的先天六十四卦卦序，是64坤☷↖1乾☰（图5-11方图）。但是转换为邵雍先天六十四卦卦数，却是坤☷0↘乾☰63（表5-7）。两者互逆。

表 5-7　邵雍逆二进制六十四卦方图卦数（张远山原创）

坤宫	0 坤☷ 000000 = 0	1 剥☶ 000001 = 1	2 比☵ 000010 = 2	3 观☴ 000011 = 3	4 豫☳ 000100 = 4	5 晋☲ 000101 = 5	6 萃☱ 000110 = 6	7 否☰ 000111 = 7
艮宫	8 谦☶ 001000 = 8	9 艮☶ 001001 = 9	10 蹇☵ 001010 = 10	11 渐☴ 001011 = 11	12 小过☳ 001100 = 12	13 旅☲ 001101 = 13	14 咸☱ 001110 = 14	15 遁☰ 001111 = 15
坎宫	16 师☵ 010000 = 16	17 蒙☶ 010001 = 17	18 坎☵ 010010 = 18	19 涣☴ 010011 = 19	20 解☳ 010100 = 20	21 未济☲ 010101 = 21	22 困☱ 010110 = 22	23 讼☰ 010111 = 23
巽宫	24 升☴ 011000 = 24	25 蛊☶ 011001 = 25	26 井☵ 011010 = 26	27 巽☴ 011011 = 27	28 恒☳ 011100 = 28	29 鼎☲ 011101 = 29	30 大过☱ 011110 = 30	31 姤☰ 011111 = 31
震宫	32 复☳ 100000 = 32	33 颐☶ 100001 = 33	34 屯☵ 100010 = 34	35 益☴ 100011 = 35	36 震☳ 100100 = 36	37 噬嗑☲ 100101 = 37	38 随☱ 100110 = 38	39 无妄☰ 100111 = 39
离宫	40 明夷☲ 101000 = 40	41 贲☶ 101001 = 41	42 既济☵ 101010 = 42	43 家人☴ 101011 = 43	44 丰☳ 101100 = 44	45 离☲ 101101 = 45	46 革☱ 101110 = 46	47 同人☰ 101111 = 47
兑宫	48 临☱ 110000 = 48	49 损☶ 110001 = 49	50 节☵ 110010 = 50	51 中孚☴ 110011 = 51	52 归妹☳ 110100 = 52	53 睽☲ 110101 = 53	54 兑☱ 110110 = 54	55 履☰ 110111 = 55
乾宫	56 泰☷ 111000 = 56	57 大畜☶ 111001 = 57	58 需☵ 111010 = 58	59 小畜☴ 111011 = 59	60 大壮☳ 111100 = 60	61 大有☲ 111101 = 61	62 夬☱ 111110 = 62	63 乾☰ 111111 = 63

邵雍圆图的先天六十四卦卦序——

阳仪32卦逆时针：1乾↙32复；
阴仪32卦顺时针：33姤↘64坤。

但是转换为邵雍逆二进制的先天六十四卦卦数，却是——

阳仪32卦顺时针：复32↖乾63；
阴仪32卦逆时针：坤0↗姤31。

两者仍然互逆。

由此可见，贯穿于邵雍小直图、邵雍大直图、邵雍方图、邵雍圆图的邵雍"加一倍法"，均为逆二进制。

邵雍"加一倍法"之所以是逆二进制，根本原因是盲从《周易》义理易的尊"乾"，小直图、大直图、方图、圆图的卦序，不得不以乾为首，全都始于1乾☰、1乾䷀，终于8坤☷、64坤䷁。

然而邵雍为了符合伏羲象数易的历"数"，小直图、大直图、方图、圆图的"加一倍法"卦数，又不得不从冬至起计，于是全都始于坤☷0、坤䷁0，终于乾☰7、乾䷀63。

正因邵雍"加一倍法"意欲调和两种无法调和的逻辑，不得不成为逆二进制。

由于邵雍"加一倍法"是逆二进制，所以把卦象转换为二进制数列之时，不得不予以逆转换。即把三爻卦从下至上的三爻，六爻卦从下至上的六爻，全都转换为从左至右的二进制数列。

比如三爻震☳，转换为二进制数列，正转换是001（＝十进制1），邵雍却逆转换为100（＝十进制4）。

再如六爻复䷗，转换为二进制数列，正转换是000001（＝十进制1），邵雍却逆转换为100000（＝十进制32）。

从伏羲画卦到伏羲布卦的上古四千年，从《连山》《归藏》到《周易》的中古两千年，以及秦汉至今的两千年，从下至上的数爻方向，无不对应太阳从南回归线北行至北回归线，所以八千年来从未改变。假如伏羲画卦、伏羲布卦的初义确为二进制，那么从下至上的数爻方向，必是卦数的进位方向；而二进制数列的进位方向是从右至左，因此从下至上的六爻，只能转换为从右至左的正二进制数列，不能转换为从左至右的逆二进制数列。

邵雍的逆转换，证明"加一倍法"（二进制）既非伏羲六十四卦之初义，亦非伏羲初始卦序之卦序。

北宋以降千年，中外无数学者误以为邵雍"加一倍法"既符合伏羲画卦、伏羲布卦初义，又符合莱布尼茨二进制，实为双重误会。

且看发明二进制的莱布尼茨，对邵雍"加一倍法"的误会。

1689年，法国来华传教士白晋（1656—1730）致信远在德国的莱布尼茨，告知"中国最古老的著作之一《易经》里记载着中华帝国的奠基人伏羲氏"创造的阴爻、阳爻两种符号，分别代表0和1，相当于莱氏十年前（1679）发明的二进制。

莱布尼茨欣喜若狂，要求白晋告知详情。[1]

十二年后的1701年，白晋把邵雍小直图、大直图、方圆图寄给莱布尼茨。

莱布尼茨立刻看出图中一目了然的"加一倍法"，暗合自己发明的二进制，但是不知其为邵雍的错误拟想，于是误以为自己与四千年前的"伏羲氏"殊途同归。

其实莱氏的正转换，与邵雍的逆转换相反（表5-8）。

表5-8　先天八卦转换正逆二进制卦数（张远山原创）

数爻方向↑	邵雍逆转换→	莱氏正转换←
1 乾☰↑	→ 111 = 7 ←	111 ← = 7 ←
2 兑☱↑	→ 110 = 6 ←	011 ← = 3 ←
3 离☲↑	→ 101 = 5 ←	101 ← = 5 ←
4 震☳↑	→ 100 = 4 ←	001 ← = 1 ←
5 巽☴↑	→ 011 = 3 ←	110 ← = 6 ←
6 坎☵↑	→ 010 = 2 ←	010 ← = 2 ←
7 艮☶↑	→ 001 = 1 ←	100 ← = 4 ←
8 坤☷↑	→ 000 = 0 ←	000 ← = 0 ←

表5-8显示，邵雍先把先天八卦从下至上的三爻，转换为从左至右进位的逆二进制卦数，再转换为从右至左进位的正十进制卦数。两次转换的进位方向相反，已经自证其非。假如伏羲六十四卦的初义确为逆二进制，那就只能对应逆十进制，不能对应正十进制。

邵雍小直图（图5-9.1）的8个卦数，只有按照邵雍的矛盾逻辑，先转换为逆二进制，再转换为正十进制，才是有序的。一旦逻辑统一地先转换为逆二进制，再转换为逆十进制，就是无序的。假如按照莱氏的统一逻辑，

---

[1]　《莱布尼茨和中国》156、157页，安文涛等编译，福建人民出版社1993。

先转换为正二进制，再转换为正十进制，仍是无序的。

　　同样，邵雍大直图（图5-10）的64个卦数，也只有按照邵雍的矛盾逻辑，先转换为逆二进制，再转换为正十进制，才是有序的。假如按照莱氏的统一逻辑，进行两次正转换，也是无序的。

　　可见伏羲六十四卦不可能是逆二进制，邵雍逆二进制六十四卦卦序不可能是伏羲初始卦序。

　　现在要问的是，伏羲六十四卦是不是正二进制？

　　我画了正二进制六十四卦次序图（图5-12），与邵雍逆二进制六十四卦次序图（图5-10），进行对比。

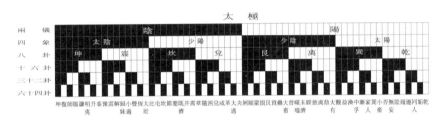

图5-12　正二进制六十四卦次序图（张远山原创）

　　正二进制六十四卦次序图从下至上的六爻，全都可以转换为从右至左进位的正二进制、正十进制。

　　比如1复☷☷从下至上的六爻，先转换为从右至左进位的正二进制000001，再转换为从右至左进位的正十进制1。两次转换的逻辑统一。

　　然而邵雍却是先转换为从左至右进位的逆二进制100000，再转换为从右至左进位的正十进制32。两次转换的逻辑矛盾。

　　除此之外，正二进制次序图的少阳☵、少阴☳，卦象皆正。而邵雍逆二进制次序图的少阳☵、少阴☳，卦象皆逆。所以伏羲六十四卦假如是二进制，也不可能是邵雍的逆二进制，只可能是正二进制。

　　伏羲六十四卦转换为正二进制，逻辑自恰，卦象、卦数可以互相换算，两者全等。转换为邵雍逆二进制，逻辑矛盾，卦象与卦数不能互相换算，两者互逆。

正二进制六十四卦次序图（图5-12），转换成正二进制八宫（表5-9），与邵雍逆二进制八宫比较。

表5-9　正二进制八宫上下构成（张远山原创）

0坤宫（冬至）	上	0坤☷	0坤☷	0坤☷	0坤☷	0坤☷	0坤☷	0坤☷	0坤☷
	下	0坤☷	1震☳	2坎☵	3兑☱	4艮☶	5离☲	6巽☴	7乾☰
1震宫（立春）	上	1震☳	1震☳	1震☳	1震☳	1震☳	1震☳	1震☳	1震☳
	下	0坤☷	1震☳	2坎☵	3兑☱	4艮☶	5离☲	6巽☴	7乾☰
2坎宫（秋分）	上	2坎☵	2坎☵	2坎☵	2坎☵	2坎☵	2坎☵	2坎☵	2坎☵
	下	0坤☷	1震☳	2坎☵	3兑☱	4艮☶	5离☲	6巽☴	7乾☰
3兑宫（立夏）	上	3兑☱	3兑☱	3兑☱	3兑☱	3兑☱	3兑☱	3兑☱	3兑☱
	下	0坤☷	1震☳	2坎☵	3兑☱	4艮☶	5离☲	6巽☴	7乾☰
4艮宫（立冬）	上	4艮☶	4艮☶	4艮☶	4艮☶	4艮☶	4艮☶	4艮☶	4艮☶
	下	0坤☷	1震☳	2坎☵	3兑☱	4艮☶	5离☲	6巽☴	7乾☰
5离宫（春分）	上	5离☲	5离☲	5离☲	5离☲	5离☲	5离☲	5离☲	5离☲
	下	0坤☷	1震☳	2坎☵	3兑☱	4艮☶	5离☲	6巽☴	7乾☰
6巽宫（立秋）	上	6巽☴	6巽☴	6巽☴	6巽☴	6巽☴	6巽☴	6巽☴	6巽☴
	下	0坤☷	1震☳	2坎☵	3兑☱	4艮☶	5离☲	6巽☴	7乾☰
7乾宫（夏至）	上	7乾☰	7乾☰	7乾☰	7乾☰	7乾☰	7乾☰	7乾☰	7乾☰
	下	0坤☷	1震☳	2坎☵	3兑☱	4艮☶	5离☲	6巽☴	7乾☰

正二进制八宫的卦象构成，是上卦不变下卦变，符合伏羲卦象从下向上数、从下向上变的固有规定。

帛书八宫的卦象构成，也是上卦不变下卦变。京房八宫的卦象构成，至少每宫前六卦是从下向上逐爻渐变。两者均未违背伏羲卦象从下向上数、从下向上变的固有规定。

然而邵雍小直图、大直图、方圆图，为了符合其逆二进制，卦象构成却是下卦不变上卦变，违背了伏羲卦象从下向上数、从下向上变的固有规定。

把正二进制六十四卦次序图（图5-12）分为0坤宫至7乾宫的八宫，再从上至下相叠，即为井然有序的正二进制方图卦数（表5-10）。

表 5-10　正二进制六十四卦方图卦数（张远山原创）

坤宫	0 坤䷁ 000000 = 0	1 复䷗ 000001 = 1	2 师䷆ 000010 = 2	3 临䷒ 000011 = 3	4 谦䷇ 000100 = 4	5 明夷䷣ 000101 = 5	6 升䷭ 000110 = 6	7 泰䷊ 000111 = 7
震宫	8 豫䷏ 001000 = 8	9 震䷲ 001001 = 9	10 解䷧ 001010 = 10	11 归妹䷵ 001011 = 11	12 小过䷽ 001100 = 12	13 丰䷶ 001101 = 13	14 恒䷟ 001110 = 14	15 大壮䷡ 001111 = 15
坎宫	16 比䷇ 010000 = 16	17 屯䷂ 010001 = 17	18 坎䷜ 010010 = 18	19 节䷻ 010011 = 19	20 蹇䷦ 010100 = 20	21 噬嗑䷔ 010101 = 21	22 井䷯ 010110 = 22	23 需䷄ 010111 = 23
兑宫	24 萃䷬ 011000 = 24	25 随䷐ 011001 = 25	26 困䷮ 011010 = 26	27 兑䷹ 011011 = 27	28 咸䷞ 011100 = 28	29 革䷰ 011101 = 29	30 大过䷛ 011110 = 30	31 夬䷪ 011111 = 31
艮宫	32 剥䷖ 100000 = 32	33 颐䷚ 100001 = 33	34 蒙䷃ 100010 = 34	35 损䷨ 100011 = 35	36 艮䷳ 100100 = 36	37 贲䷚ 100101 = 37	38 蛊䷑ 100110 = 38	39 大畜䷙ 100111 = 39
离宫	40 晋䷢ 101000 = 40	41 噬嗑䷔ 101001 = 41	42 未济䷿ 101010 = 42	43 睽䷥ 101011 = 43	44 旅䷷ 101100 = 44	45 离䷝ 101101 = 45	46 鼎䷱ 101110 = 46	47 大有䷍ 101111 = 47
巽宫	48 观䷓ 110000 = 48	49 益䷩ 110001 = 49	50 涣䷺ 110010 = 50	51 中孚䷼ 110011 = 51	52 渐䷴ 110100 = 52	53 家人䷤ 110101 = 53	54 巽䷸ 110110 = 54	55 小畜䷈ 110111 = 55
乾宫	56 否䷋ 111000 = 56	57 无妄䷘ 111001 = 57	58 讼䷅ 111010 = 58	59 履䷉ 111011 = 59	60 遁䷠ 111100 = 60	61 同人䷌ 111101 = 61	62 姤䷫ 111110 = 62	63 乾䷀ 111111 = 63

正二进制六十四卦方图的卦序数、正二进制数、正十进制数，与邵雍逆二进制六十四卦方图（表5-7）的卦序数、逆二进制数、正十进制数，全同。差别仅是两者的二进制转换，一正一逆。

两者的卦象、卦名，有8卦相同，即0坤、12小过、18坎、30大过、33颐、45离、51中孚、63乾，因为没有对卦，卦象正反相同，所以正转换、逆转换一样。

两者的卦象、卦名，有28对56卦，互为对卦。

比如正二进制1复䷗↑（000001←=1←），逆二进制1剥䷖↑（→000001＝1←），互为对卦。

正二进制32剥䷖↑（100000←=32←），逆二进制32复䷗↑（→100000＝32←），互为对卦。

所以我的正二进制六十四卦方图之卦数，可以视为邵雍逆二进制六十四卦方图之卦数的勘误表。只要把邵雍逆二进制六十四卦方图的28组56卦，按照勘误表（表5-11）互换卦象、卦名，就能变成我的正二进制六十四卦方图（表5-10）。

表 5-11　邵雍逆二进制六十四卦方图卦数勘误表（张远山原创）

1 剥䷖⇄32 复䷗	9 艮䷳⇄36 震䷲	19 涣䷺⇄50 节䷻	31 姤䷫⇄62 夬䷪
2 比䷇⇄16 师䷆	10 蹇䷦⇄20 解䷧	21 未济䷿⇄42 既济䷾	35 益䷩⇄49 损䷨
3 观䷓⇄48 临䷒	11 渐䷴⇄52 归妹䷵	22 困䷮⇄26 升䷭	37 噬嗑䷔⇄41 贲䷕
4 豫䷏⇄ 8 谦䷎	13 旅䷷⇄44 丰䷶	23 讼䷅⇄58 需䷄	39 无妄䷘⇄57 大畜䷙
5 晋䷢⇄40 明夷䷣	14 咸䷞⇄28 恒䷟	25 蛊䷑⇄38 随䷐	43 家人䷤⇄53 睽䷥
6 萃䷬⇄24 升䷭	15 遁䷠⇄60 大壮䷡	27 巽䷸⇄54 兑䷹	47 同人䷌⇄61 大有䷍
7 否䷋⇄56 泰䷊	17 蒙䷃⇄34 屯䷂	29 鼎䷱⇄46 革䷰	55 履䷉⇄59 小畜䷈

邵雍逆二进制六十四卦圆图（图5-11圆图），共有三误：

一是上南下北、左东右西。这是夏代以后的中古黄帝族卦图之方位，而非夏代以前的上古伏羲族卦图之方位。

二是卦象、卦名均背圆心。夏代以前的上古伏羲族卦图，卦象、卦名均冲圆心。夏代以后的中古黄帝族卦图，则是卦象冲圆心，卦名背圆心。

三是逆二进制。所以圆图右半，坤0至姤31，从下至上逆时针排列。圆图左半，复32至乾63，从下至上顺时针排列。

纠正邵雍逆二进制六十四卦圆图的三误，先改为上北下南、左西右东，再把卦象、卦名改为冲圆心，最后按照方图勘误表（表5-11）互换28组56卦的卦象、卦名。就能系统纠正邵雍逆二进制六十四卦方圆图（图5-11圆图）的错误，变成正二进制六十四卦方圆图（图5-13）。[1]

伏羲六十四卦有两组四卦，卦名相同，仅分小大，即小畜䷈、大畜䷙和小过䷽、大过䷛，是检验二进制转换之正逆的重要证据。

邵雍采用逆二进制转换，结果是：先大畜䷙，后小畜䷈；先大过䷛，后小过䷽。全都先大后小，逆于伏羲卦名之序，悖于一年气候历法。

我采用正二进制转换，结果是：先小畜䷈，后大畜䷙；先小过䷽，后

---

[1]　图5-13，正二进制六十四卦方圆图，张远山原创并命名。《伏羲之道》初版（岳麓书社 2015）285页此图，32剥之二进制数字应为100000，误为101000，与40晋之二进制数字101000重复。特此致歉！

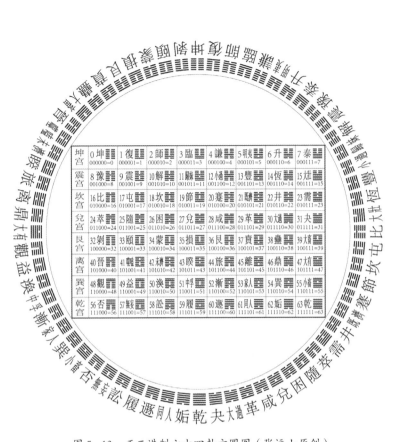

坤宫	0 坤 000000=0	1 复 000001=1	2 师 000010=2	3 临 000011=3	4 谦 000100=4	5 明夷 000101=5	6 升 000110=6	7 泰 000111=7
震宫	8 豫 001000=8	9 震 001001=9	10 解 001010=10	11 归妹 001011=11	12 小过 001100=12	13 丰 001101=13	14 恒 001110=14	15 大壮 001111=15
坎宫	16 比 010000=16	17 屯 010001=17	18 坎 010010=18	19 节 010011=19	20 蹇 010100=20	21 既济 010101=21	22 井 010110=22	23 需 010111=23
兑宫	24 萃 011000=24	25 随 011001=25	26 困 011010=26	27 兑 011011=27	28 咸 011100=28	29 革 011101=29	30 大过 011110=30	31 夬 011111=31
艮宫	32 剥 100000=32	33 颐 100001=33	34 蒙 100010=34	35 损 100011=35	36 艮 100100=36	37 贲 100101=37	38 蛊 100110=38	39 大畜 100111=39
离宫	40 晋 101000=40	41 噬嗑 101001=41	42 未济 101010=42	43 睽 101011=43	44 旅 101100=44	45 离 101101=45	46 鼎 101110=46	47 大有 101111=47
巽宫	48 观 110000=48	49 益 110001=49	50 涣 110010=50	51 中孚 110011=51	52 渐 110100=52	53 家人 110101=53	54 巽 110110=54	55 小畜 110111=55
乾宫	56 否 111000=56	57 萃 111001=57	58 讼 111010=58	59 履 111011=59	60 遁 111100=60	61 同人 111101=61	62 姤 111110=62	63 乾 111111=63

图 5-13　正二进制六十四卦方圆图（张远山原创）

大过☱☳。全都先小后大，合于伏羲卦名之序，合于一年气候历法。

邵雍的逆二进制卦序，卦象、卦数不能互相换算，逻辑矛盾，证明伏羲画卦、布卦的初义不可能是逆二进制，证明邵雍卦序不可能是伏羲初始卦序。

但是，我的正二进制卦序，尽管卦象、卦数可以互相换算，逻辑圆融，仍然不能证明伏羲画卦、布卦的初义是正二进制，仍然不能证明正二进制卦序是伏羲初始卦序。因为正、逆二进制卦序，都不具有伏羲初始卦序固有的精确天文功能和精确历法功能。

伏羲先天八卦的卦象，原本精确对应历法八节的日照数值。然而正、逆二进制转换所得的卦数，全都不能与之精确对应。

表 5-12　正逆二进制卦数均不对应日照数值（张远山原创）

两仪	八卦八节	邵雍逆转换	莱氏正转换
阳仪	1 震☳ ↑ 立春	→ 100 = 4 ←	001 ←= 1 ←
	2 离☲ ↑ 春分	→ 101 = 5 ←	101 ←= 5 ←
	3 兑☱ ↑ 立夏	→ 110 = 6 ←	011 ←= 3 ←
	4 乾☰ ↑ 夏至	→ 111 = 7 ←	111 ←= 7 ←
阴仪	5 巽☴ ↑ 立秋	→ 011 = 3 ←	110 ←= 6 ←
	6 坎☵ ↑ 秋分	→ 010 = 2 ←	010 ←= 2 ←
	7 艮☶ ↑ 立冬	→ 001 = 1 ←	100 ←= 4 ←
	8 坤☷ ↑ 冬至	→ 000 = 0 ←	000 ←= 0 ←

先天八卦的邵雍逆二进制卦数，如果视为日照强弱的数值，表面上可以对应历法八节日照强弱的有序变化：

上半年日照强度有序递增，立春4阶，春分5阶，立夏6阶，夏至7阶；

下半年日照强度有序递减，立秋3阶，秋分2阶，立冬1阶，冬至0阶。

实际上经不起推敲，比如太阳于春分、秋分抵达赤道上空，日照强度相等，不可能春分5阶、秋分2阶。

先天八卦的莱氏正二进制卦数，更加无序，完全不能对应历法八节日照强弱的有序变化。

伏羲六十四卦的卦象，原本精确对应太阳北归南藏和圭影南缩北伸。然而转换所得的正、逆二进制卦数，全都不能与之精确对应。

先看邵雍逆二进制六十四卦圆图（图5-11圆图）：

阳仪复32进至乾63，表面上可以对应冬至到夏至的太阳北归而日照渐强。

阴仪姤31退至坤0，表面上可以对应夏至到冬至的太阳南藏而日照渐弱。

实际上经不起推敲，比如冬至前后的日照强弱，仅有微弱差异，不可能冬至坤为0阶，冬至后之复激增至32阶。夏至前后的日照强弱，同样仅有微弱差异，不可能夏至乾为63阶，夏至后之姤骤减至31阶。冬至后之复的日照强度32阶，高于夏至后之姤的日照强度31阶，更无可能。

再看正二进制六十四卦圆图（图5-13圆图）：

阳仪坤0进至夬31，表面上可以对应冬至到夏至的太阳北归而日照渐强。

阴仪乾63退至剥32，表面上可以对应夏至到冬至的太阳南藏而日照渐弱。

且有胜过邵雍逆二进制圆图之处，比如冬至坤0，可与冬至后之复1衔接；夏至乾63，可与夏至后之姤62衔接。实际上仍然经不起推敲，因为冬至坤0，与冬至前之剥32，无法衔接；夏至乾63，与夏至前之夬31，无法衔接。冬至前之剥的日照强度32阶，高于夏至前之夬的日照强度31阶，也无可能。

综合以上的正逆二进制比较、辨析，可得三条结论。

其一，邵雍的逆二进制卦数，莱布尼茨的正二进制卦数，全都不能精确对应天象、历数，全都不能精确对应日照强弱之渐变。

其二，正、逆二进制卦数，全都不合伏羲画卦、伏羲布卦的历法初义。

其三，邵雍的逆二进制六十四卦卦序，我的正二进制六十四卦卦序，均非伏羲六十四卦的初始卦序。

莱布尼茨在其所撰《论中国哲学》中宣称：

> 我和尊敬的白晋神父发现了这个帝国的奠基人伏羲氏的符号的最正确意义。……这恰恰是二进制算术。这种算术是这些伟大的创造者们（远山按：指伏羲氏、周文王、周公、孔子）所掌握，而在几千年之后由我发现的。……但是这个算术完全失传了，后世中国人只好胡乱猜测，人们看不出真正意思的时候就会这样做。[1]

这是莱布尼茨被白晋误导之后（白晋则被邵雍、朱熹误导），所做的错误论断。

假如二进制是伏羲画卦、伏羲布卦的初义，且为伏羲氏、周文王、周

---

[1] 《莱布尼茨和中国》158页。

公、孔子所掌握，那么二进制必然会在中国历史、中国文化、中国天文、中国历法、中国数学等领域，留下无数烙印，不可能毫无踪影。实际上根据陶寺太极台测墙的观测而记录天文数据，再根据天文数据而编制神农归藏历，全都使用十进制：记录太阳位移数据，计算太阳历，全都使用十天干；记录月亮盈亏数据，换算太阴历，全都使用十数字（详上第四章第六节）。

伏羲画卦、伏羲布卦的历法初义失传以后，后世中国人确如莱氏所言，只能"胡乱猜测，人们看不出真正意思的时候就会这样做"，包括邵雍和莱氏。

伏羲初始卦序的某些局部，确实暗合于正二进制，比如阳仪始于1复（＝正二进制1），止于32乾（＝正二进制63），阴仪始于33姤（＝正二进制62），止于64坤（＝正二进制0）。然而这种局部暗合，仅仅因为伏羲初始卦序、正二进制全都符合具有科学规律的天道。

伏羲初始卦序，遵循的并非正二进制，而是爻动原理。

爻动原理，正是伏羲族对历法天道的科学提炼和科学运用。

伏羲六十四卦、伏羲先天八卦之所以可以按照正、逆二进制予以"逻辑完美"的有序排列，不是因为符合伏羲历法初义，而是因为二进制潜在于伏羲卦象之中。

伏羲六十四卦，是穷尽六爻之阴阳排列的逻辑全集，必然可与二进制的六十四数逐一对应。

伏羲先天八卦，是穷尽三爻之阴阳排列的逻辑全集，必然可与二进制的八数逐一对应。

近代科学的"数理逻辑"决定了，可用任意两种代码，替换阳爻、阴爻，仍与二进制数逐一对应。

然而伏羲卦象的"阴阳本质"决定了，二进制代码1、0或任何其他代码，都不能替换阳爻、阴爻。因为阳爻对应太阳北归南藏、阴爻对应圭影南缩北伸，全都源于伏羲连山历的连山纹，是"伏羲画卦"创造其形式，"伏羲布卦"赋予其意义，全球范围独一无二的天文历法符号。

伏羲卦象的天文历法起源和天文历法内涵，无法用"二进制假说"予以精确解释，却会因"二进制假说"而全部泯灭。比如——

伏羲六十四卦始于六爻复䷗，对应冬至后一日太阳北归的阳复之始，属于阴阳合历的太阳历本质。

伏羲先天八卦始于三爻震☳，对应冬至后四十六日的立春，属于阴阳合历的太阴历表象。

伏羲一年四象始于二爻少阳⚎，对应阴阳合历的太阴历春季。

伏羲两仪图始于阳爻⚊，对应太阳历上半年。

以上四种卦象、爻象，原本各有精确不移的天文历法内涵，一旦转换为正二进制（逆二进制不论），复䷗＝000001，震☳＝001，少阳⚎＝01，阳爻⚊＝1，全都等于十进制1，不再具有精确不移的天文历法内涵，所有阴爻及其数量都失去了原有意义。

假如伏羲画卦、伏羲布卦的初义是二进制，那么0只能写成⚋（0），不能写成⚏（00）、☷（000）、䷁（000000）；1只能写成⚊（1），不能写成⚎（01）、☳（001）、䷗（000001）；更无必要为数值相同的不同写法各取不同卦名。因此，伏羲画卦、伏羲布卦的初义，既不可能是转换正确的莱氏正二进制，更不可能是转换错误的邵雍逆二进制。

伏羲六十四卦是有限封闭的循环符号体系，可以直接对应天象、圭影、历法、日照、气候的永恒循环。然而二进制数列（或十进制数列）却是无限开放的不循环符号体系，不能直接对应天象、圭影、历法、日照、气候的永恒循环。把伏羲六十四卦转换为二进制，遮蔽了"阴阳本质"、"象数二义"、"爻动原理"、"太极原理"等极其丰富的天文历法内涵。所以邵雍的"加一倍法"拟想，尽管极富天才，却非伏羲画卦、伏羲布卦之初义，不能提高伏羲六十四卦之价值，只能贬低伏羲六十四卦之价值。

由于中外无数学者都把邵雍逆二进制卦序误视为伏羲初始卦序，因此邵雍逆二进制卦序中断了伏羲初始卦序探索史，导致邵雍以后一千年，再也无人继续探索伏羲初始卦序。

六 朱熹后天八宫，重排京房八宫

北宋邵雍的"先天易学"问世之后，风靡中外，很多人误以为真是"伏羲六十四卦卦序"。

南宋大儒朱熹（1130—1200），一方面不得不表示服膺[1]，在其《周易本义》卷首尽录邵雍小直图、大直图；另一方面又像王弼一样，不希望伏羲象数易压倒《周易》义理易，于是又在《周易本义》中排出了"后天六十四卦卦序"，欲与邵雍"先天六十四卦卦序"争胜。

清儒江永秉承朱熹之意，在其所著《河洛精蕴》中，画出了"后天六十四卦圆图"（图5-14圆图），很多人又误以为真是"文王六十四卦卦序"。

其实朱、江二氏均未排出新的卦序，仅是把京房先天伦理八宫，以每宫8卦为单位，按照后天八卦的方位予以重排（图5-14圆图）。

江永仅画圆图，没画方图，且与邵雍圆图一样，方位是错误的上南下北、左东右西，卦象、卦名是错误的背圆心。我把江永圆图的方位改正为上北下南、左西右东，卦象、卦名改正为冲圆心，再补入方图（图5-14方图）[2]，彰显江永圆图仅是京房先天八宫的朱熹式后天排法，不能称为"后天六十四卦"。假如按照后天八卦的方位重排京房先天八宫，就能称为"后天六十四卦"，那么同样属于先天八宫的帛书属性八宫、邵雍逆二进制八宫，也能按照后天八卦的方位，重排出另外两种"后天六十四卦"。

现以帛书属性八宫为例，按照后天八卦的方位，重排如下（图5-15）。[3]

---

[1] 朱熹《文公易说》："《先天》乃伏羲本图，非康节所自作。虽无言语，而所该甚广。凡今易中一字一义，无不自其中流出者。熹看了康节易了，都看别人底不得。"

[2] 图5-14，后天六十四卦：京房先天八宫之后天排法，朱熹命名，江永画圆图，张远山补方图。

[3] 图5-15，帛书先天八宫之后天排法，张远山原创并命名。

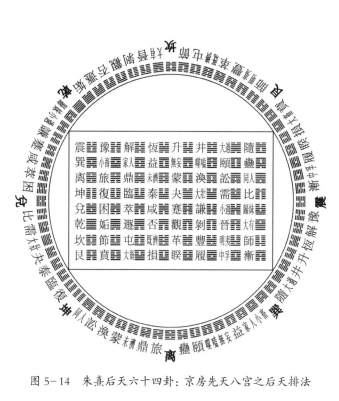

图 5-14　朱熹后天六十四卦：京房先天八宫之后天排法

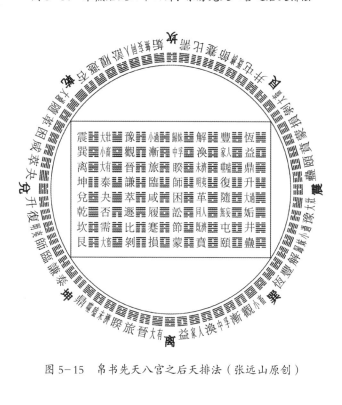

图 5-15　帛书先天八宫之后天排法（张远山原创）

所以朱熹、江永版"后天六十四卦"，是名不符实的假货，对于维护"盖天说"的"天尊地卑，君尊臣卑"，对于"周易义理易"抗衡"伏羲象数易"，确有忽悠天下的混淆视听作用，但是对于抉发历史真相，探索伏羲初始卦序，乃至探索文王重排卦序，没有任何价值；而且是两千年伏羲初始卦序探索史产生的三种衍生卦序中，最无价值的一种。

结语　复原伏羲初义，始于现代考古

春秋以降，随着炎黄二族日益融合，中国的政治制度，从黄帝族统治神农族、东夷族、南蛮族的分封制，变成了中央集权的郡县制，秦汉帝国完成了伏羲族的政权收复。

战国以降，随着百家争鸣日益深入，中国的哲学突破，进入了"伏羲天道"、"黄帝人道"孰为真道的"天人之辨"，开启了伏羲族的文化收复。

秦汉帝国尽管完成了伏羲族的政权收复，然而为了维护庙堂利益，却对伏羲族的文化收复予以持续打压，延续两千年之久。

汉武帝的太初历，终结了"正朔之争"，掩盖了"浑盖之争"。因为黄帝族的人道遗产"盖天说"，有利于中央集权的帝国意识形态，而伏羲族的天道遗产"浑天说"、"浑夕说"（宣夜说），不利于中央集权的帝国意识形态。汉武帝的"罢黜百家，独尊儒术"，导致假孔子成圣，真孔子隐身，义理易独大，卜筮易泛滥，象数易隐微。

战国秦汉以降的两千年伏羲象数易，由于帝国最高机密不可揭破，始终笼罩在"浑盖之争"的阴影之下。所以四种原创卦序中，有三种以"盖天说"为基础，即帛书属性八宫，京房伦理八宫，邵雍逆二进制八宫。仅有孟喜双圈卦序以"浑天说"为基础，因其违背帝国意识形态，很快亡佚，影响甚微。

北宋以前一千年，伏羲象数易的主流学说是京房伦理八宫。

北宋以后一千年，伏羲象数易的主流学说是邵雍逆二进制八宫。

两者都是单圈卦序，均不符合伏羲初始卦序的双圈卦序。因此两千年伏羲象数易未能复原伏羲初始卦序，未能证明伏羲六十四卦的历法初义。

伏羲族的文化收复，只能等到辛亥革命终结中华帝国之后，只能等到百年考古出土辉煌成果之后，只能等到"天尊地卑"的"盖天说"被天地正道超越之后，只能等到"君尊臣卑"的"三纲五常"被人间正道超越之后。

司马迁奢望的"究天人之际，通古今之变"，两千年前没有可能，两千年后才有可能。因为真道伪道的历史博弈，并非小年事件，而是大年事件。

《庄子·逍遥游》曰：

> 上古有大椿者，以八千岁为春，八千岁为秋。此大年也。而彭祖乃今以久特闻，众人匹之，不亦悲乎？汤之问棘也是矣。
>
> 汤问棘曰："上下四方有极乎？"
>
> 棘曰："无极之外，复无极也。"

先秦道术的集大成者庄子告诉我们，甘肃天水大地湾至今的八千年（前6000—2000），在宇宙大年之中，不过是短暂一时，倏忽一瞬。

在我写完本书之前，2014年9月13日，美国太空总署NASA宣布旅行者1号已经飞出太阳系，飞向广袤无垠的无极宇宙，跨出了人类探索宇宙终极之道的又一小步。

人类对于宇宙终极之道的探索，永无止境。只要人类凭借独有的大脑，探索天道，认知天道，顺应天道，那么人类文化和人类文明，就将拥有无限漫长的未来大年。

2013年8月26日—2014年9月15日（九稿）

2023年5—6月修订

第六章

伏羲钟：全相显示天文、历法、时间

一 伏羲初始卦序太极图的复原

上古四千年（前6000—前2000），伏羲族竖起了八尺表木，创造了中国天文学的根本方法"圭表测影"，进而创造了记录"圭表测影"的符号体系"伏羲六十四卦"，以及伏羲六十四卦初始卦序之卦象合成的"伏羲太极图"，华夏阴阳合历就此诞生。经过夏《连山》、商《归藏》、周《周易》，伏羲六十四卦和伏羲太极图成为八千年华夏文化的总基因。

然而周文王编纂的《周易》重排了伏羲六十四卦的卦序，导致伏羲六十四卦的初始卦序沉入历史忘川长达三千年。幸而百年考古的辉煌成果，使我有幸复原了伏羲初始卦序太极图（图6-1，即图3-8.1）。

2010年10月10日，我研究《王家台归藏》而推演出伏羲初始卦序，进而领悟伏羲太极图由伏羲初始卦序的卦象合成。

2013年第1期《书屋》杂志，我发表了《求解〈归藏〉卦序，溯源华夏古道》一文，呼吁有关方面尽快出版1993年出土的《王家台归藏》。

2013年4月29日至5月5日，我与朋友九人组成伏羲学考察团，考察了甘肃天水大地湾遗址、甘肃天水伏羲庙、陕西西安半坡遗址、陕西延安黄帝陵，参观了甘肃省博物馆、陕西历史博物馆等（详见附录三《伏羲学考察纲要》），坚信我已复原了伏羲初始卦序太极图。

2013年8月18日，我在深圳举行了首次伏羲学讲座《伏羲文化：中华文

图 6-1　伏羲初始卦序太极图（张远山复原）

明的源头》，公布了伏羲初始卦序太极图（图6-1），引起热烈反响。深圳多家报纸做了预告和报道，深圳电视台做了专访，又把讲座分为六集播出。[1]

二　伏羲钟：伏羲初始卦序太极图的永恒价值

2013年8月29日，撰写《伏羲之道》期间，我根据伏羲初始卦序太极图（图6-1），设计了伏羲钟（图6-2）。

---

[1]　《深圳特区报》2013年8月15日、《深圳晚报》2013年8月16日预告讲座。深圳电视台2013年8月18日报道讲座，后把讲座分为六集播出（见腾讯视频、优酷视频、微信公众号庄子江湖）。《深圳特区报》、《深圳晚报》、《深圳商报》2013年8月19日报道讲座。

图6-2 伏羲钟（张远山原创设计）

伏羲初始卦序太极图，是龙山中期伏羲族（神农族）创制的华夏首部阴阳合历"神农归藏历"的分卦值日图，其元年是公元前2361年（考证见第四章第八节），其功能是计算一年历法（详见第三、第四章）。

我设计伏羲钟，先为伏羲初始卦序太极图增加了两项。

第一项，钟面外圈，增加对应钟表十二刻度的十二地支：子，丑，寅，卯，辰，巳，午，未，申，酉，戌，亥。

第二项，钟面中心，增加顺时针旋转的北斗七星作为指针，兼为秒针、分针、时针、日针、节气针。其原理是北斗七星在中央天区围绕北极帝星顺时针旋转："斗柄东指，天下皆春，斗柄南指，天下皆夏；斗柄西指，天下皆秋；斗柄北指，天下皆冬。"（《鹖冠子·环流》）

增加十二地支和北斗指针之后，伏羲钟即为太极历、太极钟合一的全相天文钟、历法钟、计时钟，兼有计秒、计分、计时、计日、计节气、计月、计年、计星期、计月相九大功能。

第一功能，计秒。

内圈60卦，对应1分钟之60秒。60卦象逐一跳亮黄光，即可计秒。

第二功能，计分。

内圈60卦，对应1小时之60分。60卦象逐一跳亮蓝光，即可计分。

第三功能，计时。

外圈十二地支，对应12小时。十二地支逐一跳亮白光，即可计时。

第四功能，计日。

内圈60卦360爻，对应360°，计360日。冬至后一日，复卦初爻跳亮红光。每过24小时，下一爻跳亮红光。

外圈4卦，平年计5日：春分泰卦、夏至乾卦、秋分否卦，各计1日；冬至坤卦，上下卦各计1日。闰年计6日：春分泰卦、秋分否卦，各计1日；夏至乾卦、冬至坤卦，上下卦各计1日。

第五功能，计节气。

冬至后，每15日或16日跳亮一个节气：冬至，小寒，大寒，直至走完全年二十四节气。

第六功能，计月。

冬至后，每30日或31日跳亮一个月名：子月，丑月，直至走完全年十二月。

第七功能，计年（万年历）。

以上六项功能走完一遍，计完本年，起计下年。

第八功能，计星期。

太极阳鱼之阴眼，显示星期一至星期日。

第九功能，计月相。

太极阴鱼之阳眼，显示新月至残月的全部月相。

伏羲初始卦序太极图是文字成熟以前的上古图像历（前2361—前2070），兼有天文功能、历法功能，是中国最早、全球最早的阴阳合历，也是八千年中国文化的总基因。

伏羲钟是运用现代科技，对上古图像历予以古为今用的重新开发，兼有天文功能、历法功能、钟表功能。

普通钟表只能显示时间，不能显示天文、历法。普通历法只能显示历法，不能显示天文，只能对应太阳历或太阴历，不能同时对应太阳历、太阴历，更不能显示天文层面的太阳位移和月相盈亏。

上古伏羲族发明圭表测影以后，中古夏商周以后的华夏宫阙之前，必竖华表。蔡邕《表志》曰："立八尺圆体之度，而具天地之象，以正黄道，以察发敛，以行日月，以步五纬。精微深妙，万世不易之道也。"（《后汉书·天文志》注引）

表木、华表、《表志》之"表"，正是钟表之"表"。钟表之秒针、分针、时针的顺时针旋转，正是对应天球的顺时针旋转。我设计兼为天文钟、历法钟、计时钟的伏羲钟，是对"人类科学始祖"（莱布尼茨语）伏羲氏的至高礼赞。增入本章，则是我修订《伏羲之道》的重要动力。

但愿我有机会亲眼看见伏羲钟问世！

2010年10月10日复原伏羲初始卦序
2013年8月29日设计伏羲钟
2023年6月6日改定增入修订版

（岳麓书社《伏羲之道》2015年第1版无本章，修订版增入。）

图表索引

郑重声明　注明张远山原创的图、表，学术引用必须注明，商业使用须获授权。

第二章　神农归藏历

第三章　太阳历布卦

制），2十二辟卦太极图（张远山原创，陈林群绘制），3陶寺太极观象台

第四章　太阴历布卦

第五章　伏羲初始卦序探索史

第六章　伏羲钟

参考文献

一 古籍

1. 神农族古籍

神农族史诗：黑暗传，胡崇峻整理，长江文艺出版社2002

彝族古籍：宇宙人文论（音：土鲁立咪素），罗国义、陈英译，贵州民族出版社1982

彝族古籍：土鲁窦吉（意：宇宙生化），王子国译，贵州民族出版社1998

彝族古籍：彝族源流，陈长友主编，王继超、王子国译，贵州民族出版社1989—1998

彝族古籍：玄通大书，收入《爨文丛刻》，四川民族出版社1987

安居香山、中村璋八：纬书集成，河北人民出版社1994

2. 出土简帛

汲冢归藏（马国翰辑佚）

王家台归藏（网络版）

楚帛书（长沙子弹库帛书）

五星占（马王堆帛书）

日书（甘肃天水放马滩秦简）

易经（马王堆帛书）

易传（马王堆帛书）

筮法（清华简）

3. 先秦古籍

二十八宿山经（开元占经引）

石氏星经（开元占经引）

山海经：大荒四经

逸周书：时训解

管子：轻重己、玄宫

吕览：十二月纪

礼记：月令

周髀算经

古本竹书纪年

世本

尚书：尧典

周易：传世本（含易传）

春秋左氏传

老子：张远山《老子奥义》，天地出版社2024

庄子：张远山《庄子复原本》，江苏文艺出版社2010，天地出版社2021

4. 西汉

刘安：淮南道训（九家易，马国翰辑佚）

刘安：淮南子·天文训

董仲舒：春秋繁露

司马迁：史记，天官书，历书，律书，封禅书，五帝本纪，夏本纪，殷本纪，周本纪，秦始皇本纪，孝武本纪等

孟喜：周易孟氏章句（马国翰辑佚）

京房：周易京氏章句（马国翰辑佚），京房易传

扬雄：难盖天八事，太玄经

5. 东汉

张衡：灵宪（后汉书·天文志、开元占经、李淳风《乙巳占》引），浑仪注（洪颐煊《经典集林》卷二十七引）

蔡邕：表志，独断，明堂月令论

班固：汉书·五行志

应劭：风俗通义

王符：潜夫论

魏伯阳：周易参同契

6. 六朝

三国吴·王蕃：浑天说（开元占经引），浑天象说（晋书·天文志、宋书·天文志引）

西晋·皇甫谧：帝王世纪

北魏·郦道元：水经注

南朝宋·范晔：后汉书·天文志

7. 唐

李淳风：晋书·天文志，隋书·天文志，乙巳占

一行：大衍历·卦议

瞿昙悉达：开元占经

司马贞：三皇本纪，史记索隐

8. 五代

麻衣道者：正易心法，陈抟注

陈抟：易龙图序

9. 北宋

苏颂：新仪象法要

周敦颐：太极图说

邵雍：皇极经世

沈括：梦溪笔谈

马端临：文献通考

10. 南宋

张行成：翼玄

朱震：汉上易传

朱元昇：三易备考，三易备遗

朱熹：周易本义

罗泌：路史

郑樵：通志

11. 清

惠栋：汉学易

江永：河洛精蕴

二　考古发掘报告

1. 伏羲族及其支族（神农族、太昊族、少昊族）

秦安大地湾，文物出版社 2006

西安半坡，文物出版社 1963

宝鸡北首岭，文物出版社 1983

青海柳湾，文物出版社 1984

姜寨，文物出版社 1988

胶县三里河，文物出版社 1988

汝州洪山庙，中州古籍出版社 1995

舞阳贾湖，科学出版社 1999

师赵村与西山坪，中国大百科全书出版社 1999

郑州大河村，科学出版社 2001

洛阳王湾，北京大学出版社 2002

华县泉护村，科学出版社 2003

兰州红古下海石，科学出版社 2008

襄汾陶寺：1978—1985 年考古发掘报告，文物出版社 2015

河南濮阳西水坡遗址发掘简报，文物 1988 年 3 期

江苏邳县四户镇大墩子遗址探掘报告，考古学报 1964 年 2 期

山西襄汾陶寺城址 2002 年发掘报告，考古学报 2005 年 3 期

2. 东夷族

大汶口文化，山东文艺出版社 2004

凌家滩，文物出版社 2006

3. 西扩南蛮支族

肖家屋脊，文物出版社 1999

三　近人专著

中国社会科学院考古研究所：中国古代天文文物图集，文物出版社
1980

中国社会科学院考古研究所：中国考古学中碳十四年代数据集（1965—
1991），文物出版社 1992

金力、褚嘉祐：中华民族遗传多样性研究，上海科学技术出版社 2006

田昌五：华夏文明的起源，新华出版社 1993

张朋川：中国彩陶图谱，文物出版社 1990

甘肃省博物馆：黄河彩陶，浙江人民美术出版社 2000

吴山：中国新石器时代陶器装饰艺术，文物出版社 1982

郑为：中国彩陶艺术，上海人民出版社1985

郑文光：中国天文学源流，科学出版社1979

陈遵妫：中国天文学史，上海人民出版社1980—1984

[美]西蒙·纽康：通俗天文学，金克木译，当代世界出版社2006

冯时：中国天文考古学，社会科学文献出版社2001

陆思贤：神话考古，文物出版社1995

陆思贤、李迪：天文考古通论，紫禁城出版社2000

袁珂：山海经校译，上海古籍出版社1985

刘宗迪：失落的天书：《山海经》与古代华夏世界观，商务印书馆2006

[美]班大为：中国上古史实揭秘，徐凤先译，上海古籍出版社2008

庞朴："火历"初探、"火历"续探、"火历"三探，当代学者自选文库：庞朴卷，安徽教育出版社1999

陈久金主编：中国少数民族科学技术史丛书·天文历法卷，广西科技出版社1996

袁珂：中国神话通论，巴蜀书社1991

丁山：中国古代宗教与神话考，龙门联合书局1961

蒋书庆：破译天书：远古彩陶花纹揭秘，上海文化出版社2001

林少雄：人文晨曦：中国彩陶的文化读解，上海文化出版社2001

贺刚：湘西史前遗存与中国古史传说，岳麓书社2013

王大有：三皇五帝时代，中国社会出版社2000

王献唐：炎黄氏族文化考，齐鲁书社1985

苏秉琦：中国文明起源新探，生活·读书·新知三联书店1999

苏秉琦：考古学论述选集，文物出版社1984

白寿彝总主编，苏秉琦分卷主编：中国通史第二卷《远古时代》，上海人民出版社1994

杨晓能：另一种古史，生活·读书·新知三联书店2008

徐旭生：中国古史的传说时代，科学出版社1960

吕思勉：中国政治思想史讲义，天津古籍出版社2007

朱学渊：秦始皇是说蒙古话的女真人，华东师范大学出版社2008

徐江伟：血色曙光：华夏文明与汉字的起源，陕西人民出版社2013

胡大军：伏羲密码：九千年中华文明源头新探，上海社会科学院出版社2013

李约瑟：中国科学技术史·天学卷，科学出版社1975

安文涛等编译：莱布尼茨和中国，福建人民出版社1993

邹学熹：易学图解，四川科技出版社1993

施维、邱小波主编：周易图释大典，中国工人出版社1994

张其成：易图探秘，中国书店1999

王赣：古易新编，山东友谊出版社2004

林忠军主编：历代易学名著研究，齐鲁书社2008

杜廼松：古代青铜器，文物出版社2005

杜廼松：中国青铜器发展史，紫禁城出版社1995

四　学术论文

李辉、金力：重建东亚人类的族谱，科学人2008年8月号，总第78期

何驽：陶寺中期小城观象台实地模拟观测资料初步分析，古代文明第六卷，文物出版社2007

黎耕、孙小淳：陶寺ⅡM22漆杆与圭表测影，中国科技史杂志2010年4期

孙小淳、何驽等：中国古代遗址的天文考古调查报告：蒙辽黑鲁豫部分，中国科技史杂志2010年4期

武家璧等：陶寺观象台遗址的天文功能与年代，中国科学2008年9期

江晓原、陈晓中、伊世同等：山西襄汾陶寺城址天文观测遗迹功能讨论，考古2006年11期

陈久金：试论陶寺祭祀遗址揭示的五行历，自然科学史研究2007年3期

张志华等：河南平粮台龙山文化城址发现刻符陶纺轮，文物2007年3期

李学勤：谈淮阳平粮台纺轮"易卦"符号，光明日报2007年4月12日

王先胜：关于八卦符号及史前研究问题，社会科学评论2009年3期

王先胜：考古学家应严谨对待器物纹饰，社会科学评论2007年3期

王先胜：绵阳出土西汉木胎漆盘纹饰释读及其重要意义，宗教学研究2003年2期

启星：舞蹈纹彩陶说，文物报1993年6月6日

徐振韬：从帛书《五星占》看先秦浑仪的创制，中国天文学史文集，科学出版社1978

刘朝飞：夸父神话流变考论，社会科学论坛2013年12期

张远山：中西思维层次之差异及其影响、公孙龙《指物论》奥义，文化的迷宫，复旦大学出版社2005

伏羲学考察纲要（2013）

一　伏羲族（炎帝族）、黄帝族之分合

一、伏羲族是农耕民族（炎帝＝神农族为其后裔），生活于北纬30度左右的黄土高原（黄河中上游）；四季分明，雨量适度，土地肥沃，宜于农耕。是两万年前在东南亚分出，沿青藏高原南麓、云贵高原向北迁徙的东亚人类一支（A）的三大分支之一。伏羲族是主支（A1），居于黄河中上游，八千年前创建当时最为先进的农业文明。巴蜀先民是副支（A2），进入四川盆地（黄河、长江源头周边），农业文明也很先进（三星堆）。藏族先民是余支（A3），进入青藏高原，成为游牧民族。

伏羲族是"三皇"之一：有巢氏（天皇），燧人氏（地皇），伏羲氏（人皇）。"皇"训古，先秦的华夏民族均以"伏羲"为民族始祖（西汉《史记》不记伏羲，仅记黄帝，此后才以黄帝为民族始祖）。如今黄帝以前的大量文化遗址出土，意义远远大于发现甲骨文，中华民族有了重新认祖归宗、复原上古史的首次机会。

二、黄帝族是游牧民族（夏商周王族为其后裔），生活于北纬40—45度的大漠草原（长城以北）；干湿两季，土地贫瘠，物产不富，宜于游牧。是两万年前在东南亚分出，沿海岸线向东转北的东亚人类另一支（B）的四大分支之一：主支居于北纬25度左右的冲积平原（长江中下游），分为东、南两支，东支是长江下游周边的东夷（B1，吴越、百越），南支是长江中

游周边的南蛮（B2，楚）。副支继续沿东部海岸线北上，在渤海以北分为东、西两支：西支（B3）是向西散居大漠草原的戎狄族（西戎、北狄，后称匈奴、蒙古），东支（B4）是向东散居东北三省、朝鲜半岛直至白令海峡的女真族（B3、B4统称阿尔泰民族）。东支之余支（B5）向东越过白令海峡，进入南北美洲，成为分支众多的印第安人。

黄帝族是"五帝"之一，其部落酋长，生称为"后"，死称为"帝"（《尚书·尧典》）。先秦（秦王嬴政生前僭称"皇帝"之前）古籍常常并称"皇、帝"，二字非词，义有所分："皇"指三皇（伏羲＝羲皇等），"帝"指五帝（黄帝等）。

三、游牧地带，湿季（春夏）水草丰美，干季（秋冬）生存艰难，必须南下劫掠农耕族（谓之"打秋草"），万年不变。

距今五千年前后，黄帝族（B3，戎狄族一支，阿尔泰民族一支）从北而南，征服炎帝族（A1，伏羲族后裔），首次入主中原（此后阿尔泰民族各支不断南侵：秦汉时匈奴南侵，南北朝时五胡乱华，北宋时女真"金"南侵，南宋末蒙古第二次入主中原建立元朝，明末女真"后金"第三次入主中原建立清朝）：炎、黄二族拉锯五百年（一说炎帝早于黄帝八世，约五百年），始于阪泉之战黄帝击败炎帝，终于涿鹿之战颛顼击败蚩尤。此后三千年（炎黄至秦汉），二族逐渐融合，称为"炎黄子孙"。战胜的黄帝族书写历史，仍称"炎黄"，不称"黄炎"，乃因"炎"早于"黄"（炎帝族祖先伏羲族是原住民）。二族由分而合，仍然合中有分，淡化族别，区分尊卑："君子"指黄帝族，"小人"指炎帝族。

参考资料

伏羲学（张远山研究并命名）：

《老子讲座》华夏古道变迁（见作品集第八卷《庄子精义》余论一）

《求解〈归藏〉卦序，溯源华夏古道》（见作品集第十九卷《良渚之道》下编第一章）

《以"王"僭"帝"的秦汉秘史》（见作品集第十五卷《战国秘史》）

黄帝学：

朱学渊《秦始皇是说蒙古话的女真人》（华东师范大学出版社2008）

徐江伟《血色曙光：华夏文明与汉字起源》（陕西人民出版社2013）

四、大熊座（北斗星）、小熊座（北极星）与炎、黄关系示意图

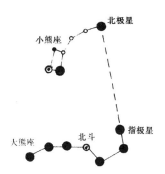

人类来自非洲（大熊座第一星摇光，古埃及），先迁徙至西亚（第二星开阳，两河流域，一支往欧洲、古希腊），再迁徙至南亚（第三星玉衡，古印度），又迁徙至东南亚（第四星天权＝北斗；余支往大洋洲），再分为A支（东亚）、B支（东北亚）遍布远东。

A支往北、折西：A1至小熊座位置（黄河中上游），即伏羲—炎帝族（A2至巴蜀，A3至西藏）。

B支往东、折北：B1、B2至指极星位置（长江中下游），即东夷族、南蛮族。余支至北极星位置（渤海以北），B3又折西为戎狄族（后其一支黄帝族南侵至小熊座位置，炎、黄二族交集、融合），B4又折东为女真族（宋末、明末两次南侵），B5过白令海峡，至南北美洲太平洋沿岸。

黄帝族来自北极星（小熊座主星）位置，号"有熊氏"（与大熊座、小熊座名称之关系待考）。黄帝以后中国君王自居北极星（即紫微星，紫禁城名称由来）下凡。

五、炎、黄二族之族别分判、文化融合、种族融合（A1+B3）

族别分判：黄帝族征服炎帝族以后，一是意识形态上保留其原有萨满

教信仰，仍然采用"天圆地方"的盖天说（天尊地卑，君尊臣卑，君子尊小人卑）。二是统治上"以汉治汉"（清朝亦然），保留立基于浑天说的伏羲历法，指导"小人"农耕，以便供养"君子"。三是陶、玉并用，"小人"用陶，"君子"佩玉。

文化融合：夏（距今四千至三千五百年）、商（距今三千五百至三千年）、周（距今三千至两千二百年）三代之青铜器，大量仿制圆形陶器（植根于伏羲族之浑天说），仅有少量方形器（植根于黄帝族之盖天说）。

种族融合：秦汉（距今两千二百年）以后，取消分封制，实行郡县制，不再有"君子"（黄帝族）、"小人"（炎帝族）的阶层尊卑（转而形容个人品行），炎、黄二族彻底融合，均为"编户齐民"。

链接：战国，再+东夷（B1）+南蛮（B2）+巴蜀（A2）。秦汉，再+百越（B1余支）+南匈奴（B3余支）+西域（B3余支）。南北朝，再+五胡（B3余支）。唐，再+西域（B3余支）。北宋，再+女真金（B4余支）。元，再+蒙古（B3余支）。明，－蒙古（B3余支）。清，再+女真后金（B4余支）+蒙古（B3余支）+新疆（B3余支）+西藏（A3）。

六、今日中国五十六个民族＝A、B所有分支+部分欧、亚（西亚、中亚）东迁民族

参考资料（遗传学、人类基因组研究）

李辉《遗传学对人科谱系的重构》（《科学》2013年2期）

李辉、金力《重建东亚人类的族谱》（《科学人》2008年8月号，总第78期）

二　本次考察伏羲族（A1）主要文化遗址简介

一、早期：大地湾（甘肃天水，黄河上游，距今八千年）

大地湾博物馆

二、核心区域：三阳川伏羲画卦台、伏羲庙（甘肃天水）：伏羲"仰观于天，俯察于地，始作八卦"，画卦制历，浑天说（天地皆圆），三阳开泰（泰道）。

三、中期：半坡（陕西西安，仰韶文化，黄河中游，距今七千年）
半坡博物馆

四、盛期：马家窑（甘肃临洮，距今六千年）
甘肃半山、马厂、齐家，青海乐都等遗址，也属马家窑类型

五、晚期：庙底沟（河南陕县，黄河中游，距今五千年）

以上各处文化遗址，均属伏羲—炎帝族文化遗址，彩陶纹样具有共同特点：

1.鸟纹（伏羲仰观于天）、鱼纹（伏羲俯察于地）、火焰纹、斧钺纹＝天象纹

2.云鸟纹（太阳之三足金乌）、蛙纹（月亮之银蟾）＝日月纹

3.花卉纹（太阳之形象）、卐字纹（太阳之抽象）、星云纹（银河纹）
＝太极图

4.伏羲族彩陶部分图片（原始太极图）

伏羲族文化主要特点（尚待探索、论证，仅供参考）：

彩陶为主，玉器为辅。彩陶发明最早，农业成熟最早，已有大型宫殿群（420平方米）。陶纹中有大量星云纹（鱼、鸟纹、蛙纹、花卉纹、卐字纹均为其变体）。

陶器是日用之器，器型以圆为主（天地皆圆，浑天说）。母型为葫芦（产于伏羲族所居之平原，不产于黄帝族所居之草原）。发明陶轮、高温陶窑。

高度文明，技术先进。制定历法（六十四卦、太极图），发明记事符号（原始文字）。尊天道，尊自然（道家远源）。

三　黄帝族（B3）主要文化遗址（本次不考察）简介

一、早期：兴隆洼（内蒙古敖汉旗，草原地区），距今八千年。

二、中期：赵宝沟（内蒙古敖汉旗，草原地区），距今七千年。

三、盛期：红山（内蒙古赤峰市，辽河上游），距今六千年。

四、晚期：小河沿（内蒙古敖汉旗）、老虎山（内蒙古乌兰察布盟），距今五千年。

黄帝族文化主要特点（尚待探索、论证，仅供参考）：

玉器为主，素陶为辅。史上最早的玉玦、玉斧、玉锛、玉剑、玉龙、玉琮等。玉料来自辽宁省岫岩县（岫岩玉与蓝田玉、和田玉、独山玉并称中国四大名玉）。

玉器是祭天之器。玉琮内圆外方，取自"天圆地方"的盖天说（与游牧民族的蒙古包相似），崇天帝，崇鬼神，崇巫术，崇卜筮（儒家远源）。

红山文化晚期始有彩陶，晚于伏羲族至少两千年，质量不高，器型不多，纹样不丰，文明程度较低。

五、本次顺道参观之黄帝陵，为衣冠冢，并非真黄帝墓。古称"桥陵"，1942年始名"黄帝陵"；蒋介石题碑，激励中华儿女抗战士气。

黄帝族（B3）同源文化1（B1、B2、B4）：河姆渡文化（浙江宁波，长江下游，距今七千年），马家浜文化（江苏太湖流域，距今七千年），凌家滩文化（淮河下游，距今六千多年），大汶口文化（山东泰安，黄河下游，距今六千年），良渚文化（浙江杭州，长江下游，距今五千年），龙山文化（山东历城龙山镇，黄河下游，距今四千多年）。

黄帝族（B3）同源文化2（B5）：南北美洲太平洋沿岸的印第安人玉文化。

东亚人B支"环太平洋玉文化圈"参考资料

黄翠梅、叶贵玉《从玉石到玉器：环太平洋地区玉文化之起源与传布》（《玉文化论丛4：红山文化专号》，众志美术出版社，2011年6月）

徐琳《中国与中美洲玉文化初步比较》（《文物天地》2012年第9期）

四　佛教入传中国简介（以及本次顺道考察项目）

一、印度佛教兴起的背景：北方草原之游牧民族雅利安人，征服南方之农耕民族达罗毗荼人，实行种族隔离，分为四大种姓：婆罗门（雅利安人，祭司阶层），刹帝利（土著之王族）、吠舍（土著之工商阶层）、首陀罗（土著之农民阶层）。四大种姓不许通婚，违禁所生者为贱民。佛祖释迦牟尼（净饭国王子）出身于刹帝利王族，苦恼于永为二等种姓，遂倡佛教"众生平等"。

二、印度佛教衰落的原因：佛教又向婆罗门教之"六道轮回"妥协，认为今生（不平等之）苦果为前生恶因所致。最终导致婆罗门教卷土重来

（即今印度教），四大种姓隔离如故。佛教衰落于印度本土，小乘扎根于东南亚，大乘扎根于中国中原、西藏，日本。

三、中国成为佛教重镇的原因：中国之炎、黄二族融合，开启此后只重文化、不重族别之传统。取消贵族制的全体"编户齐民"，容易接受佛教之"众生平等"（皇族例外，不过相信"皇帝轮流做，明年到我家"，许多人能追溯到曾为皇族的同姓祖先）。皈依中国文化即为中国人，不皈依中国文化即非中国人。中国从此成为种族大融合的巨大载体：五胡乱华而汉化，元、清入主中原亦汉化。

四、秦汉之后，炎黄二族融合，形成中国古典文化（参考上文）。东汉以后，印度佛教经南、北两路传入中原，南路从东南亚经海路入传中国南部（长江流域以南），主要是小乘佛教。北路从西域经陆路入传中国北部（黄河流域，中原），主要是大乘佛教。由于当时仍以中原为中国之核心，因此北路之大乘佛教影响极大，南路之小乘佛教影响较小，而且长期不为主流学界所知（近代以降始知）。

五、本次顺道考察北路部分遗址——
敦煌莫高窟，俗称千佛洞。位于甘肃省敦煌市。始建于北朝，隋、唐、五代、西夏、元历代兴建，是世界上现存规模最大、内容最丰富的佛教艺术圣地。
麦积山：位于甘肃省天水市东南约35公里，孤峰突起，犹如麦垛，故名。
大雁塔：唐代永徽三年（公元652年），玄奘为藏经而修建，塔身七层，通高64.5米，被视为古都西安的象征。"不到大雁塔，不算到西安。"

2013年4月26日

开笔廿载，敬谢德友

1978年，我15岁，领悟定命。发愿穷尽毕生精力，破解中国之谜。当时浑然不知，践行此愿将有何等困厄险阻。

1995年，我32岁，离职开笔。制定"由庄溯老，由老溯伏"的三十年（1995—2025）写作计划。大抵一年一书，拟写三十本书。

时光倏忽飞逝，一如白驹过隙。检点第一个写作十年（1995—2005）和第二个写作十年（2005—2015）的工作成果，我的未刊文稿、研究笔记、资料长编难以统计，发表了上千篇文章，出版了十七书二十册。保质保量，无愧于心。

保质保量地完成写作计划，及时完整地传播工作成果，均非我一己之力。道必不孤，德必有邻，求道半生，莫逆于心的益友无数，难以一一尽举。感谢知我助我、尽心尽力的妻子，感谢校读文稿、收集资料的小友，感谢发表拙文、出版拙著的德友，感谢评议传播、鞭策砥砺的同道。言不尽意，铭记于心。

我的第三个写作十年（2015—2025），仍将一如既往地按照写作计划，完成酝酿已久的既定著作。我的大年写作，不受小年不可抗力影响。破解中国之谜，厘清中华价值谱系，复原华夏知识总图，贯通华夏八千年史，既是我的个人定命，也是伏老庄的文化托命。

2015年5月写于上海